定版 見るなの禁止

日本語臨床の深層

Kitayama Osamu
北山修

岩崎学術出版社

定版　刊行にあたって

「見るなの禁止」の物語について早くから出会えたことは幸せでした。これにより、当初から臨床ケースを引用することなく人間の深層を語ることができました。一部の患者たちが私の著作をよく読んでいたことの影響は大きくて、これで臨床報告の不十分さを補うことができたのだと思います。そこでいま精神分析が、文化論のない時代になりつつあることで、広がりと深さを失っていることを気の毒にさえ思うのです。

もう一つ重要なのは、愛すべきだが問題だらけの登場人物についての分析で、私の同一性や自己のことを、今もこれから先も分析できるという豊かな収穫です。私は〈つう〉であり〈与ひょう〉であって、恥じる側であり辱める側です。そして、禁止を課す側であると同時に課される側で、そして女であり男であります。〈わたし〉は偽りと本当の両方であり、それで不十分な訓練分析を補う形で、その見にくいパーソナリティの二重性を十二分に描出してくれるのです。

それと共に、臨床報告や理論ではなく、日本語と日本文化に準拠する論は、何よりも私たち自身を読者に対し「評価の分かれるところに」差し出すのです。特に臨床に携わる読者には、著者の考えや生き方について「好き嫌い」を際立たせるのです。それで「有無を言わせない」のではなく、「有無を言わせる」のであり、このような思考の位置と動きを、潔くない中立の場所として自己紹介することは、極めて重要だったと思います。この場所こそ、スフィンクスが謎をかけて立ちはだかり、鶴女房がやってくるところです。その書き方、やり方で、「割り切れないところ」を示すだけでも、二六年前の『見るなの禁止』を換骨奪胎して編集し直したことに意味があるでしょう。

理論的に大事なことは、すべてＳ・フロイト、Ｍ・クライン、Ｄ・Ｗ・ウィニコット、Ｄ・フェアバーンらの著作に書いてあります。最大の巡り合わせは、英国精神医学の只中において、思いがけない形で同時に彼らの著作に出会えたことです。対象関係論は、多くの頭脳から誕生し生まれ直しているからこそ、信用できるでしょう。

旧版の初出が一九九三年二月であり、この年の夏に開催されたＩＰＡアムステルダム大会の時、日本人の精神分析の二重性が世界的に知られるところとなりました。小此木啓吾が「アムステルダム・ショック」と呼んだ出来事ですが、匿名の手紙がＩＰＡ本部に届けられ、日本の精神分析実践が頻度の上で国際基準に満たないものであるということが国際的に明らかにされました。私は、衣笠隆幸とアムステルダムにいましたが、二人で相談し、そのまま持ち帰り、同僚に報告することにしました。そこからが工藤晋平氏が言うような、本当に私らしく揺れ動く「旅」だったのだと思います。

最後になりましたがこういう歴史と人間関係における、距離と分かりにくさをこなしながら筋を読み取り、解説を書いてくれた工藤氏と、岩崎学術出版社の長谷川純氏に感謝したい。

北山　修

平成二九年七月

目次

凡例

・本書は『北山修著作集＝日本語臨床の深層 第一巻　見るなの禁止』（一九九三）（以下「旧版」）を元に再編集したものである。

・本書には二種類の注が存在する。

①「注」……「旧版」他の単行本掲載時の注。ただし再編集にあたって参照先等の記載を改めた場合がある。

②「原注」……論文初出時の注。

はじめに

第一章　見るなの禁止*

さまざまな禁止とか、タブーとか、精神分析で抑圧や隔離と呼ばれているものを私は今回は、「見るなの禁止」――見てはいけないという禁止、というふうに、ひとつまとめて話してみたいと思います。

話を進めるにはフロアにいらっしゃる方々と僕とが共有する素材でなくてはいけないと思いますので、題材としては、日本の昔話を取り上げます。

柳田国男さんとか、関敬吾さんとか、民俗学、国文学の立場から、昔話を研究されている人々がいらっしゃいますが、その関心が集中するところに「異類婚姻説話」というのがあります。「異類婚姻譚」ともいわれています。動物が人間の姿で嫁に来るけれども、正体を見られて去るという過程がその中で描かれています。この種の物語は、その正体である名前をとって、「蛇女房」とか「魚女房」と一般に呼ばれております。この形態的な分類に比べて、私たちにはもう一つの分類が可能です。それを念頭におき、一緒になってその物語を追いかけてみたいと思います。主人公の男性にとって、見てはならないと禁止された秘密の具体的な内容、これがどう見えたというのではなく、つまり蛇だとか、ワニだとか、そういったものが見えた、というのではなくて、何を見ようとしたか、ということを問うことによっても分類できるのです。そして、まずその秘密が、授乳、母子関係、出産、女性の性に関するも

---

*これは一九八〇年五月二十四日に行われた日本社会心理学会第二四回公開研究討論会「現代社会と性」における発表の口述記録である。初出は、青年心理、第二二巻九月号、一九八〇、五九三―五九八。

のに集中している、ということがわかります。

第一に、出産場面についての「見るなの禁止」が「蛇女房」の物語にみられます。

まず二人が結婚します。女房は妊娠して、のぞいてはならないと部屋に入ります。で、子どもが生まれます。彼女は、授乳するところを見てはならない、部屋に入るときは合図をしなくてはいけないと禁止します。それを夫が破ります。夫が部屋をのぞくと蛇が赤ん坊を生んでいる。あるいは蛇が乳を与えている。とぐろを巻いて子どもを抱いている。それが原因となって、離婚になります。

こののぞき見られた正体としての動物の姿の心理学的な位置づけというのを行わねばならないわけですが、この説話の最も古い文献というのが、古事記、日本書紀なのです。「豊玉姫説話」というのがありまして、この中で姫の出産というものをのぞきますと、それがワニであったり、鮫であったり……。見られた彼女は「心恥ずかし」あるいは「いと恥ずかし」といって去っていきます。この反応を考慮しますと、出産や授乳などの光景を一括して、恥ずかしい部分、恥ずかしいことというふうにいってもいいのかもしれませんが、言葉どおりにとらえて、「いと恥ずかし」ということで、「恥部」として位置づけることができます。(注1) この場合の恥部とは、現代の辞書を引きますと、外生殖器という直接的な意味と、人に知られては恥ずかしい部分という両方を指しています。この両方の間にはいろいろあり、「恥部」と言うと意味が限定されますが、たとえば出産や授乳だけではなく、女性の裸体全体についての「見るなの禁止」というのが物語になって、これが「魚女房」といわれています。

彼女は見てはならないといって、毎日入浴します。夫がのぞきますと、魚が入浴しています。ここでも女房がのぞかれたことは恥とされます。

この出産、授乳、裸体の秘密が「蛤女房」という物語では料理に置き換えられて、(注2) 正体、恥部といわれているものは、動物の排泄行為として描かれます。見たいものが同時に見たくないものである、という二面性が、二人の関係を破綻にいたらせるという特徴が、ここで際立ってきます。物語で主人公は、女房の料理を作っているところをのぞきます。そうすると、それまでの料理はおいしい、うまい、甘いと形容されていたものが、のぞいた男によって、女房がなべにまたがって小便をしている、尻を洗って汁を作っている、という光景を見られてしまいます。それで男は料理を食べられなくなって、怒って女を追放してしまいます。女はもとの姿になって、海へ姿を消します。

さて、これらの日本の昔話では、女房たちは多くは海からやってきます。山から、空からやってくる場合というのはあまり多くないのですが、それでもちゃんとあります。それが「鶴の恩返し」です。もちろん「かぐや姫」だとか「天の羽衣」とか、別れ話で終わる伝承はこの他にもありますが、とりあえず今日取り上げております、禁止を犯すことが別れ話につながってしまう、という物語は「鶴の恩返し」あるいは「鶴女房」といわれています。ここでは機織りという作業をのぞくことが禁止されます。これを信仰と結びつけて考える研究者もいらっしゃいますが、これも「異類婚姻説話」に共通する女性の秘密に関わるところがあるかもしれません。つまり、機織りとは女性に必要な生産的機能であり、出産、授乳、育児、さらに生殖器の役割、そういったもの一切を象徴的に描いたものかもしれません(注3)。

さて、以上の「異類婚姻説話」では、のぞいてはならないという光景は、女性の動物的な行為、あるいは身体の部分というものに集中しています。出産、水浴、授乳、女性の裸体や生理的機能に関する秘密が多いのです。

(注1) 現代語の辞書に見られる性器と恥部との下半身における結び付きは古い感覚のものではなく、「恥ずかしい」はもっと全身にちらばる見られたくない部分、傷つきやすい部分、隠しておきたい部分、表面と食い違う部分などと広く関わっていたものと思われる。

(注2) この「置き換え」は精神分析で言う精神機制(メンタル・メカニズム)のひとつであるが、葛藤や不安を体験させるものについて元のものから次のものへと次々と置き換えられていく。とくに物語の生成においては、比較的自由に置き換えが起きる。ただし、フロイトの原語 Verschiebung は「ずらし」の意味がある。

(注3) ここで言われる「象徴」は、精神分析的な理解があるとさらに興味深いものとなるだろう。つまり象徴形成においては、置き換えの機制と、複数のものが同時にその意味として関与することが重要である。物語分析における象徴的なものの理解では、一元的な発想による読み取りには限界がある。

それについて、「見るなの禁止」を犯された女房の気持ちを考えてみることによって、僕らは、なぜこれが恥部なのかということに、思いをいたらせることができるのではないか。少し大げさな言葉をつかえば、自覚できるのではないか、というふうに考えるわけです。

これから取り上げますもう一つの具体的な物語、あるいは戯曲は、木下順二さんの『夕鶴』です。それがどこかで上演されたときに、主人公の与ひょうが、つうの機織り小屋をのぞくときに、客席から舞台に向かって、「のぞいちゃだめ」という声がかかったんだそうです。ということは、おそらく皆さん方も僕らも、このつうの気持ち、あるいは与ひょうの気持ちがわかるからなのではないか。共有しているからではないでしょうか。

さて、木下順二の『夕鶴』には、もちろん昔話に比べて、心理描写がたくさん出てきます。心理学、特に僕ら精神医学を研究する者にとっては、会話の連続である戯曲というのは、分析する際に非常に便利で、なるほどと思わせる部分があるのです。

さて、「異類婚姻説話」というのは「夕鶴」もそうですが、みんな女房の一方的ほれこみから始まります。つまり押しかけ女房である、ということがこの悲劇の前提です。つまり、関係成立の責任は主人公にはないという設定が、うまい具合に出来上がっているところがあると思うのですが、さて、この一方的なほれ込みから始まりまして、つうは一生懸命与ひょうの要求に答えようとします。そのことによって、やっとこの間柄は保たれているのです。そして、いつでもこの間柄はこわれるのです。なぜなら、与ひょうのほうは、町へ行って金をもうけてきたいといっているのです。しかしながら、つうは一生懸命与ひょうを引き止めます。

主人公の観点からは、愛されたいという欲求が、みごとに幻想的な世界として展開された、というふうに読み取ることができるのです。これは土居健郎先生のおっしゃる〝甘え〟である、というふうにいってもかまわないかもしれません。(注4) とにかく、相手からどんどんどんどん与えられることによって、その幻想はこわれないのです。これは母子関係における、母親が一方的献身によって、子どもに適応している、そしてそれがこわれていく過程を繰り返したものではないか、というふうにとらえることができます。「あんたは子どものように喜んでくれた」とつうが感激するのです。このような描写一つをみても、つうにとって与ひょうが子どものような存在であるということが明らかだと思います。そして二人だけの世界を作っていた。それなのにあなたは、私の知らない言葉を話し始めた。(注5)――この過程、まさしく子どもが大きくなっていくときの母子一体の関係がくずれていく、幻想が幻滅にいたる過程である、というふうにとらえることができます。

そして「幻滅」という言葉ですが、「広辞苑」を引きますと、幻想からさめて、現実に返ること。今まで美化されて、理想化されていた事実が、幻に過ぎなかったこと、というふうに説明されていますので、「見るなの禁止」――見ちゃだめ、のぞいちゃだめ、といっているのは、その幻想がこわれないようにという親心である、というふうにとることもできるわけです。しかし、主体のほうからすれば、危機的な現実に直面しようとする直前に、禁止がちょっとかかって、しかしながらそれを破ってしまうという……。フロイトに不安信号説(注6)というのがあります。不安というのは常に信号として働くというのですが、この信号が禁止になった、というふうに了解しても差しつかえないかと思います。

いずれにしても、二人だけの世界というのは非常に美しい幻想的世界で、それが幻滅した世界というのはほとんど二人の別離というふうに描かれているわけです。そのきっかけとしては、恥ずかしい、見ちゃだめ、目をおおう

(注4)「甘え」が極端に際立つところでは、甘えられないことが棚上げされることになる。〈与ひょう〉と〈つう〉は、〈つう〉の献身に絶対的限界のあることを否認するからこそ、互いに甘えていられるし、甘えていなければならないのである。

(注5)ここで、母子関係を連想させる一体的な関係が壊れるときに言葉が生まれることに注目しておきたい。〈与ひょう〉とその仲間という第三者とが話す言葉、それも金銭的な欲求に支配された言葉は、それは〈つう〉と通じる言葉ではなく、彼女には通じない言葉である。〈つう〉には分からないこの言葉では、〈つう〉は異類の鶴であり、〈与ひょう〉は人間と呼ばれるのである(本書十三章参照のこと)。

(注6)不安がより大きな不安を予防するための信号として働くのである。「見るなの禁止」は、その危険のあることを示して、外傷の先取りの役割を果たしている。一四一ページを見よ。

ほどの出来事や、事実やそういったものが露呈しているのです。さて、みにくいという言葉ですが、〝みにくい〟には、常に見ることがとても困難であるという、もう一つの意味が含まれており、見ることに伴う苦痛や困難というものが、常に醜いという言葉によって表現されています。恥部というと、静的な感じを与えますが、醜態というのは非常に動的な感じを表している。物語においては、この恥部や醜態を見ることが、相手との決定的な分離感を成立させてしまう。これが「見るなの禁止」を成立させている要因なのです。

　日本の女房が命じたタブーは、見るという行為を禁じただけでなく、これは小沢俊夫さん[注7]という民話研究者の言葉なのですが、「見ることが互いの本質の越えがたい相違を明らかにしてしまうからこそ、それを防ぐためにいわれたタブーだった」――つまり、動物と人間の設定を借りてここで描かれているのは、母子の分離、母と子の違いであるとともに、男と女の違いの本質的な相違、こういったものを明らかにすることを禁止しているのが「見るなの禁止」である。タブーという言葉はここでは避けます。なぜならば、精神分析を研究する者にとって、近親相姦のタブーという術語がありますので、一応今回は、「見るなの禁止」として取り上げておきたいと思います。[注8]

　つまり、与ひょうやつうや、主人公たちの二人だけの世界、幻想的人間世界から女性の性、出産、授乳、裸体、排便、排尿などの肉体的、生理的事実が動物的なものとして追放されるのです。同じことを現代においても、人々が、きれいごとの世界から、不潔、不健康、いやらしいといって、自分の性、あるいは相手の動物性を隔離する傾向として指摘することができるのではないでしょうか。

　男が欲望をもつ世界、そして女が女性性器をもっている世界、そうした世界と、もう一つの世界、性的なものを一切排除した世界、というようなものがあって、その二つが常に両立しないところに、われわれの葛藤がうまれる。あるいは心配、不安というものが生まれてしまうのではないか。そしてその二つが同一の視野に置かれたときに、私たちは何を体験するのか。美しいものと醜いもの、それぞれが互いに対立し合うことにより、幻滅を体験する。つまり、お母さんに幻滅したり、相手の異性に幻滅したりするのです。ちょうど与ひょうがつうに幻滅するように。だから、互いの相互幻滅、性的なものと、性器をつけないものとが同一の視野に置かれるとき、私たちはそのときに何を感じるのでしょうか。そのとき苦痛ではないか。非常に困難ではないか。相手を一つの全体像としてとらえることができるのか。(注9)これは昔話の話ではなくて、あなたたち、私たち、そしてみんなの困難として共有できる体験ではないかと思うのです。

欧米においては、この辺の羞恥心の感情を、罪の意識としてまとめる傾向がありますが、この恥部という言葉の、見られてはいけない内的な事情、あるいは外生殖器であるといった意味の結びつきは、恥の研究の材料として、いろんなことを教えてくれるのではないでしょうか。見よいとか、見やすいとかいう、表面上の事柄と、醜いとか、見苦しいとかいわれている内側の事情に分かれると、動物的なものが常に裏側に置かれやすいのです。

以上のように、現代の男女の生活というものが、この物語にも反映されているのではないかという読み方が、僕の今日の問題提起なのです。人間のつながりから、常に動物的なものが隔離、あるいは追放されて、それが切り離されていても、常に「見るなの禁止」は破られるのです。両者を同一の視野に置くときに、人間はいやらしい、あるいは恥ずかしいといって、目をおおいながら、決定的な幻滅を回避しているのではないかと私は思っております。

実はエディプス・コンプレックスという、精神分析理論においてとても重要な役割を果たしている概念がありま

(注7) 小沢俊夫の見解については、「世界の民話」(一九七九、中公新書) を見よ。
(注8) 異類婚姻説話の禁止は絶対な禁止ではなく、ほとんどの物語で時間がくれば破られることになる。この「見るなの禁止」と、時間が経過すると絶対的なものとなる「近親相姦のタブー」とは、さまざまな意味で異なる。発達過程においても子供は、最初は隠されている醜い側面に時間がくると直面するので「見るなの禁止」は相対的禁止であり、後者に関しては、最初は寝てもよかった母親が次第に寝てはいけないものとなって、時間がくると絶対的な「タブー」となるのである。
(注9) 隠されていたものに直面することによる美しいものの幻滅は、徐々に幻滅させることによって外傷化するのを避けることができるかもしれない。この可能性を提示するのはウィニコット D.W. Winnicott である。また、母親像の全体を全体として体験する過程で、一面で愛していたものを他面で破壊していたという認識に罪悪感が伴うことをとらえるのが、クライン M. Klein らの抑うつポジションという見方であるが、これらの対象関係論の思考がこの物語についての私の分析に影響を与えている。

す。ギリシャ悲劇のエディプスは、その物語の一番最後のところで、目を突いて、失明して追放されます。追放してくれと頼むのですけれども……。実はここにおいても、エディプスはとうとう近親相姦の事実に直面して、再び自らに、「見るなの禁止」を課してしまった。(注10) これを抑圧などの起源として取り上げることもできるでしょう。また、この失明は去勢であるとフロイトは解釈しております。

さて、精神分析がどこまでこの問題の理解に貢献できるかわかりません。もちろん、この「見るなの禁止」を破るときに、去勢不安を体験するのかどうかという議論は、今日は簡単には行えないと思います。しかし精神分析というものは、その辺の僕らの事情を、一つ一つ明らかにしていく方法にはなりうると思うのです。

補遺：本記録は「見るなの禁止」についての最初の発表であるが、シンポジウムのテーマが「現代社会と性」であるために、性的なものについてのタブーという点が前面に押し出されている。しかし、異類婚姻説話を含めた「禁止→犯禁→離別」の物語を今一度検討することにより、見ることが禁じられていたのは、母親の死、傷口、汚れ、ケガレ、醜さであり、性器的なものだけではないことが確認される。ただし、隠されていたものが何であれ、それらが動物に見えるのは変わらぬ事実であり、これを動物的なもの、恥ずかしいこととするところをふまえた本発表の意義も変わりはない。また、「性」とは性器的なものも含めた動物性であり、鶴や蛇と同一視されるわれわれの姿である。

イザナギ・イザナミ神話で、主人公は死んだ母神の醜い姿を見て逃げ帰るが、その物語は本書一六〇頁において簡単に分析されている。また、「見るなの禁止」と関係の深い浦島伝説の「乙姫の禁止」は、本書一三五頁において論じられ、両者の関係についても触れられている。

（一九九一年四月）

（注10）実は、異類婚姻説話が母親と息子の物語であるとすると、これが結婚しているのであるから、近親相姦の問題が語られていることになる。近親相姦の事実に直面するエディプスの場合においても幻滅の急激であることが外傷につながっているように思う。また、彼は妻である女性が母親であったという、隠された事実に直面したわけであるが、この事実を隠していたのは母親の側であり、これにも「見るなの禁止」の要素がある。

「見るなの禁止」総論

第二章　愛する者を「害する」こと——父神イザナギの罪悪感*

「超自我」の声

私は三十年にわたり幻滅と罪悪感という問題について何回となく書いてきた。私より大らかな者には、その姿が強迫的に映ったときもあろう。「強迫的」とは嫌だ嫌だと思うのにくりかえしてしまうということなのだが、私はあまりこの罪悪感という問題を取り上げることを嫌だと感じないので、病的な強迫ではないと思うのだ。心の痛みがあったとしても、取り上げるうちに、その苦痛が軽くなってきたという歴史があり、むしろ考えるのが好きだと言っていい。それはまさに精神分析治療で言うところの、その意味を噛みしめ納得するという「ワーキングスルー（日本語では徹底操作と訳される）」の段階に入ったのかもしれない。

同時にその考察は、それを読んだ一部の臨床家や国文学者たちによって、かなり手応えのある支持を得てきた。特に国文学者・橋本雅之の呼びかけでおこなわれた二〇〇七年夏の対談（『日本人の〈原罪〉』第四章）では、まことに大きな心理的で学問的な支援を得たのである。それで、私個人としてはほとんど卒業したつもりになったこともあったが、お誘いを受け、またもやこのテーマを正面に据えたいと思うのだ。

*初出は『日本人の〈原罪〉』（橋本雅之との共著）講談社現代新書、二〇〇九。

ただし本書は一般の方も読まれるので、できるだけわかりやすく書いてみたい。日本人の「原罪」にかんする議論がこれまでわかりにくくなることがあったとすれば、そこには独特の理由があったと思う。まず、取り扱う素材が主に神話や昔話なので、事実関係そのものが曖昧で、その解釈には正解がない。また、これらについての心理学的解釈は、臨床から生まれた理論にもとづいているので、その理論を知らなければ、解釈の根拠がわからず、読者は困ることになる。さらには、これが一番問題なのだが、罪悪感についての論考は著者や読者の罪悪感を刺激する。作者自身がその心の痛みを感じて書いているので、その痛みと痛み回避の心理が多かれ少なかれ書いている内容や話している内容を微妙に動かすことになる。

物を書くということは、偉そうな仕事である。また、内心に罪意識や悪いという思いを抱えて生きている者は少なくないのであり、その影響について克服できないまま一般論を書こうとすると、どうしても偉そうなことが言えなくなる。「お前は偉そうなことが言えるほどにまで、罪悪感を乗りこえられているのか」という声が聞こえてくるのである。本文でも述べるこういう「超自我（スーパーエゴ）」の声はけっして消えることはないし、それと対話や交流をつづけて何事も時間をかけるのがポイントなのである。

つまり、「見畏《みかしこ》みて」にしばし留まり、そこから次の段階に進むのではなく、どうしても「逃げましき」となってしまうという反復のなかで、ずっと避けつづけてきたままの心の痛みを、ここで味わいながら観察することで、その心理を多少は納得し、わかりやすく語ることができそうなのだ。

そこで本章では、詳細や連想にこだわらず、まずストレートに、これまでの仕事の要約をおこない、さらに罪悪感の取り扱いに向けて簡単な技法論を書いてみたい。これまでの仕事は、『悲劇の発生論』(12)、『見るなの禁止』(13)、『幻滅論』(14)、『劇的な精神分析入門』(16)などに、確実に歩みを進めるかたちで記されている。私の考えに関心のある場合もふくめ、物語そのものに関心のある時や、これにかかわる精神分析の考え方に興味のある時は、そちらを参考にしてもらいたい。

Ⅰ　神話と昔話の深層心理学

1　悲劇から学ぶ一例として

私たち臨床人は悲劇に関心がある。なぜなら、臨床とは人間の悲劇を取り扱う場であり、特に長く語り伝えられている悲劇は、悲劇に巻きこまれた人びとの理解の助けとなるところがある。長く広く語り伝えられている物語が、それを読む者や語る者、伝える者の心理を反映しているからである。神話に出てくるイザナギ・イザナミや、物語の〈つう〉〈与ひょう〉のような心理はどのような人間にもある。でなければ、物語を理解すらできないだろう。関心を持って読むとは、読者が共感的に身を置くことのできる主人公が登場しているということであり、読者は主人公に同一化していることになる。同一化とは、その人の身になって心身が同一と化す心理的な心の動きである。同情や共感という現象は、そういう心理をもとにしている。

もちろん個々の人生はお定まりの物語に還元できるものではない。しかし、文化遺産のなかから既成の物語を取り上げて活用することの、私たち臨床家にとっての利点は、個人のプライヴァシーにかんする報告を詳細におこなわなくとも、人生の問題の本質を議論できることである。それが精神分析の創始者ジークムント・フロイト（一八五六―一九三九年）の示した文化論の価値であった。

日本の若い分析的研究者は文化論を極力控えているように見えるのだが、それは、話している内容が日本語で自分に食い込んでくることに対する抵抗であると思う。外から輸入された学問が私たちの言葉でその心理に触れることには痛みや抵抗がともなうものであり、その心理学こそ日本的な文化素材を活用して論じてみたいところである。自分を出したくないという恥の心理はどこにでもあり、私にもある。個人的な事柄を持ちださずに自分の内面について考えられるからこそ、文化の深層心理学には価値がある。

2　神話の精神分析

フロイトが神話に関心を抱いたことは特に夢分析のなかで示されたが、精神分析の深化に向け、広く民間に共有された物語を活用する方法は、「エディプス・コンプレックス」によって広まった。彼はギリシャの「エディプス王」の悲劇から、息子が母親を愛してそのライバルの父親に対して憎しみを抱くというコンプレックスの名をとったのである。彼は神話が「諸国民全体の願望空想の歪曲された残滓、若い人類の現世的な夢」であり、「自分の好きな童話の記憶が自分自身の幼年時代の記憶に代わってしまっている人びとがいる」と指摘し、神話や昔話の世界と現代人との連続性を認めた。このことは、他の学問領域での神話研究を刺激し、例えば文化人類学者たちの分析や議論を生みだすなど、さまざまな影響を与えてきたのである。

また、分析心理学のC・G・ユング（一八七五—一九六一年）は夢や患者の妄想や幻覚の内容に、神話の主題やイメージと類似したものを見出して、神話を生みだす場所として、個人の無意識の下層に集合的無意識があると仮定した。文化を重視するユング学派に対し、フロイト学派は、「家族物語」と言うように、物語の起源を個人の心理や育ちに還元するところが特徴である。初期の精神分析では、その還元主義的理解や内容解釈が徹底されて、フロイト学説や自説の証明のために神話を分析素材として扱うことが多かったが、次第に同一化対象の供給などの、人間形成に対する発達促進や自己理解の意義も強調されるようになってきた。

他方、日本のこの面での研究史では、日本の精神分析の父・古澤平作の論文「罪悪意識の二種」(20)（一九三一年）が嚆矢である。仏教の物語に「阿闍世」という名の王子が登場し、その王子が自分の母に幻滅して殺そうとするが、後悔の念や罪悪感に襲われて苦しみ、最後に母親に救われるという話がある。この話から彼は、「阿闍世コンプレックス」という理論を提起した。小此木啓吾は、「懺悔心」と呼ばれるべきこの罪悪感を、エディプス・コンプレックスの「処罰おそれ型」に対して「許され償い型」であると明確に区別している。彼らは日本神話を取り上げなかったが、明らかに私の研究は、阿闍世コンプレックス論で取り上げてこられた「母なるものに対する幻滅と罪悪感」論の流れのなかにある。

父に対する母親の愛欲ゆえに子が裏切られて幻滅するという阿闍世物語の詳細は、本書の担当範囲にはないと思うが、許されて生まれるとされる罪悪感の問題は後で論じたい。

同名のコンプレックスのことは、古澤の論文を収録して小此木と筆者とで編集した『阿闍世コンプレックス』[22]という本に詳しく書かれている。これも幻滅の一形式なので重要なのだが、本来が日本の物語ではないし、物語変化の問題も同書や他の研究書において検討されているので参考にしていただきたい。ただし、物語も複雑で、議論が多岐にわたる阿闍世物語の問題よりも、本書にとって重要なのは小此木の対象喪失論である。

3 「母を愛するが故に母を殺害せん」

先に述べたように罪悪感に二種類（「処罰おそれ型」と「許され償い型」）あるにしても、日本において感じられやすい「もう一つの罪悪感」があるという立場に私は立つものではない。

この本で論じようとしている罪悪感や罪意識について言えば、むしろ「見るなの禁止」のために見出しにくくなっているという問題意識であり、それはフロイトの「無意識的な罪」という言葉のとおり意識しにくいのである。理論的には、これから紹介する、メラニー・クラインが究明した罪悪感、あるいはそれをD・W・ウィニコットが「思いやり」と言い換えた二者関係の罪悪感の発生論がわかりやすく、納得できると考える。

つまり古澤自身が早くから「母を愛するが故に母を殺害せんとする慾望傾向」と書いた、母なるものに対するアンビヴァレンスが問題の基本なのである。アンビヴァレンスとは相反する感情や態度の並存を指す。それゆえに対象と自我（＝私）とのあいだに生まれる矛盾する関係のなかで、罪悪感が発生すると考えたのが、学派的には英国で発展した対象関係論である。

また日本神話の心理分析のパイオニアの一人である河合隼雄は、ユング心理学の立場から独創的な考察をおこなっているので、本書でもたびたび引用されるだろう。これと同時期に、私はイザナギ・イザナミ神話や異類婚姻説話を踏まえて「見るなの禁止」論を展開したが、その概要は後で紹介する。それを通じて、我が国の罪悪感論において必要性を痛感するのは、反射的に回避されやすい不浄感（穢れ）との関係であり、そのことをわかりやすく示すことが小論の課題の一つとなろう。

これら日本の物語分析は、父親の存在を重く見るエディプス・コンプレックスの議論とくらべて、いずれも母子関係や二者関係を重視している（私は時に日本語のなかの第三者である〈みんな〉のことを意識したいし、それが見る側である父親を見ることだと考えている）。『古事記』や『日本書紀』の内容はまだまだ活用できる部分をふくんでおり、この研究は国際的な広がりを見せている。例えば、母子関係の結びつきが濃厚であるほど神話の創造性は高まるとする分析家D・フリーマン、そしてアジアの習俗として際立つ「見るなの禁止」とまたその神経症問題を論じるインドの分析家J・バサックらも、深い関心を示している。

神話は長いあいだ人びとに真実だと信じられ、神聖視され、主に言葉で伝えられ、広く共有されてきたものだが、これからもまだ普遍的な思考の抽出ができるだろう。科学研究においても、そして人生論においても、罪や宇宙の起源を語る神話が「モデル」の役割を果たすことが多いのである。物語そのものがいろいろ姿を変えて再生産され、国民の深層心理を動かし、決定し、また同時に個人におけるその影響について考える機会を提供しているわけである。物語は豊かなイメージを育みながら言葉で伝えられ、深層的思考の理論化に役立つだけではなく、メタファーや象徴的表現の源泉として説得力を持つだろう。また、「家族神話」や「個人神話」という言い方で、タブー視されやすい私的な出来事を比喩的に語る者も多く、深層心理学者としてはこれを活用しないわけにはいかない。

それゆえ、同じ神話が臨床モデルとして複数の場において活用されるようになると、主人公の名が引用され「……コンプレックス」と呼ばれてその広がりと深さが示される。エレクトラ・コンプレックス、シンデレラ・コンプレックスというのがその例である。例えば、本章で論じている心理的問題の全体を「イザナギ・コンプレックス」と呼ぶこともできよう。もちろん私にはそのつもりはないが。

本書は罪悪感の分析のために、つまりその理解を得るためだけに神話や物語を使うものではない。それはたえず、臨床での自他の罪悪感についての取り扱いを議論することと並行している。それが臨床的で技法論をともなうことを眼目とする精神分析の面白いところである。ゆえに、フロイト自身の罪悪感の取り扱いからはじめて、精神分析がその自己分析とともにたどった罪悪感の発生論の歴史を、読者とともになぞりたい。そして、これまでの私の研究を要約し、後半では罪の心理学的な取り扱いのための技法を紹介したい。

Ⅱ エディプス・コンプレックスとは何か

1 追い出された息子たち

精神分析は罪悪感の心理学であると言っていい。同時にフロイト自身も罪悪感、倫理意識の強い人物であったと思われ、その背後には彼の父親が「女性好き」で子だくさんであったからという解釈がある。本節では彼が発見し、これまでさまざまな文脈で議論された概念であるエディプス・コンプレックスによる罪悪感の発生論にかんする説明をおこなっておきたい。

その発生論においては、息子が母を愛して結婚したいくらいに思い、そのライバルである父親を憎み殺そうとし、その空想のなかの「近親姦」や「父親殺し」の罪が問われることになる。それは、父親という第三者が問う罪である。ここでは、第一者とは子としての本人、第二者とは母親、第三者とは父親を指すが、問題はその三者からなる三角関係から生まれる罪悪感である。

つまり、第一者が第二者に対して何かやりたいことがあると、それを邪魔する第三者が登場し、横槍を入れて、ついには断罪することになる。

昔私が参加したフォーク・クルセダーズの歌に、死と再生を歌う「帰って来たヨッパライ」という奇妙な歌があったが、三角関係の問題はその歌の顚末を説明する。主人公のヨッパライが死んで天国に行くが「酒はうまいし、ねえちゃんはきれいだ」と騒いでしまうので、神様に叱られて追いだされてしまうのだ。そして、あの当時、若者の意識は「父親世代に対する反抗」でまとまっていたかに見えたが、ヨッパライ同様、追いだされてしまったように感じているところまで歌い込んでいる。

この話は、息子スサノヲが「母の国」に行きたいと言って泣きわめいたら、父神に追放されるという展開と同型と言えるのである。冒頭でも書いたように、書きたいこと言いたいことがあって、それを言葉にしようとすると、必ず何者かが第三者的な検閲をいれてくる。そして、この第三者を意識しながらも対話をつづけなければ、言いたいことが言えない。つまり、言いたい相手・第二者と、それを検閲する第三者と、私のあいだに三角関係が生じるのである。言語とは〈みんな〉という第三者にわかるように話さねばならないので、言いたいことを言おうとするたびに、文法という法や検閲から免れることはできない。

スポーツでも、ゲームでは二人以上の者が「勝利の女神」を奪い合い、三角関係のなかで勝ち負けが決まる。三人で旅に出るなと言い、昔は写真を撮る時は真ん中に立つな、とよく言ったものだ。

このような、二人が「つるんで」第三者を排除しようとしたり、それを禁止したりする三角関係の普通的な基盤が、父、母、子からなる家族の三角関係にある。つまり、子どもは母親と寝たがるものだが、いつまでも「母親と寝ること」は「いけないこと」なのであり、罪とは、欲望の対象とやりたいことを、心の内外で早期に禁止されることを起源にしていると考えられる。

この禁止が文化人類学的に問題になると「近親姦の禁止」となり、この禁止や検閲が心のなかに確立すると「超自我」と精神分析では名づけられ、日常的には「良心」や「掟」「法」と呼ばれるものとなる。

2 「鼠男」の精神分析

この罪悪感の臨床的分析の例は、「鼠男」と愛称で呼ばれるケースにおける分析者（フロイト）の注目するところや、選択的な態度に見られる。

「鼠男」とは、フロイトが治療した強迫神経症の男性の症例のなかに、鼠を体に押し入れる刑罰をめぐる話がふくまれていたので、こういうニックネームがついている。恋人や父親に悪いことが起こるのではないかと心配していることなど、彼の話は多岐にわたってじつに複雑であった。それでも自由連想という方法により精神分析をおこなう分析家は、やがては何かに焦点づけねばならないが、この患者の場合はエディプス・コンプレックスの問題だと、フロイトは読んだ。

治療では終始、患者本人を中心にした欲望の権化である鼠男（第一者）の系列と、その恋人など欲望満足の対象（第二者）の系列と、さらにその関係を邪魔する弟、大尉たち、父親たち（第三者）の系列などからなる三角関係を分析している。あっちこっちにひっかかりながら、そして三隅が置き換えられながら、患者の話は、問題はたえず三角関係のカタチをめぐって展開し、分析者はその三角関係を生きる患者の深層心理を整理している。(5)

特に患者の攻撃性は父親へのアンビヴァレンスに由来するものとして理解され、分析者フロイトは無意識に留まろうとする父親への憎悪の蓋をとっていく。すでに死んでいる父親について、患者は、あくまでも父親を「最愛の人」だったと反論するが、分析者は父への「愛と並存する殺意」という心のなかの犯罪を指摘する。シーザーと、彼を殺したブルータスとのあいだにも愛はあったと（一九〇七年一〇月八日の治療にかんする記録）。

このやり取りは、強迫者の分析において治療者が果たす役割という問題を想起させる。つまり、強迫的な患者はあっちこっちに話がひっかかり、つぎつぎと新たな連想を持ちだすが、分析家フロイトは、あらゆる素材となれあって結びつくことを患者に禁じているように見える。強迫的な思考により絡み合った素材のまっただなかに割って入り、話に筋を通して分析に道筋をつける「父」、あるいは「横槍」の役割を果たしているのだ。この権威的態度が、エディプス・コンプレックスの三角関係の分析に向けて、エディプスの父と息子の関係を劇化している。そして、このような三角関係を体験しながら、「父」に抵抗し、反抗し、受容され、それについて考えて洞察を深めることで患者の強迫は解されて回復していった。アンビヴァレンスの強い患者に愛されながら、同時にその敵意を受け止めて生き残る分析者を得て、患者の罪悪感はほどよく体験されていったと言える。ここにフロイト自身の理解とは別の、罪悪感の臨床的取り扱いについての重要なヒントがある。

Ⅲ　フロイトの「弟殺し」

1　治療者の失敗

以上のような鼠男のフロイトによる治療記録を、二〇〇六年に私たちは邦訳、出版したのだが、その「鼠男」の一九〇七年一〇月一四日の治療記録には、以下のようなことが書かれている。それは患者の姉が若くして死んだことによる影響をうまく理解するのに分析家が失敗したことを認めるところである。

「二度も姉の死が話題にされていることになる。忘れてしまったのは、私自身のコンプレックスのせいだったのだ」

ここでフロイトは治療的失敗に気づき、自ら、後で述べる罪悪感の問題について自覚の足りないことを認めているのだ。若くして死んだ姉との深い結びつきは患者にとって重要であった。しかしこれに対するじゅうぶんな分析をおこなえなかったという、治療者の失敗について、つぎに述べるフロイト自身の盲点があったことを認めているのである。それほど、罪悪感の自覚は難しいものであり、じつはフロイト自身がこの種の罪悪感と戦いつづけていた。フロイト自身の罪意識の起源となる最早期の自覚とは、彼が残した自己分析の記録にしたがうかぎり、父親の経済的な破綻のために三歳のフロイトが一家とともに故郷フライベルクを汽車で出発したところにある。

「ブレスラウ［東欧の町］も僕の幼児期の記載のなかで一役演じています。三歳のとき僕はフライベルクからライプツィヒへの移住の途中にそこの駅を通過しましたが、そのとき僕が初めて見たガスの炎は僕に地獄で燃えている亡霊を思い出させました。僕はいくらかその脈絡を知っています。僕の克服された旅行不安もそれに掛かっています」（一八九七年一二月三日の書簡）(6)。

この「地獄で燃えている亡霊」にかんし、解釈は諸説ある。そして、このような場合、汽車がノイローゼの対象になってもおかしくはないが、じつはフロイトにも旅行にかんして神経症があった。その背後にある弟との母をめぐる三角関係の問題については、それ以前に、以下のような内容を友人フリースに送っている。

「後に（二歳と二歳半の間に）母に対する僕のリビドーが、それも母と一緒のライプツィヒからウィーンへの旅——この旅の途中で僕は母と一緒に泊まったはずですし、裸の母を見る機会があったに違いありません——を切っ掛けに目覚めたということ［中略］僕は一歳下の弟［中略］を邪悪な願望と子どもの本物の嫉妬で迎えたということ、そして、この弟の死によって非難の萌芽が僕のなかに残ったということ、これらのことを示唆することができるだけです」（一八九七年一〇月三日）(6)

この母の裸の姿を見てリビドー（性的エネルギー）の対象となったというのも、汽車のなかであったのかもしれない。そして、これらの記述を総合すると、フロイトは三歳以前に、愛情対象の母親を奪った弟を激しく嫉妬していたのである。先の、鼠男の父親への罪悪感もそうだが、愛していながら攻撃していた対象が、たまたま本当に死ぬと「愛する人を殺してしまった」という自責の念が生まれるという罪悪感の発生論を、フロイトは自分を素材にして提出しているのである。そして、この母親の愛を弟と競い、勝ったことで「死んだ弟に対して自分が悪いと感じる」という図式も、エディプス・コンプレックスの場合と同様、三角関係のなかでの罪悪感の発生論である。

個人的なことだが、以上の話を書くたびに、私は、ちあきなおみの歌う「喝采」（吉田旺作詞、中村泰士作曲）という歌謡曲を思いだすのだ。歌の主人公は現役の歌手で、恋人と思われる人物（母親、あるいはバンドのメンバーかもしれない）を駅に残して汽車で出発するのだが、後にその人物が死んだことで二重に心の痛みを感じ、故郷の葬式の場や駅の待合室で体験される喪の情緒を、舞台で歌い上げるという佳曲である。唐突に見えるかもしれないが、この歌で注目しておきたいのは、スポットライトを浴びる舞台の上と、「ひなびた町」での死のあいだで、分裂した明と暗、白と黒がコントラストをつけながら入り混じることである。これから述べるように、その分裂した関係や情緒のあいだの摩擦や混交こそが罪悪感の場であり、この主人公もまた歌手として成功し、葬式の場と舞台のあいだで罪悪感を感じているようである。

フロイトの場合も、車外の不幸な死と車内の性的興奮というくっきりとしたコントラストのある二重性が際立ち、汽車の内と外とが摩擦する。熱い、酷い痛みが横に走っていく。

2 「成功によって破滅する人びと」

汽車旅行に対するフロイトの〝恐怖症〟がはじまったのも若い頃からと言われている。それを解消するまで約十二年間（一八八七―一八九九年）、彼はその神経症にかなり苦しんだらしい。アーネスト・ジョーンズによる伝記『フロイトの生涯』[9]では、自己分析により、それは究極的には母の乳房を失うことに対する恐怖に結びついていて、ある種の幼児期的な貪欲さにもとづく飢餓というパニックだと理解したという。そして、その痕跡は後の生活では汽車の時間に間に合うかどうかについての不安というかたちで残ったのである。

しかし、どれほど自己分析しても、この「弟殺し」の問題はなかなか解決しなかったようだ。

フロイトは一九一二年ミュンヘンで、自分の仕事がスイス人たちに無視されていることを批判したとき、罪悪感のために、宿命のライバル、ユングの前で気絶している。やがてフロイトと決別したユングは、約二〇歳下である。

フロイトの弟子の一人フェレンツィはこの出来事をきくと、一九〇九年、三人がアメリカへの旅行に出発しようとしていたときにもブレーメンで同じようなことがおこったのを思いだし、フロイトに伝えた。そのときも、三年後と同じく、フロイトがユングに対してちょっとした勝利を収めたときであったという。ユングはブルクヘルツリ病院での禁酒という狂信的伝統のなかで過ごしていたのだが、フロイトはそれをあざ笑ってユングにその伝統を破らせた。ユングの酒に対するそれまでの態度を変えさせるのに成功したわけだが、彼はそのあとで気絶して床に倒れたのであった。

フェレンツィの指摘に答えて、その間自分の失神反応を自己分析していたフロイトは、発作はすべて一歳七カ月の時におこった弟ユリウスの死が自分に与えた影響にさかのぼることができるという見解を表明した。したがってこの場合、フロイトの失神は、彼がユングという敵を負かした成功とそれにともなう罪悪感によってであり、自ら「成功によって破滅する人びと」と記述した類型のひどくない症例であったというのが、ジョーンズの理解である。

「成功によって破滅する人びと」とは、勝利にともなう罪悪感のために自滅する人物のことである。フロイトにおいてはその成功あるいは勝利の最初の出来事が、彼の小さな弟に対する死の願望とその成就にあり、それが無意識的罪悪感となって彼を悩ませていたことを自覚していたのであった。ライバルと競争し「殺し」、勝利しながら精神分析という大事なものを占有しようとしたフロイトが、長男としての弟コンプレックスを何とか克服できたのは、きわめて晩年のことであったと思う(「成功によって破滅する人びと」は一九一六年の「精神分析的研究からみた二、三の性格類型」に記載されている(7))。

人生で彼が「勝ち残り」に成功した心理的な理由があるとすれば、罪悪感を味わいそれに取り組むことができたからだと思う。成功は、多少の罪悪感や空虚感をともなうものであり、それに圧倒されたのでは、相手を負かすことができない。スポーツの試合では、相手を完全に敵視して勝ちに行くのが原則であり、勝利の夜、美酒に酔って、翌日感じる罪意識や空虚感に圧倒されたのでは、二度と勝つことはできない。日常でも調子よく遊んだ後に、そこはかとなく悪く感じるのは普通の心理だが、うつ病患者や敗北主義的な生き方をする方々に、「成功によって破滅する人びと」は多い。具体的に言うなら、昇進したことや、良いところに引っ越した途端に、罪悪感を抱いて抑うつ状態になることは、よくあることである。

生きるためには、生き残るためには、そして勝ち残るためには、どこかで愛する者を「殺す」ことになるのだろう。小此木が『対象喪失』(21)でまとめたフロイトの自己分析も、そういう記録の連続である。フロイト自身の弟コンプレックスもそうだし、鼠男の父親に対する罪悪感もそうなのだが、敵意が三角関係をともなうことはよくあることだとしても、反復する問題には、同じ対象を愛していながら憎むという、矛盾した情緒の相剋が共通してある。フロイトは弟を愛してもいたろうし、ユングのことも一時期は非常に好きであった。もちろん鼠男は父親が好きであったし、それなのにどうして殺意が芽生えるのだろうかと反論している。

ちなみに、物語のエディプスは父親をそれとは知らずに殺しただけではない。その秘密を母でありながら妻でもある女性の反対を押しきって発見し、彼女を自害に追い込む。このエディプスの物語においても、罪意識の問題は、愛するがあまり害してしまうという母子関係における言動の割りきれなさ、あるいは痛切な矛盾感をともなう痛みにあると言っていいだろう。そういう痛みの発生論のさらなる深化は、自ら抑うつ感に悩まされながら母子関係を問題にしたメラニー・クラインという女性分析家の登場を待たねばならなかった。

Ⅳ　革新的なクライン理論

1　母親に対するアンビヴァレンス

フロイトは、残存する鼠男の精神分析の記録では約四十カ所で母親について記録しているが、公刊の論文ではそれを問題にしていない。三角関係に巻き込まれたフロイトの発想では、二者関係、つまり母子関係における母親に対する子どもの攻撃性と罪意識はほとんど考えられていなかった。そして、精神分析の初期においては、分析家のあいだでも、母なるものに対する子どものアンビヴァレンスについてはあまり関心が向けられなかった。

そのなかで、フロイトの愛弟子K・アブラハムの考えを引き継いだメラニー・クライン（一八八二―一九六〇年）は、その早期母子関係論によって革新的な罪悪感の発生論を提出した。フロイト学派の罪悪感発生論が、外部からの叱責や威嚇を問題にすることが多いのに対して、クラインの理論は、決して外から押しつけられるものではない罪悪感の内的な発生論である。成功した途端に挫折するというのも、心のなかの罪悪感が先であり、外的に責められたからではない。ただし読者には、早期の母子関係における乳児の体験ゆえ、言葉にして説明することそのものが無理な事柄を、あえて言葉にしているものと考えてもらいたい。同様に罪悪感と言っても、成熟した倫理感覚とは遠いものであり、後でも言うが、日本神話はこのレベルの原初的な体験を物語として残していることそのものが、まさに画期的なことなのである。

ハンガリーで精神分析協会に参加したメラニー・クラインの場合も、その慢性的な抑うつ感はさまざまな喪失体験に原因の一端があったようだ。やがてクラインはロンドンに渡ってそこを永住の地に定めたが、現在では世界中で多くの者がクライン学派の理論を学び、発展させている。

彼女らは、乳児は先天的に存在する生と死の本能が生みだす幻想や空想を外界に投影し、きわめて主観的なかたちで外的世界と関係すると考える。よいものを憎悪する「羨望」を重視したことにも示されるように、クラインらは、乳幼児の幻想と空想にまみれた母という原初的対象へのアンビヴァレンスが人間の心性を大きく左右するとしている。著作も邦訳されており、H・スィーガル著『メラニー・クライン入門』[23]をふくめてよい解説書も増えてきた。

私はクライン学派に所属する者ではないが、彼女らの臨床理論から多くを学んできた。そこで、簡単に彼女の罪悪感の発生論を説明するなら、クラインは早期の乳児において、本来生得的に死の本能と生の本能の二大本能が並存しているとする。フロイトの心的構造論においては、罪悪感は自我と超自我の対立によるものであったが、クライン理論では自らの内部の欲動（本能）の対立を起源とする。死の本能は攻撃性や憎しみとして現れ、生の本能は愛情表現、愛情欲求として表現される。ただし、母親像が「鬼」と「天使」のように憎むべき悪い対象と愛すべき良い対象というかたちで分裂しているうちは割りきれているのだが、成長してやがて視野が広がるにつれてその全体が把握されると、その乳児は愛する対象を憎むという葛藤に直面し苛まれることになる。そこで体験される「愛する者を攻撃している」という対象関係の全体が心の痛みとしての罪悪感を生みだすとクラインは考えたのである。

クラインは、早期の対象関係を「妄想分裂ポジション」とし、そこで分裂していたものの全体を把握することから生まれる罪悪感を噛み締める時の心境を「抑うつポジション」と呼んだ。そして、この心的態勢を通過することを通して、償いや感謝、そして創造性が生まれるとした。「ポジション」とは、体験様式であり、罪悪感の体験も、それが達成されて永続するというのではなく、それ以前の分裂的な体験様式に引き戻されながら、人間は成長するという考えである(クラインの著作を一冊読まれるなら、邦訳されているメラニー・クライン著作集の第五巻「羨望と感謝」[19]を薦める)。

2 急激な幻滅

イソップ物語にコウモリの話がある。獣と鳥が分裂し争っているうちは、コウモリはどちらかに味方してもう一方を敵視していればよかった。しかし、獣と鳥が和解すると、その動物世界全体のなかで、矛盾した態度を示していたコウモリは醜い不純な存在として反省を強いられる。部分から全体への展開である。

こういう、分化していた愛憎に統一性が生まれて全体対象を知覚して痛みを体験する時期を、クラインは零歳児とした。これに対し、他の分析家のあいだから、乳児に激しい攻撃性を認めることに対する抵抗と、時期が早すぎるという反応が惹起された。しかしながら、その時期がいつであれ、美しい相手が愛する対象でありながら、同時に憎むべき対象として攻撃し、傷つけ、時に殺しているという事実から、罪悪感という抑うつ的で憂鬱な心の痛みが生まれる、という理論は、じつに深い人間理解を示すとともに納得すべき説得力を持っている。

もう少し遅い時期のことでわかりやすく言うなら、怪獣ものの子ども向けドラマでは、いつも善玉のヒーローと悪役の怪獣に分裂するが、年齢が増すにつれて幻滅し、善玉にも悪いところがあり、悪役にもいいところがあることを知る。その時、私たちは分裂した世界観と愛する者を憎んでいたことを反省し、怪獣に対しても悪かったと思うようになる。こうして世界は落ち着くようになるのだが、同時に箸が転んでも笑っていた快感から遠くなる。世界は善悪や好悪のはっきりしたものから、皆両方を併せ持つものとなり、それは自分自身もふくんで「悪い」ということになる。

この幻滅のプロセスはゆっくりであれば外傷的ではないのだが、「見るなの禁止」（次節参照）の物語の幻滅は、やはり急激であり外傷的なのである。

愛や償いの気持ちとともに外傷的ではないかたちでしみじみと体験される罪悪感とは、内的にその責任を納得する「抑うつ的な罪」とされ、分裂する対象像の全体把握と自己体験にともなう心の痛みの一つである。ただし、急激な幻滅の場合はこれを割りきれず、耐えきれない。その際、痛ましい状況を放棄して逃げるために、罪意識（自分が悪いという気持ち）が周囲に押しつけられ（人のせいにされて）、周囲がどんどん悪くなるという処理方法がとられることがある。そして、これを遺棄して逃げれば逃げるほど、後ろから罪の当人を追いかける、「迫害的な罪」（L・グリンベルグ）となるだろう。

この二種類の罪（「抑うつ的な罪」「迫害的な罪」）は理論的には整理できるが、具体例では、はっきり区別できないことがある。しかし、罪は逃げると追いかけてくるという公式は、醜女《しこめ》（醜い女性）や怒るイザナミから逃げるイザナギの体験や、道成寺伝承における清姫に対する安珍のパラノイアを理解する時に援用できる。

それに加えて、心理的な罪悪感を物質のようにとらえて、気持ちの悪いものとして水に流したり、ハライ、ミソギ、キヨメの対象とする強迫的な処理方法がある。これもイザナギの汚いものの処理に見出すことができる。さらに、「躁的防衛」という、心の痛みに対して楽しい物事だけで対処し、内的な痛みからは逃避的に処理しようとする方法もある。

3 自分だけが悪者になる不安

こうして精神分析がおこなってきたのは、罪悪感の心理学的発生論を提示することだけではない。私が強調したいのは、分析者自身の自己洞察と並行してそれが深化したという歴史であり、その臨床的な取り扱いとその難しさなのである。

人とは心の痛みから逃げるものであり、それが私たちの心理を映しだす神話の男性主人公たちの後ろ姿なのではないかと思う。

それゆえ世界を相手にして、幼い者が罪を納得するためには、時間がかかる。もちろん大人ですら、そして分析家ですらそうなのである。

例えば、正確に自分の悪かった部分を悪かったと認めにくいので、まとめて罪を引き受けてしまい、生きていることすべてが罪であるようなことを言う。どこかの歌にあるような「悪いのは僕のほうさ、君じゃない」は格好良すぎるが、日本的な責任の取り方として代表的である。潔くあっさりと罪を認めてしまうことが美学となる文化では、罪を正確に推し量りにくいのは、なかなか対象や状況の痛ましさや醜さを正視することができないからであろう。そしてまた神話には、罪悪を汚いものとして排除する不潔恐怖的な道徳観念そのものが描かれているのだ。

さらに、先に挙げたケースでは、フロイトの弟、鼠男の姉、そして父もふくめて、彼らが長く元気であればこういう急激な幻滅と罪悪感の深まりはなかったかもしれない。ゆえに環境や外的な対象の脆弱さが個々のケースで吟味されねばならないことになる。つまり治療では、どのような「加害者」にも言い分や事情があり、これは心して聞かねばならない。どのような場合にも、誰がどれだけ悪いのかという正視と吟味が求められるものだ。しかし、これも実際にはなかなか困難であり、相手か自分かのあいだで両極化し、環境か本人かで責任の押しつけあいが起こる。取り調べのような面接や調査では、自白偏重のために、本人がいったん罪を認めるとすべてがその人のせいになりやすいし、それを自ら潔く引き受ける傾向もあって、やはり正確には確認しにくいのである。反動から「みんなで認めれば怖くない」ということで、「一億総懺悔」ということにもなりかねない。

臨床で「無実の罪」「押しつけられた罪」を訴える方々には、「自分だけが悪者になる」ことに対する不安がともなう。多くの人に、自分の言い分を聞いてもらえて、正確に自分の悪い部分を推し量ってもらえるものなら、すすんで悪かったことを認めようという思いはあろう。

こうして臨床的には、本人が罪悪感を納得しようとする時に、その承認がまともに進むかどうかを左右するものとして、セラピストが「周囲の失敗」を認めることが重要になる場合がある。対象の傷つきやすさや環境が壊れやすいこと、対象の側の包容力やその限界を考慮することが重要である。イザナミにしろ異類婚姻説話の女房にしろ、相手の要求に過剰に応えすぎていることも一要因となって、破壊と幻滅が急激になったのである。それが、内的な発生論を主張したクライン理論に対する小児科医ウィニコットの環境主義からの批判であり、クライン学派のW・ビオンが追加した理論であり理解だった。

Ⅴ 「見るなの禁止」の文化

1 日本人の美学

私の研究も日本文化の素材を用いてはいるが、臨床研究のなかに位置づけられるはずのものである。私には、対象喪失にかかわる「はかなさ」の体験を取り上げ、その美しさとそれにともなう危険を論じることを目的とした論考がある。とくに日本の神話や昔話のなかにたびたび登場し、私が「自虐的世話役」と呼んだ人たちがいる。こうした人たちは、昔話の「鶴の恩返し」や『夕鶴』の女性主人公のように自らを傷つけてまで他者に奉仕し、消えていこうとする。また、そこに醸しだされる「はかなさ」とは、日本語で「移ろい」あるいは「無常」とも呼ばれ、物事が変化しやすくて、短命で長続きしないことを指し、日本人の美学に通じるものである。

ただ無言で去っていく鶴女房の美しさは、醜女とともに怒って追いかけた母神の「醜さ」「汚さ」と対照的である。潔くて、対象のはかないことを訴え、その生き方には美学がともなっている。その美学にしたがえば、多くの日本人はパッと散る桜のように死にたいと言うし、鶴女房のごとくこれだけ美化されているなら、そういうぽっくりと逝く死に方に誘われても仕方あるまい。

私は日本絵画のなかの母子像に注目し、日本美術における「はかなさ」の主題と日本的育児の関係を論じたことがある（本書第十四章参照）。その第一として、江戸時代の浮世絵のなかから五百組近くの母子像を取りだし、この母子像の在り方を分類し、約三分の一以上が同じ対象を肩を並べて眺めていることを見出した。発達心理学者はこれを「共同注視」と呼んで言語習得や文化継承にとって重要だと考えている。また、我が国の母子像で共有される対象は、蛍、雪兎、おぼろの月、シャボン玉、花火などであり、「はかない」ことが美しい対象に共有される特徴の一つとなっている。このような美の「はかなさ」と「はかなさ」の美は幼児期から伝えられ、日本人に広く共有される感覚である。幼児が手を伸ばす「はかない対象」は、彼らの将来を示すものであり、それは美しい母親像や濃厚な母子関係が短命であることを、美化されたかたちで予言していると私は考える。(15)

2　神話と『夕鶴』

私が、イザナギ・イザナミ神話や「鶴の恩返し」などの神話や説話の悲劇を分析するのは、これらの悲劇的物語が多くの患者の悲劇的体験を映しだすからである。動物が人間に化けて嫁にくるが、正体が暴かれて去るという異類婚姻説話の詳細は、これまで何度も取り上げてきた。

ただ注意すべきは、現代版では、冒頭で男性主人公が傷ついた動物を救うところからはじまるが、古い話では報恩讐になっていないことである。代表的な鶴女房の中心的展開は、まず、人間男性のところに動物女性が正体を隠して訪れ、二人は結婚し、美しい女房が生産的で、男は裕福になる。しかし、女性が布を織りあげるところを「見るな」と禁じ、男が禁を犯して覗くと、鶴である女性が自分の羽を抜いて布を織って傷ついているところを見る。そして、正体を見られた鶴が恥じて去っていき、男性は女房を失うという別離で終わる。

多くの場合で女性主人公は母親的に描かれており、女性の方が男性の受け身的対象愛（「甘え」）に応えるかたちで嫁にくる。そして、「見るなの禁止」によって隠された動物の傷つきは、子どものような主人公の際限のない要求に応じる母親的女性の、限度を超えた自己犠牲や生産の結果である。鶴女房は限界を超えて布を織るが、別の伝承では蛇女房は両眼をさしだす。

「見るなの禁止」は、その傷ついた動物の姿の露呈にともなう美しい女性像の急激な幻滅、そして幻滅させる女性自身の恥の体験を回避しようとするかたちで、見られる側から設定されていたことになる。

当然「見るなの禁止」の物語には、日本のイザナギ・イザナミ神話もふくまれる。神話では、国々や神々を生んで死んだ母神の死体を、母神の課す「見るなの禁止」を破って父神が覗き、そこには腐乱した死体が横たわっていた。これで恥をかいた母神が怒り、逃げる父神を追いかける。それでも女神は、男神に撃退され、離婚となる。汚いものを見た父神は、その後、ミソギをおこなう。

3　自虐的世話役との同一化

以上のような物語の分析と並行して、私はこれまで、「鶴の恩返し」や『夕鶴』の女性主人公たちのように働く「過剰適応」の臨床ケースの治療と報告をおこなってきた。そういう彼や彼女の適応失敗の反復に、神話で数多くのものを生んで死んだ母神や、昔話で布を織って傷ついた女房の姿がオーバーラップするし、これに強く同一化している患者に出会うこともある。そこで話題になるのが、母親的な女性主人公として見られる側となる第二者なのである。

自虐的世話役とされる女性主人公には豊かな生産性と傷つきや死という二面性がある。美しい彼女は動物であることや醜さや死を隠しており、これを見ることを禁止するのだが、私たちはこの禁止を「見るなの禁止」と呼んだ。女性主人公は自虐的と形容できるほどにまで献身的で母親的であり、見る側で第一者の男性主人公は子どものように描かれる。この物語展開は母子関係が起源だとする解釈は、その原型と言われる昔話「蛇女房」が、自らの子どもを育てるために自らの両眼を乳房のようにさしだす話を根拠にできる。

そしてこの悲劇の世代間伝達では、幼児期における親子関係のなかで、母親的対象に幻滅する子どもはその痛みに耐えきれず、ふたたび対象と一体化しようとする。そして精神分析が示してきたように、病的なケースでは、同様の経過が極端なかたちで発生し、若い者は死んだ自虐的世話役に同一化し、自ら自虐的世話役になることを通して、悲劇はまったく否認される。というのも、死者は自らのなかに生きるので、対象喪失は否認されるからである。

彼らは適応的で社会的に成功していることが多いが、生きることに困難を感じることも多い。その献身的適応や過剰適応の内奥にある「本当の自分」が露呈してしまうことに対する恥の不安、そして「本当の自分」が露呈すれば、社会から退去せねばならないという物語通りの深刻な結末が予想されるところに問題がある。

それまで献身的に働いていた者が、身体疾患をふくむ「不治の病」などが急に明らかになると悲劇的に退去してしまうという可能性は日常臨床でつねに存在する。医療においても「見るなの禁止」の理解は重要である。つまり、悪性の身体病を抱える患者に病名告知をおこなうと、その直後に自殺されるのではないかという不安が周囲に生まれるのも、これらの反復する物語が作る不安だと言えるのである。

4 子どものような男

その反復を観察するために、恥や「見るなの禁止」によって見にくくなっている、生産における彼女たちの傷つきと死を示す具体的内容を、既成の物語からいくつか列挙しておこうと思う。

イザナギ・イザナミ神話においては、国を造るために母神は女性性器が焼けて死んだ。別の神話である豊玉姫伝説では、主人公の豊玉姫は出産時、悶え苦しんでわにとなった。昔話の鶴女房は、男の求めに応じて機《はた》を織るたびに傷ついていく。伝承の蛇女房は、眼球をさしだして目が見えなくなった。

ユング派の河合隼雄の著作『昔話と日本人の心』(10)の冒頭で引用される昔話「うぐいすの里」では、うぐいすは、タマゴを男に割られたのを悲しんで去っていった。

それらは、本来神や鳥たちの物語ではなく、人間たちに起きた出来事のはずだが、第二者である母親たちの悲劇は、これを見る当事者・第一者としての子どもやこれを語る第三者である私たちの心の痛みゆえ、あからさまに描けない。それで、後に残された人間の視点から、鳥たちや神々との出来事として置き換えられたかたちで、物語は語られているのだ。

だから、『夕鶴』でもそうだが、ここに示されている男性主人公は、子どものような男となるのである。昔話で、蛇女房に子どものために眼球を求める夫は、別の物語の「鶴女房」では子どもと一体化して子どものように貪欲な男になっている。貪欲というのは、蛇女房に両眼を要求し、鶴女房に限界以上の織物を求め、イザナミに夥しい数の神々や国々を生ませる底なしの欲望を指す。これは誰にでもある子どもの心の、また「この国」の誰にでもありそうな、男性的な部分を指すものとして、私はこの心理的主体を男性的自我と呼ぶことがある。その欲望は侵入的で破壊的であり、「甘え」と呼ばれるような受身的なものではないだろう。

VI 見る側を見る

1 みそぎとケガレ

イザナギ・イザナミ神話の父神イザナギから昔話の男性主人公まで、男性たちは女房の課す「見るなの禁止」を破り秘密を暴露して女性を失ってしまう。「うぐいすの里」では、侵入した男は手に取ったタマゴを落として割ってしまい、それで泣く女性はうぐいすとなって消える。

これら複数の悲劇的展開を重ね合わせるなら、じつはそこに母親的女性の性交、およびその結果としての産褥や育児にともなう危険とともに、第一者で当事者である男性側の犯禁にともなう侵入と責任の問題が象徴的に反復されていることがわかる。

こうした物語の展開を考えるうえで取り上げてみたいのは、恥じて去った女性主人公だけではなく、第一者である男性主人公も罪深く、そして恥ずかしいのではなかろうかということである。男性主人公の罪を正確に推し量り、当人に認めやすくするために、鶴女房の受身性と過剰適応、イザナミの性器が焼けるほどの過剰出産、タマゴの壊れやすさというような「脆弱な環境」の問題を認めるとしよう。そうすると、日本の異類婚姻説話の別れをもって結末とする語り納めの背後にある、男性的自我の破壊の事実と罪意識が見やすくなるように私には感じられる。そして同時に、女性的な部分の自虐的ではないところ、つまりイザナミの怒りも表現しやすくなるだろう。恥じて怒ったイザナミとは、母権社会の表象として本来はサディストだと思うが、拒否されているうちに恥じて退去するマゾキスティックな性格になったのだと思う。

神話の描写では、「この国」や神々を生んで死んだイザナミに対し、父神イザナギが意識的に感じたのは彼女の死体が「汚い」「醜い」という嫌悪感であり、その後「汚さ」はケガレとなって父神のみそぎを動機づけた。みそぎはなかなかすまないものをすませようとする試みであり、ケガレとは「すまないもの」である。つまり、それは物質的なものとして扱われているが、「すまない」という心的な苦痛が処理されているのである。

父神は私たちのために死んだ母神イザナミの死体を遺棄して帰ってきたままであり、「うぐいすの里」ではタマゴを落としてしまった男の謝罪の思いが語られないまま、であり、「鶴の恩返し」でも男は去って行く鶴を見送りながら呆然と立ち尽くす。

どう考えても、これらの物語で残された男の課題は、生産者として豊かでありながら同時に傷ついて死んだ女性に対する「すまない」の処理であろう。

2 いつまでも「すまない」

私見では、異類婚姻説話の結末では両者の騒ぎが大きくなり「女房を傷つけた」男の責任問題が生じ、償いの物語が必要となり、物語の現代版では、ふたたび頭に戻って、報恩譚として男性主人公は傷ついた動物を救うことになったのだと考える。つまり、最後のところで女性を傷つけたことや、性交と出産で死んだままとなったことが、男性主人公（つまり、第一者）にとって「すまない」ので、それに同一化する語り手は冒頭に戻ってすまそうとする。そのため現代の異類婚姻説話は、その冒頭で、男が傷ついた鶴を救うという物語ではじまるようになったのだと思う。報恩譚では、ああ、あれは昔助けた鶴が恩返しをしてくれたんだ、と懐古することで、男性の罪意識は軽減される。

神話の方では、最初の性交の結果の「失敗」は水に流され、その責任は女性の問題とされて、性交はもう一度頭からやり直される。そして現代異類婚姻説話では、最後で「すまない」ことになるのを冒頭ですまそうとし、話はふたたび頭から語り直され、同じ筋をたどって、いつまでもこの「結婚の失敗」の話はすまないのである。

また、神話は、性器的関係こそ婚姻関係の中心であることを冒頭から証言しており、一方の昔話の場合は、性表現がまったくと言っていいほどない。フロイト的な性シンボリズムを前提にした解釈は、一般読者には抵抗を生むかもしれないが、それが婚姻の説話だというのならば性交は欠かすことができないものだし、もしそうならば性活動は象徴的に表現されていることになるだろう。例えば、矢がささって傷つくことが性交の象徴表現なら、冒頭でのささった矢を抜いて鶴の傷を癒す話の追加は性交のやり直しを意味するかもしれない。そしてまたこれらのやり直しは、心理的には罪の「取り消し」を目的としていると解釈できるが、そのためにどれが「原罪」なのか見えにくくなっている。

社会的に役に立たなくなると、すぐさま自殺を考えはじめる、少なくない数の患者を、私たちは見ている。そして、一千年以上におよぶ恥をかいた主人公が退去する物語の存在が、「失敗（者）は水に流される」というかたちで、いまも傷つきやすい人びとに定番化した人生物語の反復を強いることがわかる。しかし一方で現代医療は、無理のある「やり直し」ではなく、できれば、傷ついて去って行く鶴女房の生き残りをすすめているのだ。だから緩和医療の役割は重要で、苦痛の少ない、そして死ぬまで威厳が保たれる可能性もある。物語の結末が一部で変わりはじめているのである。

ここで問わねばならない。もしも鶴女房が去らずに居座るなら、その相手役（第一者）の男も変わらねばならないが、そこで彼が体験せねばならないものとは何か。

簡単に言うなら、「すまない」をすまないとする心理の深まりである。ここに、道成寺伝承で清姫と約束しながらこれを裏切った安珍の恐怖を思い起こし、怒るイザナミに対する逃げるイザナギの恐怖を考えるなら、謝罪によって女の許しを得て、男の恐怖が軽減できたはずだという期待が生まれる。しかし謝罪はすでに連発してきた。自虐的日本人論を語って、「すみません」というのは私たちの口癖だった。

既成の「見るなの禁止」の物語では、総じて心理描写は貧弱であり、見る側である男性主人公たちの破壊と犯禁、そして侵入、逃走にかかわる反省の気持ちはほとんど描かれない。だが私は、報恩譚での冒頭の救助、そして神話の終わりにおける父神のみそぎというかたちで、男性的自我の罪意識が演じられ、微妙に行動化・劇化されていると考える。

Ⅶ 「ここだけの罪」

1 「許され型罪悪感」

臨床では、治療者は、まず罪を二者関係の罪として取り扱うのがよい。多くのケースで、患者は臨床の場で認めた罪が「みんな（つまり人間的な第三者）」に知られ広まってしまうことを恐れている。罪悪感の心理治療がユニークなのは、三者関係における罪とは異なり、治療室という密室における「ここだけの罪」にかんする「気づき」の可能性である。不純な「すまない」を「今ここ」に抱えて、言葉にすると皆に伝わってしまうというパラノイア恐怖や、対象の脆弱さや包容力の限界を語り合うことこそ重要であり、そこに「阿闍世コンプレックス」（古澤・小此木）がいう「許され型罪悪感」に通じるものがあると私は考えている。臨床では、治療者に赦すとか救うとかの資格はないが、あわてて「すます」必要もないだろう。

環境や対象の壊れやすさや脆弱さを認めることは、この問題の心理的取り扱いの基本である。阿闍世コンプレックスの議論で「許され型罪悪感」の発生論として古澤はつぎのような例を挙げている。不可抗力で大事な皿を落として恐れおののく子どもに対して、頑固な親がなかなか許さないでいると、子どもは勝手にしろという態度に出るという。しかし、一方の親はこう言った。

「お前のしたことは明らかに悪い。過失は人間にあるにしたところが、悪いことは悪い。が人間は人間、皿は破損すべきもの、どうしたって仕方ない。今後は戒めて働け」

従順な子どもはそのときわっと泣き伏し、こう言った。

「悪いことをした私にかくまでも言って下さる親。私は本当に悪う御座いました。以後は決して過失を繰り返しませんから御許し下さい」

ここで、叱責によるものではなく、「許され型罪悪感」と呼びうるものが発生したという。

2 「良い対象」を傷つけること

親がただ許しただけではなく、「皿は破損すべきもの」と言って壊れたものの脆弱さを認めているところが大きいだろう。それと、恐れた「悪い親」だけではなく、同時に「良い親」に出会うという、矛盾する対象像の統合が貴重である。そして、〈みんな〉にこの罪を言いふらすのではなく、二人のあいだだけのものにしたというのがポイントだ。

このような例としてもう一つ、世界で一番有名な「改心」の話である『レ・ミゼラブル』のジャン・バルジャンを挙げてみよう。

刑務所を出たばかりの彼は世話になった司教から銀食器を盗むが、憲兵につかまる。ところが、司教の前に連れていかれたジャン・バルジャンの姿を見るなり、司教は、銀の食器と一緒に銀の燭台もあげたのにどうして持っていかなかったのかと言った。驚くジャン・バルジャンに司教は、食器を正直な人間になるために役立たせるようにと伝えたのである。

単純な理解では、司教が罪を許したために彼は改心するというわけなのだが、この場合も、彼の罪は許されたわけでない。犯罪を彼と司教の二人だけのものにし、具体的な第三者である憲兵に言いつけなかったという点に注目しておきたい。罪は抽象的な第三者としての神の手に委ねられたと言った方がいいのかもしれぬが、心理学者としては、いささか手荒いやり方で心の問題として取り扱われたことになる。それにつづいて、善行を説いた司教と別れた直後、通りすがりの少年を相手に彼はふたたび小さな盗みをおこなってしまう。善なるものの前と、弱者の前でくりかえされる連続犯罪が、「改心」のきっかけとなるのだが、この後者の話は映画などでは削除されることがあるが重要な段階である。

つまりここでも、「良い対象」と「悪い対象」とが並存し、共存し、重複する。善なる司教から盗みを働いたことにつづき、無抵抗の少年から硬貨を一枚取り上げて、その少年に逃げられるという、「愛すべき者を攻撃すること」が一つの流れのなかで二度も起こって、そのなかに身を置いたことが大きな転回点（ターニングポイント）であろう。つまり、憎むべき者を攻撃していたのではなく、彼は愛すべき者を攻撃していたことを知り、罪悪感（すまない）を知ったのだろう。だから、この話はそれではすまない。その後の物語で彼は、先の少年から硬貨を奪ったことで一生警察の追及を受ける。つまり、正体を隠して善人として生きつづける彼は、その不純な二重自己のためにジャベールという警部に執拗に追いかけられることになる。

3　自発的な罪悪感

ふたたび日本の物語に置き換えて語ろう。父神が黄泉の国を訪ねて、死んだ母神イザナミを連れ帰ろうとした時「作れる国、いまだ作り竟《お》えず」と言って声をかけた。そして彼は、「見るなの禁止」を破り、国作りによって死んだ妻の死体に直面し、逃げだし、醜女に、そして怒るイザナミに追いかけられる。それを隔離した後、「非常に穢《きたな》き国」に行ってきたというのでみそぎがはじまる。しかしこれらの逃避とみそぎを動機づけるのは、ケガレと呼ばれることがあるが、じつはそれは「すまない」や嫌悪感の心理だろう。

その後の物語で、豊玉姫説話でもそうだが、鶴女房たちがただ去っていくのは、男を許したからではないだろう。当然、残された男の目には、その背後には、かつてのイザナミの怒りや抗議が見えるのであり、生前の女房に対する自責の念が、イザナギにも、〈与ひょう〉にも去来したとしてもおかしくないはずである。

というのも、この社会的悲劇の物語で恥をかくのはいつも見られる側だが、どう考えても悲劇の責任の一端は約束を破った見る側にもある。特に男に罪の意識があるとするなら、その意識は、死んだ母神にさらなる国作りを求め、鶴女房を傷つけながら機を織りつづけさせたというような、母親的女性に対する男性主人公の貪欲さという深いところにも根差しているはずである。しかしながら、「見るなの禁止」のために対象の限界や弱さが見えてなかった。この言い分を聞いてもらったうえで、そして豊かな女性と怖い女性の接点で「すまない」を心に置いて体験するならば、多くの患者・クライエントは、「すまない」を物質のように扱ってすまそうとするみそぎの儀礼から少し自由になるようだ。

そこで、鶴女房が去っていったのが、もし仮に彼女が男を許したからであり、阿闍世コンプレックスで言う罪意識が自発的に体験されたのなら、それは達成である。それこそ「許され償い型」で、「自発的」な罪悪感だと言えよう。もちろん「見るなの禁止」の物語にはそうは描かれていないし、いつまでも許されていないからこそ、絶望し、去って行こうとするケースが臨床的にも問題なのである。だから罪悪感の発生論としては、「許されたので」懺悔心が生まれるというより、そういう受けとめ方もあるが、対象関係論的に「愛する対象を殺そうとした」ので、「すまない」が生まれるところを強調したいと思うのだ。

4　心の未消化物を置いておくこと

「見るなの禁止」は「な見たまいそ」という婉曲的禁止で示される。つまり「時間がくれば破られるタブー」で禁止するところを見ても、これは時間とともに展開する、男性的自我（男性的な〈私〉）の成長（あるいはその失敗）の物語である。主人公が男だと言っても、女性にもある男性的自我のことを問題にしているのだ。そして、精神分析理論で言うなら、これらの症例は、「不完全な喪」の例である。あわてて逃げ還ったため、じゅうぶんに喪に服していない。常識的な「喪の期間」が場合によっては一年もかかるという習俗にも意味がある。著書『対象喪失』で小此木が強調したのも、個人に課せられた「喪の仕事」の意義と困難であった。問題の「急激な幻滅」にともなう痛み（悼み）を処理する方法としては、まず時間をかけることが原則である。じつは、比較的健康な者たちはこれに時間をかけているので、知らないうちに緩慢な幻滅ですんでいるのである。

またクラインがその対象関係論で言うように、母親対象に乳を作らせる乳児の側が、その貪欲さで愛するものを貪り食っていたことを知る時に体験される罪悪感こそ、右の「すまない」に近いものだと思う。それは愛情欲求と攻撃性が出会うところに、つまり生産と豊饒の女性像と、私たちの貪欲さで傷つき死んだ女性像の重なるところにあって、けっして帳消しにされないまま、心のどこかに止まる。そして治療では、心の罪を外に持ちださずに、治療室で「すまない」という不純な気持ち、心の濁りを意識しても、治療室に置いておけることこそ治療の達成なのだと思う。

日本神話では、男性主人公の体験があまりに正直に嫌悪感や不浄感で動かされていて、急激な幻滅が心理的、生理的に未消化になっている。これをあわてて吐きださないとしたなら、のどかな時間のなかで、安心できる空間に置いておきたいだろう。

消化には時間がかかるので、それまでは例えば「心の胃袋」に置いておきたいと思う。心理的な罪は物質的にすまそうとしないで、心理的なものとして置いておくことができれば、緩やかに時間が経って気がついた時にはたいてい軽くなっている。心の未消化物には、たしかに毒もあるが、これからまた新たなものが生まれ栄養として身につくものがふくまれている可能性もあるのだ。

Ⅷ　悲劇の同定

1　反復される物語

臨床でなくとも、日本社会で見聞きする出来事に、何度も問題の筋書きの反復があらわれる。例えば、テレビなどの報道番組を見ていると、悲劇的物語がくりかえし反復されていることに気がつく。食品メーカーの社長さんが自らの仕事の偽りを暴かれ追いつめられると、謝罪して、あっという間に表舞台から去っていくのを見るたびに、そう思うのである。その筋書きは、謝罪する子どものそばにいて「頭が真っ白になっていたと言いなさい」と言い訳を指示する親のごとく、舞台横や舞台奥から聞こえてくる。作ることの営みのなかで、作りごとの問題が発生すると、第二者である作り手が恥をかいて去っていくことがこのドラマの定番の終わり方であって、当然のことながら第一者である作らせた側（消費者、享受者）の責任はほとんど問われない。

スキャンダルに巻き込まれた政治家の場合もそうだ。信頼されていた政治家が期待を裏切って、周りから問いつめられて追いつめられると、最後が辞任であるにせよ、自殺であるにせよ、幕切れはあっけない。舞台から消えるのである。有名人のスキャンダルで、周りに騒がれ、あることないこと書き立てられると、最後はやはり消えるしかない、ほとぼりがさめるまでは。特に、本人が遺書を残さず自殺を遂げたとすると、周りの報道による追及はぴたりと止まる。「死者に鞭打たぬ」であり、「立つ鳥、後を濁さず」「去る者は追わず」で、幕切れはあっけないほど、余韻が残る。残された者たちは、〈与ひょう〉のように、呆然と立ち尽くす。

イジメラレッコたちも、追いつめられると、「失せろ」という声が社会の全体から聞こえてくることがあるようである。しかし、何度でも言わねばならないが、急ぐことはない。

2 消化の論理

舞台では鶴女房やイザナミの恥と退去が、見られる側として問題になりやすい。しかし、私自身、臨床では、我々見る側の問題、なかでも罪悪感が重要であり、それを取り上げることが必要と考えている。私たちが取り扱うのは、罪というよりも、罪悪感の心理である。それがマスコミュニケーションや裁判所と、心理学的治療との差である。面接室は、最初から最後まで、登場人物は二人である。もちろん空想では第三者が問題になるが、

①有能な女性秘書（三〇歳）だったが、主訴は抑うつで、最初の面接から自分のことを馬鹿だと言って、自らを責める傾向が強かった。幼い頃、学芸会の舞台用ドレスを母親に縫ってもらうことを頼み、徹夜の仕事でつくってくれた母親が翌日心臓発作のために倒れるということがあった。母親に対してとんでもないことをしでかしたんじゃないかという不安が生まれたという。周囲が、お前が悪い、と幼い彼女の行動をなじったことも、影響していたようだ。いろいろ思いだすにつれて、そのまた数年後、母親が実際に心臓病のために死亡するということが重なり、母親を病気に追い込んだのは自分であるとの思いが募り、抑うつ感情が強くなったこともわかっていった。治療では、母親の心臓病の責任は、彼女が衣装を作らせたことにあるわけではないという事実関係とともに、その象徴的な意味について考えることが必要になった。

②さまざまな身体症状と対人恐怖を抱えて来院した三五歳過ぎの男性は、コンピューター技師で、いろいろなものを修理することが彼の得意な仕事や趣味だった。母親は重い身体病を患っていて、父は不在がちであった。長男である彼は、親の身代わりという意識で、自分がダメになったら家がつぶれるという思いにずっととりつかれていた。それで、家の修理をつづけてきたが、とうとう息切れして出社拒否という状態に陥った。彼は人の面倒はうまくみるのだが、自分の面倒はうまくみることができない。また、困難を他人のせいにすることができないので、思い通りにならないといつも自分を責めていた。治療では、患者の過剰な適応を、母親の病気と父親の不在に結びつけて考えることがなかなかできない。そういうことをすると、いない親の悪口を言っているみたいで、悪いと思うということだったが、徐々にその抵抗を克服していった。

③四〇歳になったばかりの水商売の女性患者は、うつ病で、寝たきりの母親を抱えていた。彼女は、自分の美意識を『夕鶴』の女性主人公にたとえて、苦労が生きがいと言っていた。母親と本人との関係をあらわす象徴的な記憶は、赤ん坊のとき母親の腕が悪くて、うまく抱えてもらっていないという古いイメージとして語られたが、そう

いう自分の受けた育児のマイナス面を考えるのに抵抗があると語っていた。私が、まるで昔話の女性主人公みたいに、献身的な世話の背後で自分が傷ついているのを見せるのを自ら禁止していることを指摘すると、「自転車操業です」と笑みを浮かべて納得したことが治療の第一歩となった。

④祟り恐怖のために学校に行けず、ひたすら隠れて祈禱を発作的にくりかえす若い男性患者（一七歳、強迫神経症）の場合は、彼の母親が「傷つきやすい」人だった。息子が入院治療を開始してすぐに母親が大怪我をし、そのことが彼とは関係がないという因果関係を話し合ううちに、いままで考えることを避けていた「理想の母親」への怒りがわいてきた。生徒会の委員長をやると同時に下痢（未消化物の排出）がはじまったことをきっかけにして、権威者から頼まれたことをやらないと悪いと感じるという理解が進んだ。その文脈で、高校なんかに行きたくないし、本当は家で休みたいということを自覚すると下痢は止まった。さらに治療者に対しても「冒瀆したい」「汚したい」という怒りを感じるようになり、治療者に対しても自分を出せるようになっていった。こうして、治療者の解釈という援助を通して、そういう怒りが神への冒瀆不安、つまり聖なるものを汚す不安、そして「汚い思い」につながることが理解できるようになった。やがて、強迫的祈禱を断念、母親の傷つきやすさ、そして無限に美しく豊かなものの「はかなさ」を嚙み締めて、聖なるものへの執着を「あきらめる」ということが達成された。

⑤不眠を主訴として来院した女性患者（四〇歳、人格障害）は、社会的には経営者として一応成功していた。面接でわかってきたのは、他人の面倒見がいい、自分の面倒を見させないという傾向に加えて、四肢を釘や爪で掻きむしるという自傷行為である。彼女の口癖は「他人の世話になるくらいなら死んでやる」という台詞で、その傷ついた姿を隠そうとするところを治療者が「鶴女房みたいだ」と指摘すると、本人は「私、〈つう〉なの」と肯定していた。借りは一〇〇倍にして返すという信念を語り、体中を傷つけながら誰の世話にもなれないので死んだ方がましだと言う。背後にある象徴的エピソードとして、うつ病の父親が自殺しようとするのを彼女自身が止めた経験があり、病気の親のように消えようとする人びとを「何倍もの自己犠牲」を払って救いだそうという信念（心の台

本）が垣間見えたが、美意識をともなう「鶴女房的生き方」は簡単には変わらなかった。

以上のように、外的環境の問題がはっきりしていて、わかりやすい例ばかり挙げてみた（ここに引用した内容は修正加工されており、紹介した事例からは、可能なかぎり必要なかぎりの引用の許可を得ている）。この種の悲劇は貧困や知識の不足からだけではなく、そういう外的環境の問題がなくても生まれる。また、重要な情報だと思うが、先の第一例は英語圏で治療した白人女性であり、この問題は日本だけで起こっているわけではない。

さて、私がこの問題で出会った一連の症例の多くが、少なくとも一時期はじつに生産的な人びとであり、まじめな人たちである。しかし、その生産性や勤勉さの背後で、子としてその親にいろいろとしてもらったことにともなう傷つきの問題が際立ち、罪意識が強く疼いていた。病歴に出てくる具体的な事物（料理や衣服）、あるいは暖かさは、ただ物としてだけ機能していたのではなく心理的なものでもあり、親から受けた愛と献身的な世話の総和として象徴的なのである。また、記憶には事実だけではなく、幼い時の空想も入り混じっている。患者たちにとっては、母親を見た側、つまり第一の当事者としての罪悪感や「すまない」が大きな問題であり、傷ついた親たちを見る時に体験する、未消化の心の苦痛（自己矛盾感の苦痛）や納得できない罪意識の処理がもっとも取り扱いにくい問題であったのだ。

さすがに、現代日本人はその罪意識を汚いもののように言うことは少ないが、問題は未消化な思い、不純な考えであり、その反射的排除（吐き気や下痢）をともなう「消化の論理」は生きている。

さらに、その彼や彼女が患者になった時は、その怒りや攻撃性を受け止めるのは治療者であり、患者の心のなかの「母親殺し」「父親殺し」という罪を心理的なものとして扱うことが肝要である。また多くの患者・クライエントが、セラピストに言えば外部に漏れて皆に伝わることを恐れているが、それは決して起こらない。これらの心理的な罪は、内心のものとして裏に留まり、「すまない」は心理的なものとして扱われ、その苦痛は噛み締められる

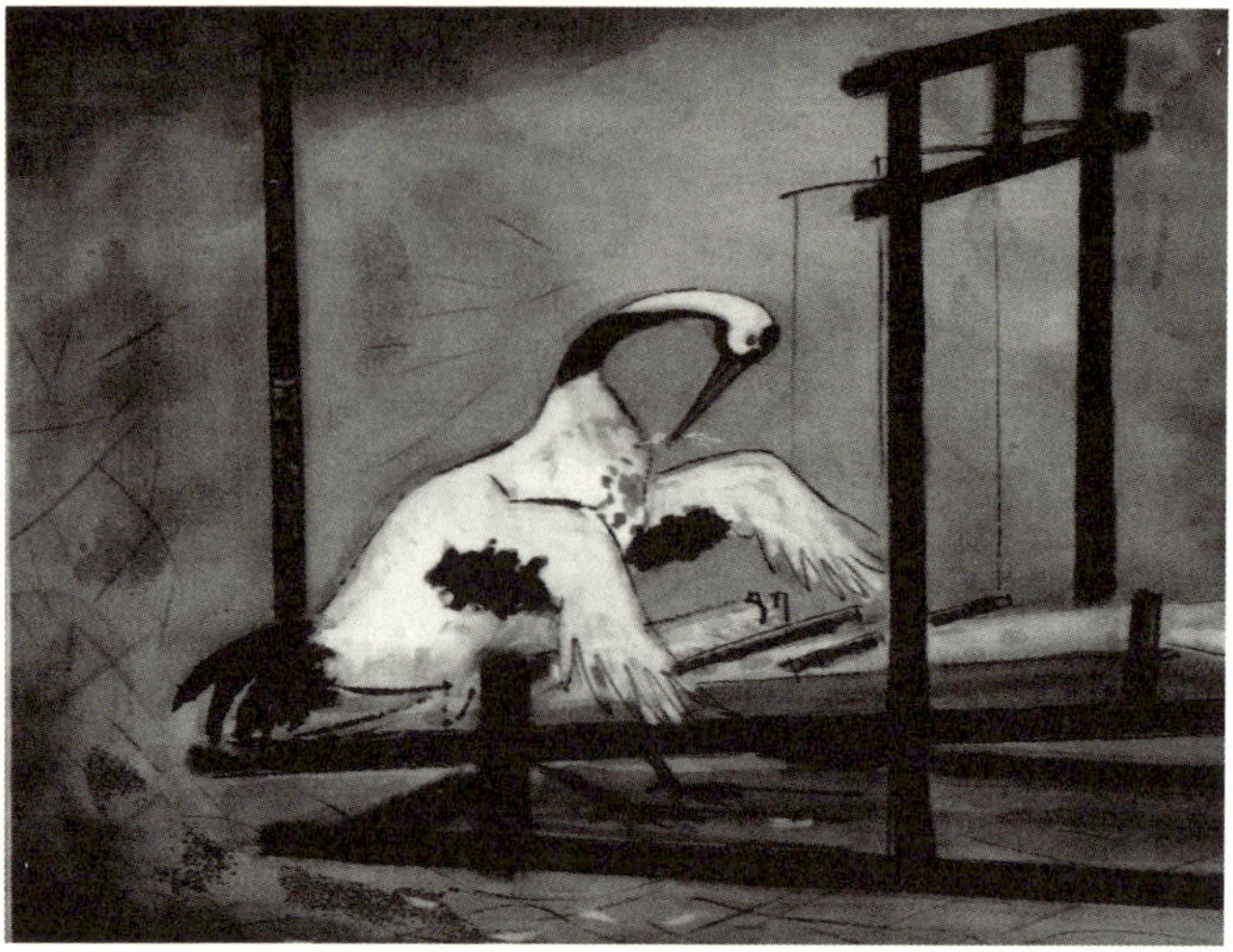

図1　太田大八『つるのおんがえし』（ミキハウス）より

ためのものであり、そこに置かれても決して口外されない。もちろん、不信感の強い患者とは、セラピストを通して心の秘密が外に漏れているという不安、そしてそうした不安を抱く理由について語り合う必要がある。そして治療者は、宗教のようにただ「信じなさい」「祈りなさい」とは言わないし、その罪を許すことも責めることもしない。

3　「原母」たちの姿

「見るなの禁止」の問題は視覚的なものであり、「禁止」を破った主人公がいったい何を見たのかを知るために、絵本を活用しよう。

図1は『つるのおんがえし』における太田大八の絵だが、献身的女性の正体がほぼ正面から描かれたものはめずらしい。主人公の秘密が母親的であることは、出産で死んだイザナミや、出産場面でわにになる豊玉姫の話から示唆されている通りだが、これもまた出産場面ではなかろうか。じつは私は、足を広げて出産している母親の産褥の姿を鶴の機織りに置き換えて描いているように思うのだ。つまり、かろうじて描かれた、「此の国」を生んで死んだ私たちの母イザナミ、あるいは「私たち」が誕生した時に死んでいった「原母」たちの

姿なのである。彼女は「私たち」のために死んだのであり、これこそ私たちの「原光景」だろう。かつては、多くの母親が出産の際に死亡したのであり、それにともなう危険のために彼女たちは「産小屋」に共同体から隔離された。

このような母親像を傷つけたのは誰か。身を隠して覗きこむ男性主人公は、「禁止」を破ったために、自らの欲望で相手を傷つけていたことなど知らなかったと言うだろう。しかしいまその全体を見て理解するなら、これこそ人間なのであるが、彼はそれを把握できない。そこで彼女が立ち去らず、彼も逃げずにいるなら、破壊、犯禁、そして侵入の事実が明らかになるとともに、全体として彼がこの愛すべき鶴女房を傷つけていたことがわかり、罪意識が内的に生起することになるだろう。「愛しい」の語源は「痛しい」だと言うが、愛する者が、私たちのために死んだ、あるいは傷ついたとすれば、それはじつに痛いことである。私は、国々や神々を生んで死んだイザナミとは、男性的自我にそういう痛い罪意識をひきだす存在であり、人間のために殺されたキリストに匹敵するものだと思う。ゆえに、この罪は「原罪」と呼ぶに相応しいし、イザナギのみそぎはそれを取り消そうとしていることになる。

4　なぜ汚いのか？

そして、神話で「見にくい（醜い）」「汚い」としたイザナギの困難は、イラスト化することで、少しは視覚的に体験されることだろう。ただし、本書に掲げた鶴女房の図ではこの種の苦痛な体験をようやく見られるものにしていて、かなりリアルだが、本来の醜さ、生臭さは相当に軽減されている。それでも抽象的、心理的には、生と死、愛と憎しみ、「良い対象」と「悪い対象」、「良い体験」と「悪い体験」とが急激に入り混じり、それが何であるか、わりきって見極められないという発生論が体得されるだろう。つまり、それはクラインの言う、分裂と統合という二つのポジションのあいだにおける中間点や移行点に位置づけられるものと思う。

さらに、このような幻滅体験がどうして神話では「汚いもの」になるのだろうか。『心の消化と排出』(11)に詳しく説明したが、その代表的な説明について書いておこう。

原初的な理解、つまり心身未分化な論理における思考は、「飲み込む」「消化する」「嚙み砕く」「吐き出す」「腑に落ちない」というような「消化の論理」にしたがう部分があり、そのレベルのことが展開していると考える。神話では、わりきられていた良い対象と悪い対象、愛と憎、希求と反発が入り混じり、混ぜ合わさって未消化となり、生理的な吐き気あるいは反射的な嫌悪感が惹起されている。愛するものを求める方向と、吐き出しの方向とがぶつかって、さらに苦しいものとなり、飲み込むこともできず、吐くにも吐けないという苦痛が高まる。そして、この思考的未消化の感覚では、吐物も排泄物も同じものとされているのだと思う。そして、このような感覚がケガレ（穢れ）と一般に呼ばれるものの中核にあり、本書のテーマである罪意識の前駆体とすることができるだろう。ゆえに、二律背反とか葛藤とか呼べるものにはまだまだ遠いのであり、葛藤としてこれを経験できるようになるには、包容力の発揮と理解（消化）のための時間が必要である。

また、タブーの文化人類学における「汚いもの」とは、「積極的に秩序を創出しようとする時に残される不純な領域」が「汚いもの」であり、精神分析の理解と表裏の関係にある。[4] つまり、心の内部よりも、外部の構造を調べる文化人類学者にとって、「汚いもの」とは「わりきれないもの」「どっちつかず」の矛盾するもの、あるいは不純なものを指すことになる。私は、この方が、アンビヴァレンツの分裂（善いか悪いかどちらかでわりきる）と罪悪感（善いと悪いを併せのむ）で整理してしまうよりも、その中間の原初的な不浄体験（善いと悪いが入り混じる）を指し示しているように思うし、例のコウモリや両棲類の気持ちの悪さもうまく説明してくれると考える。

善い／悪い　↔　善い＋悪い　↔　善悪

このどっちつかずの「汚い」、あるいは不浄感や自己嫌悪は、それで頭がいっぱいになると当人が「汚いもの」

になって集団から去っていくこと、あるいは追放されることを強く動機づける。反射的排除（吐き気）という「不浄のポジション」にともなう「（自分が）悪い」という意識では、このような「消化の論理」が自分全体に向かうことが怖い。これらはわりきれないかもしれないが、「心の胃袋」に置いておけば、やがて解けて（溶けて）いくことが多いのに。

この他にも、心身内容物を汚いものとしてしまう育児についていえば、厳しく急激な清潔訓練（トイレット・トレーニング）という問題がある。例えば、土居健郎は「すまない」は、大小便が「すんでいない」ことや「甘え」と連動しやすい感覚であることを指摘している（『「甘え」の構造』[3] 弘文堂など）。ただしこれらは、治療において「ここだけの話」とすべき内容であり、一般には複雑で抵抗を増すだけかもしれないので、本書では控えておくが、あらためて強調しておきたいのは、治療室で抽象的な〈みんな〉にわかる言葉で話すことと、その外にいる具体的な〈みんな〉に伝わることとはちがうということだ。

Ⅸ　逃げないイザナギ

1　包み容れること

こうして自虐的世話役たちは、傷つきや死を露呈し相手を幻滅させる時に、これを「別れ話」として懲りない反復をくりかえすことになる。その悲劇的な終わり方は読者を感動させ、読者の生き方まで支配するかもしれない。しかし、まさにこの長年不変であった悲劇をハッピーエンドに変えるためにも、まず物語の前半部分が持ち込まれなければならない。物語の前半までは、甘えに応えて、美しい人がやってくるという、世界中の子どもたちが夢見る物語なのだ。

治療でも、育児でも、まず世話役が、〈つう〉のように理想化された役割をとることが期待されやすい。しかし、私たちはそこで失敗しても、去っていくわけにはいかないだろう。献身的な治療者（＝〈つう〉）の場合では、患者のニードに応じて消耗することがあるのだが、そこで限界を示して失敗し幻滅させても「生き残る」（これは小児科医で精神分析家ウィニコットの治療論のキーワードだ）、その痛みで発病しかけるが「（自らの病理を）抱えてこなす」というような世話する側の包容力（クライン学派の分析家W・ビオンの「コンテイン（包み容れること）」）が求められるのである。

そして、この原初的な記憶が世話する側である私たちに向けられる時、関係をそういう神話的関係の反復として理解することで、事態が取り扱いやすくなる可能性がある。つまり、そこにおいて健康であるはずの治療者（＝〈つう〉）の傷つきや死が問題になりやすいのである。その現代精神分析物語の定番では、去っていかない〈つう〉が〈与ひょう〉を変えるというのだ。私はその基本的展開を、つぎのごとく起承転結というかたちで解説している。

2　幻滅というクライマックス

①起としての共感：世話役が、相手の持ち込んで来る問題に対し、「察する」「汲み取る」という姿勢で共感的に話を聞こうとする。

②承として相手役となる：世話役は、話が深まると、相手の反復する心の台本の相手役を押しつけられる。それを世話役が引き受け、あるいは相手から同一視され、事態に巻き込まれて、行動にうつしかけることがある。〈与ひょう〉を世話する世話役は非常に献身的な〈つう〉になってしまい、相手はさらに依存的な〈与ひょう〉のようになり、神話的関係の前半が劇化される。

また逆に、被害者意識の旺盛な患者によって神話的悲劇の台本が持ち込まれ、加虐者の役割が世話役に押しつけられ、無意識的台本が劇化されることもある。例えば、イザナミ的な患者に対しては、世話役は不用意に覗き込んで秘密を暴露して逃げるイザナギ役を演じそうになる。具体的な例を挙げると、「すみません」を連発する低姿勢の患者の話をきいていると、こちらが苛立ってしまい、つい加害者のような気持ちになってしまうことがある。そして、「犯人」には「刑事」が対になり、定番の物語が展開し、イジメラレッコに対してイジメルような要求や言動をくりかえしても何とも感じないことがある。

③転としての世話役の気づき：世話役の〈つう〉が相手〈与ひょう〉由来の台本を演じてしまい、過剰に適応して相手を甘やかしていたのだ。逆に〈つう〉を世話する人は、イザナギのように知らないうちに侵入的であったり、禁を犯し、傷ついた者から顔をそむけ、死者を見捨てていたのだ。このような関係が発生した場合、急激な幻滅と悲劇的結末の前に、巻き込まれて乗せられている台本に早く気づき「押しつけられた相手役から降りる」のが、職業的関係における危機管理の方法である。その気づきのトレーニングのためには、専門的第三者（スーパーヴァイザー）に相談することが大事である。育児でも、子どもと二人で孤立しやすい若い母親への第三者の助言は重要である。

④結としての理解の深まり：世話役〈つう〉自身の弱さ、あるいは自らの反応しやすさ、巻き込まれているという関係に気づけば、自らの盲点や「病気」について考えることを通し、相手のことがよく見え、反復する心の台本にかんする理解が深まる。世話役が自分の「病気」から回復して得る知恵で、世話を受ける者の病気の回復に役立てるかもしれない。そうして、相手〈与ひょう〉のなかにある自律性や自覚が賦活されて自己治癒に向かうことが理想的であろう。

以上の段階論では、物語を変えるのは幻滅というクライマックスであって、そこで物語の後半の展開を方向づけるのが去っていかない〈つう〉であり、逃げださないイザナギなのである。二人が時間をかけることによって、何よりも幻滅が緩慢になりうるのだ。

何度も言うように、人間は一人の人格のなかに男性的なところと女性的なところの両方を持っている。世話役は、

〈つう〉だけを引き受けるのではなく、〈与ひょう〉の役を演じることもある。もちろん世話役の心理だから、「世話役＝〈つう〉」の議論が中心となりやすいが、「世話役＝〈与ひょう〉あるいは父神イザナギ」の場合も、同じような段階を踏むことになる。

神話では、無自覚な男性主人公は、禁止に違反して不用意に覗きこみ、見てしまった母神イザナミのあまりの汚さ、醜さに耐えられず逃げだしてしまう。それで、「恥をかいた」と言って母神は父神に対して激しく怒ることになる。ゆえに、後半で反射的に逃げないで、時間をかけるなら、そこにいるイザナギ（＝男性的自我の表象）こそが、対象の死と避けられない幻滅に立ち会い、喪失に慟哭し、やがて喪に服し、矛盾感、対象や自己に対する嫌悪感、そして「すまない」を噛みしめることになろう。モガリとは魂が死者の肉体から離脱するまでの時間を指し、心理的には対象喪失を納得するまでの期間だと考えるなら、後者が儀礼的に終わることはない。つまり、すむことはない。逃げないイザナギがそこに留まって悲しみを思い知るならば、イザナミの魂も癒されるのではなかろうか。

3　矛盾につきあう

無数の悲劇の台本が広く流布するところで、どうしてもセラピスト、世話役、保護者、援助者、マネージャー、管理人たちは、それを抱える人たちからさまざまな役を押しつけられ、複雑な思いをもぶつけられる。これまで挙げてきた起承転結や物語展開のクライマックスでも、世話役なのに弱い存在であるとか、平等を心がけても侵入的・権威的となるという矛盾が際立ったが、その自覚と反省においてこそ世話役の包容力が試されることになる。

治療関係の矛盾としては、セラピストは大事な時にいてくれないし、何でも話してよいというのに実際に言葉にすることは不自由だし、権威的な上下関係があるのに対等だよと言われ、適切な助言を必死に求めているのになかなか与えられない。治療者は虚心坦懐であろうとしても、結局は人間臭い存在であり、中立と不偏不党を心がけながらも時に偏っている。面接には時間制限はあり、お金もとられるし、神様みたいな先生の手は汚れているということがある。そして何よりも、セラピストは通常健康かもしれぬが、疲れて、時に病んでもいるのだ。

それは「医者の不養生」と言われるように、医者も同じだ。「万病に効く薬はない」し、多くの心理治療が「良薬口に苦し」で、矛盾しやすい。「患者の味方か社会の番人か」と問われることのある精神医療の「矛盾」は、病棟では日常的に発生しやすい。精神科医だけではなく、「痛くないよ」と言いながら痛い注射をする小児科医の矛盾は子どもの記憶に強く残る。援助を受ける者を苦しめるような側面があらゆる援助にはあるし、ないに越したことはないが、患者を良くするはずの医者でありながら悪化もさせるという可能性を当然引き受けている。

他方、心理的な問題を抱えている多くの患者たちは、こういう医療や職業的援助の矛盾、そして曖昧さをうまくこなせない。絶対に死ぬなと言いながら死にたい気持ちに共感的なことを言う矛盾、患者に「いらっしゃい」と言いながら友人にはならないという矛盾、「良い先生」が失敗もするという二面性、そしていつも笑っている看護師が燃え尽きて病気になるという裏表の二重性、それらをなかなか納得してもらえない。対象関係理論の言葉を使えば、世話役たちは興奮させておきながら同時に拒否的なのであり、鶴女房やイザナミのように、私たちは多産ながらそのために一部死んでいて、全体としては矛盾している。このような矛盾が、神話的関係における幻滅のきっかけとなるが、それにつきあおうとするのが現代精神分析のもっとも治療的なところなのだ。

X 「見るなの禁止」が解禁されるとき

1 去るか留まるか

治療者と同様に、実際に母親たちも似たようなもので、「そんなことをする子は知りません」「うちの子じゃありません」「生んだ覚えはありません」とすぐに言うし、言っていることは矛盾だらけである。「生んだ覚えがない」なんて無茶苦茶だが、それでも子どもがそれを許せるとしたら、あるいは笑えるとしたら、子どもは母親が「良い人」だと知っているからである。愛しているし、愛されていると知っているからこそ、怒る母親を見て逃げずに自分が悪かったと思うのだ。

誰にとっても母は皆美しいのだろう。ところが、その美はやがて失われる、はかないものである。まさしく、豊かに神々を生みながら、醜く死んでいったイザナミの全体像である。モガリという、肉体から魂が離脱する移行期、あるいは対象喪失の悲嘆の体験は、何よりも時間がかかる。それをイザナギのように性急にかき乱してしまうと、美しい記憶と、醜い対象とが入り交じる。生産的な〈つう〉は同時に傷ついていた。美と醜、清と濁、表と裏、仮面と正体、記憶と現実が重複してしまうとき、つまり幻滅の最中に、当事者には、鶴女房やイザナギのように去るか、あるいは留まるかの選択が待っている。

しかしそれも、あわてて決断することはない。双方、態度は未決定でも、時間をかけること、抱え／抱えられその場に留まること、醜さや罪はそこだけのものとして取り扱われること。見たイザナギが騒ぐので見られたイザナミも怒ったのであろう。人間でありながら動物である妻の姿を見て幻滅する〈与ひょう〉があわてなければ、〈つう〉もそこに留まることができたであろう。また、〈つう〉が矛盾や幻滅を引き受けてそこに留まるなら〈与ひょう〉にも矛盾感、嫌悪感から移行して罪悪感が次第に経験され、反省そして償い（クライン）の機会が与えられたであろう。現代の医療や文化は、それをできる範囲で可能にしようとしているのだと思う。

2 「二重拘束」

とくに幻滅に弱い者の問題は、多くの場合に対象像の分裂が特徴であり、彼や彼女らの周囲はそれに応じた世界となって矛盾したメッセージに満ちている。この世界観が周囲に押しつけられ、対象の姿が極端になると、さらなる発症や悪化につながることがあるが、しかしまた、これを通して治癒の可能性もある。「先生の顔は笑っているが目は死ねと言っている」「みんな、口ではイエスと言うけれど、態度ではノーだ」「父さんは、成績なんかどうでもよいと言いながら、私の成績が悪いと悲しそうな顔をする」「死なないでくれ、生きていると楽しいことがあると言うけれど、母さんが一番不幸せな顔をしている」というようなことを言われるとき、子どもは大人と二重に縛られているという「二重拘束」の関係にある。

ダブルバインド（二重拘束）理論で、このような親子関係における矛盾の病理学的意義を発見したG・ベイトソンらは、治癒と発症とが紙一重になっているということを発見した。[1]これをふたたび単純化して援用するなら、こういう矛盾した二重の関係がすべてとなって、否認され、長期化して、語り合うことも降りることも許されないとき、病理性の条件が揃ってしまい、弱い者は追い詰められて発症することがある。しかし逆に、そういうダブルバインドの関係を治療的に活用することで、対象関係論的には対象全体が興奮させる良いものと拒否的な悪いものの両面からできているという、矛盾をこなして納得する機会として提供できるのである。つまり、病理性の条件の逆回し、あるいはその微調整によって、二重拘束が治癒の機会にもなりうるというのだ。

単純化するなら、矛盾をすべてにしない、否認しない、長期化させない、語り合う、降りてもいい、ということになろうが、私はいつもこれに遊びや笑いの要素をつけくわえることにしている。

紙面もつきてきた。この事態にかんする具体的な対応については、『劇的な精神分析入門』[16]が参考になると思う。要するに、愛されながら攻撃されて、〈私〉が生き残ることが、相手の悲劇的な物語を変えるかもしれないというのである。〈私〉が醜いものを見て驚いたとしても逃げず、そして矛盾感や嫌悪感をそこに置いて、「すまない」を味わえば、別れの物語が変わるかもしれないというわけだ。まったくもって事態は綺麗ごとではすまないのであり、そんなことを引き受ける〈私〉とは一体どこにいるのか。それは、以上の話のなかでは、これまで禁を破って逃げていたイザナギ、つまり男性的自我と呼んでいたもののことである。

3 日本文化のなかの〈私〉

外における多くの日本人の〈私〉（＝自我）の有り様は、外から見るかぎりは、外国人の自我や自己の在り方とは違うように見える。例えば、日本語の文章には、主語の「私」がないことが多い。そして曖昧表現を好み、臨床でも「自分がない」「私がない」と言うことの多い私たちは、心理学的介入に対しても自分を消すかたちで受け身になって抵抗しやすい。

劇的観点から書いた前著の結論をくりかえすなら、そういう私たちの〈私〉とはもっぱら「舞台」の奥にいて、それが公的な「舞台」に上がるところでプレッシャーに圧倒され、その間で消えかかるのだと思う。特に物語を生きる〈私〉は、恐る恐る覗きこんだ男性主人公のように、表と裏、生と死、勝利と敗退、善と悪、男と女、つまり「舞台」と「楽屋」の間を渡ろうとしながら失敗するという悲劇を辿ることになる。しかし、ワタシとは日本語で「渡し bridging」と同音異義なのであり、〈私〉はその間を生きているのである。そういう間における「交わり」（時にそれは男根による性交である）の成功に挑みながら、そういう間で〈私〉がうまくやれなくて責任と恥を感じ、責められるのを恐れているのだが、じつはその悪い、あるいは「すまない」と思うところにこそ〈私〉という心の中心点があると思う。

そういう〈私〉は「中空」（河合隼雄）や「自分がない」ではなく、しっかり機能していて、その代表的な思いとは、なんともし難くてどうしようもない「すまない」なのである。

ところで、日本の心理学用語でこの〈私〉を意味する「自我」という言葉が流行らないのは、一つにジガという音が澄んだ音でなく濁音だからではなかろうか。エゴというのも、同様だ。エゴが強いとか、ジガが強いとか言うより、それは〈私〉の強さと積極性の問題なのである。だがこの〈私〉は、濁りや周囲との摩擦を嫌い、言うなれば男性的であることをなかに隠している。

そこで、「わたくし」の語源説を調べてみよう。「わたし」はその訛りだと言う。興味深いことに、『日本国語大辞典』（小学館）は、九つの語源説を掲げているが、そのうちの三つがワタクシの語尾のカクシ（隠し）を指摘している。

②ワガタメニカクシ（我為隠）の義［日本語源学］
③ワタカクシ（曲隠）の義［名言通］
⑦ワタカクシ（渡隠）の中略。世を渡る者が互いに非を隠す意［紫門和語類集］

すべての原書を確認していないので、語源についてこれ以上は申し上げられないし、それがどれほど根拠のあるものかまったく不明である。しかし、私には、〈私〉についてそういう連想があることこそが意義深い。どのような非を隠しているにせよ、「世を渡る者が互いに非を隠す意」とは、じつに「わたくし」の自我機能を的確に把捉していると言える。ワタクシが生まれるためには、それが隠す中身がなければならない。その「非」の一つが罪であるとすれば、日本語で言うワタクシこそ男性的な侵入と破壊にかかわる罪の置き場所なのだろう。罪（ツミ）もツツミとして包まれるべき物という感覚を音的に伝えているが、慎み（ツツシミ）もそうだろう。日本語の人称代名詞の一部は、「お前」と言って呼ばれた人間の手前に留まろうとし、中身をそこに置いて直接的には触れないことがある。ここにも「見畏み」の感覚がある。

4　「精神分析のすすめ」

世話役が蓋を取って中身を取りこぼしたり、「見るなの禁止」の主人公のように見ておきながら外に逃げだす場合こそ、隠されるべきワタクシの中身の暴露であり、それを女神たちは怒っているのである。この内に秘められた醜さと不純さは、〈みんな〉に暴露されたなら、イザナミが示すように、攻撃性として外に向かうエネルギーと化す。そして怒りが相手に拒否され突き返されてただ自分に向かうなら、鶴女房のように消えたくなるような、場合によっては死んだほうがましだという、希死の思いが募るだろう。愛する者を憎めないなら、怒りは受け皿を失い、今度は自分を攻撃するしかないのだ。

そしてイザナミのように愛する者を攻撃したときに、相手イザナギのほうこそが変わって、逃げずに「すまない」を感じてくれるなら、これほどの物語変化の貴重な機会はないだろう。多くが、内的には醜さと、死にたくなるようなこの怒りを抱えて、生きているのである。幻滅と別れ話で終わる神話的悲劇を変えるのは、それを受け止めるイザナギの罪意識と、それを置いておける包容力なのである。

特に子どもの頃、周りや自分に起こった不幸では、一番弱い者である被害者が一番「すまない」や自己否定を感じやすいのは、私たちの臨床体験が教えるとおりである。父親にレイプされたことについてもすべて自分の責任だと感じている娘も多い。これが「押しつけられた罪悪感」である。そして多くの人たちが、成人してからも、罪を認めるとそれが皆に伝わりふたたび辱められることを恐れている。「（愛すべき）父親を殺してやりたかった」「（愛すべき）母親なんか死ねばよかったのだ」という「本当の自分」の怒りや憎しみ、そしてそれにともなう罪悪感、怒り、希死の思いに対して、患者・クライエントが逃げずに、これまた逃げないセラピストと「人生の楽屋」でこれらを語り合い、その意味を考えて、外の「舞台」には持ちださないという原則はきわめて重要である。

人間は皆、鶴女房と同じ傷ついた動物である。私たちも病んだなら、病人であることを認め、依存して、迷惑をかけ、世話や治療を受けねばならない。つまり「見るなの禁止」が破られた後も、鶴女房もイザナギもそこに留まるという可能性を持ち込むことで、一千年以上つづいた神話的悲劇は変わるかもしれぬ。それは鶴女房やイザナミの病室、治療室を構想することであり、世話役自身の病室とは、役者の楽屋に相当するのである。

かつて『悲劇の発生論』(12)のなかで私はこう書いた。

「神話のイザナギは男神でありイザナミは女神である。その象徴的な意味を汲みとれば、〈侵入する〉〈暴露する〉

〈追放する〉〈辱しめる〉は男性的な機能であり、〈侵入される〉〈暴露される〉〈辱しめられる〉は女性的である。治療者も人間であり、クライエントも人間であり、婦人科の診察室のように両者が完全にモノになってしまえない治療場面では、男性的な侵犯性と嫌悪感が、患者の期待に反して患者を傷つける可能性として、治療者の内部に用意されている。ゆえに、恥の体験につながるこの〈くい違い〉の可能性が、まず治療者によって自覚されて、患者の受容される期待と拒否される恐怖が転移解釈のなかでとりあげられる必要がある」

三十年近く前に書いたこのことを、下手は下手なりに、私はずっと実践しようとしてきたのだ。転移とは精神分析用語で、原初の神話的関係が治療関係のなかで反復することであり、過去から現在の関係への反復移動のことである。このようにして、そしてまたこの文章においても、いつものように強調したいことは、世話役が役を降りて健康を守るための「精神分析のすすめ」なのだ。

XI 神話を生き直すこと

5 罪を知る

最後に、以上の議論で得られた男性主人公たち、あるいは〈私〉たちがくりかえす「心の台本」を要約しておく。〈私〉には底なしの欲望により、豊かで美しい対象を求め侵入していく性癖があって、〈私〉は同時に、対象を傷つけたり破壊していたことを思い知ることになるのだが、特に悲劇的な展開では、これに急激に直面し幻滅することが多い。そこで深まる罪悪感の痛みから、〈私〉は逃走し、やり直しや罪の取り消しをくりかえすことになる。

このようにして、原初の親子関係に由来する「心の台本」が現在の関係において劇化されるという精神分析的理解を通し、日本人の既成の物語からは排除されやすい罪悪感を取りだせたと思う。しかしながら、それはたしかに見にくいが、それを見る（診る、看る、観る）精神科医、教師、保護者、世話役たちは、イザナギのように逃げだすわけにはいかない。そして、「豊かで美しい対象を求め侵入していく欲望」は本来悪いものではなく、ただそれに失敗してすべてを悪く感じてしまう物語の反復が存在するのだ。こういう「読み」と「理解」を踏まえて、〈与ひょう〉がちょっと変わるならば、物語が少し変わり、〈つう〉も変わりやすくなるだろう。逆もまた然りである。だから、著者は神話や昔話を通し、このように「醜い（見にくい）もの」の真相や深層を目を背けず読むことで、見えたものを整理し納得しながら前に進むための、男性的自我に力をつけてくれることを期待している。

さらに、この小論で示したかったのは、私たちの臨床が日本語や日本文化によってどれほどまでに影響を受けているかということである。それを無視する態度を取るというのも大きな影響を受けていることを示すものだが、それを受け止め、その事実について考えることが私の提唱する「日本語臨床」である。ただし、ここで扱った素材が日本語や日本文化が中心で、読者にそれがなじみがあったとしても、それが日本語論、日本人論に終始するとはとても思えない。死んだ母親に抱えられて赤ん坊が育つという表裏の空想の広がりは、例えば画家エゴン・シーレの「死せる母」などに描かれているとおりであると思う。

最後の連想だが、我が国でも、裁判員制度が導入された。人間の罪を見つめることが、日本国民全員の責任になってきたことは、もはやイザナギが逃げてばかりもいられないことを伝えている。そのためには、人の「見にくさ」を知る包容力が求められ、自分のなかに発見される罪意識は自分の心のどこかに置いておかねばならないだろう。そして、そこにこそ、男性的自我が、〈私〉がいる。さらに環境問題はどうだろう。そして後期高齢者問題は。多くの〈つう〉がたとえ傷ついても去っていかない時代になったことを証言している。だから、〈与ひょう〉も呆然と立ち尽くすわけにもいかなくなったのだと思う。

小論の最後になったが、人類にとって最古の、そしてきわめて現代的な、この悩ましい問題について、物語として記録に残してくれた日本人、それも無数の語り部たちに深く頭を垂れたい。そして、これを可能にしてくれた諸領域の研究者と、その書の出版という文化的な営みをつづけてくれた人たちに感謝したい。

文献

（1）Bateson, G.『精神の生態学』新思索社、二〇〇〇
（2）土居健郎『「すまない」と「いけない」』（一九六一）『精神医学と精神分析』弘文堂、一九七九
（3）土居健郎『「甘え」の構造』弘文堂、一九七一
（4）Douglas, M.『汚穢と禁忌』思潮社、一九七二
（5）Freud, S.『「ねずみ男」精神分析の記録』（北山修編）、人文書院、二〇〇六
（6）Freud, S.『フロイト フリースへの手紙——一八八七—一九〇四』（J・M・マッソン編）、誠信書房、二〇〇一
（7）Freud, S.『精神分析研究からみた二、三の性格類型』（一九一八）『フロイト著作集6』人文書院、一九七〇
（8）Grinberg, L.: Two Kinds of Guilt: their Relations with Normal and Pathological Aspects of Mourning. Int. J. Psycho-Anal. Vol. 45. pp. 366–371, 1964.
（9）Jones, E.『フロイトの生涯』紀伊國屋書店、一九六九
（10）河合隼雄『昔話と日本人の心』岩波書店、一九八二
（11）北山修『心の消化と排出』創元社、一九八八
（12）北山修『悲劇の発生論』金剛出版、一九八二、増補新装版一九九七
（13）北山修『見るなの禁止——北山修著作集1』岩崎学術出版社、一九九三
（14）北山修『幻滅論』みすず書房、二〇〇一
（15）北山修編『共視論』講談社選書メチエ、二〇〇五
（16）北山修『劇的な精神分析入門』みすず書房、二〇〇七
（17）Klein, M.「分裂的機制についての覚書」（一九四六）『メラニー・クライン著作集4（妄想的・分裂的世界）』（小此木啓吾ら監修）、誠信書房、一九八五

(18) Klein, M.「不安と罪悪感の理論について」(一九四八)『メラニー・クライン著作集4』、誠信書房、一九八五
(19) Klein, M.『メラニー・クライン著作集5(羨望と感謝)』(小此木啓吾ら監修)、誠信書房、一九九六
(20) 古澤平作「罪悪意識の二種」(一九三二)『阿闍世コンプレックス』創元社、二〇〇一
(21) 小此木啓吾『対象喪失』中公新書、一九七九
(22) 小此木啓吾・北山修編『阿闍世コンプレックス』創元社、二〇〇一
(23) Segal, H.『メラニー・クライン入門』岩崎学術出版社、一九七七

悲劇と発達

第三章　日本の悲劇的民話における前エディプス的「タブー」*

Jocasta: 'Yet do not do it. I implore you, do not do it.'
(Sophocles: King Oedipus)

私は、日本の神話や民話を日本における臨床経験と結びつけるべく、その諸側面を研究することに携わってきた。西洋の著者たちによって、エディプスの主題は、普遍的と見なされる無意識内容の外在化であると考えられているので、日本における研究によってもたらされる分析的な資料は、精神分析の見解に対する興味深い挑戦となるかもしれない。

神話は人々に無意識的空想を表現する手段を与える、という考えを著者はフロイト（一九一二）から得ている。エディプスの主題を持つ民話の類型が日本でも幾つか発見されているし（北山、一九八二）、私の臨床経験は、日本の神経症者の空想の中に、その主題が存在していることを明らかにしてきた。けれども日本の悲劇の多くが、典型的な三者関係よりもむしろ二者関係、つまり母子関係における未解決な葛藤を示しているのである。これから論

＊これは The International Review of Psycho-Analysis（1985）Vol.12 に掲載された Pre-oedipal 'taboo' in Japanese folk tragedies の妙木浩之による抄訳である。『増補 悲劇の発生論』（金剛出版、一九八八）に掲載された。

じるように、これらの説話は母親との前エディプス的な関係に関する解釈を必要としている。

はじめに本論では、よく知られた日本の伝承である『浦島太郎』(原注1)という、時間に関する超自然的な経験に特色がある物語を取り上げて、分析的に記述し、その物語が、幼児の心的発達における側面を反映しうるという可能性を論じたいと思う。

Ⅰ 浦島伝承

日本において、この物語は少なくとも千五百年の期間にわたって、世代から世代へと受け継がれてきた。今日、この物語は『浦島太郎』として、実質上すべての日本人によって知られている。私がこの物語を分析のために選んだのは、それがよく知られているからというだけではなく、それが対象喪失の悲劇を明確に記述しているからでもある。それは臨床的な含蓄を孕んでいる。またそれは、日本の民話のよくある典型例でもあり、そこでは男性主人公と女性主人公が結婚をして、男性主人公が二人の間の約束を破った後に最終的には別離する。

当然のことながら、この物語は変遷しており、新しい部分が付け加えられたり、他の部分は省かれたりしている。たとえば、浦島が亀を救い、その報酬として竜宮城に彼が連れて行かれるという主題は、より古い伝承には存在せず、物語の筋を人々が合理化したために最近になって付け加えられたものであるように見える。亀は突然現われ、明らかな理由なしに彼を竜宮城に連れて行くというのが以前の筋だったのである。日本の民俗学者によれば、仏教における因果応報という法則、そして人々の因果的な感覚とが、物語の始まりにおける変化を生んだと言う。私の解釈によれば、浦島が禁止を破ってしまったことによる罪悪感もまた、この物語の出だしに新しい筋を付け加えるよう促したのである。物語の始まりによくある筋の一つでは、子供たちのグループによっていじめられていた亀を可哀想に思った浦島は、その哀れな亀を救う。そのため亀は彼を竜宮城に連れて行く。浦島は、無意識的にその攻撃的な子供たちに同一化していて、彼らについて申しわけなく思っている。けれども結局彼は乙姫の禁止を侵犯し、決定的に落ち込むことになるのである。後で論じるように、彼の動物に対する全般的な態度は、アンビヴァレントである。

物語の始まりについてこれ以上考えることは別にして、その伝承のもう一つのヴァリエーションは、男性主人公と女性主人公に加えて、第三者の存在に関わっている。たいてい主たる二人の主人公が存在するだけで、強い三角関係や重要な父親像が明確ではない。ほとんどの物語において、浦島あるいは乙姫の父親が、語られることはめったにない。いくつかの伝承では、浦島の両親が思い出され、浦島に帰りたいと思わせ、彼は竜宮城に乙姫を置いて去ることになる。

伝承のもう一つの重要なヴァリエーションは、乙姫と亀の間の関係にある。近年の伝承においては、それは関連性のない要素として扱われている。この物語の入手できるかぎりで最も古い記録を含めるなら、いくつかの古い伝承では、物語の始まりで、亀は美しい姫に変身する。その姫はしばしば、乙姫の代わりに、亀の女王を意味する「亀姫」の名が与えられるのである。

物語の悲劇的な過程は、浦島が自分の両親を心配し、家に帰りたいと思う時にはじまる。つまり、不安が起こり、現実感が万能的な空想体験を侵しはじめる時である。竜宮城にいる時の浦島は、ちょうど赤ん坊が育児に夢中の母親と一緒にいる時のように、彼がほしいものは何でも与えられている、ということはすぐに理解できる。たとえば自分の両親の喪失などの何かを、彼が気づくことさえないなら、彼は目いっぱいに受身的な形で愛され、口唇的にも、同時に性的にも楽しめるのである。彼が家に帰ることは、フロイトの言う、快感原則から現実原則への移行に

（原注1）これらのうち、一つは日本学術振興会（一九六五）による英語翻訳版が入手できる。

対応する。

また私の解釈によれば、浦島は郷里にいた自分の現実の母親を喪失した後に、乙姫の禁止を破ることによって、海の底にいる錯覚の母親像 illusory mother figure の幻滅 disillusion を経験することになる。現実検討機能が働くにしたがって、結果として外的対象の喪失が、それに対応する内的対象の喪失の可能性を要求する。この過程は、フロイト（一九二六）が次のように述べた時に指摘した不安を引き起こす。「子供の憧れていた人物の記憶像は、確かに強く備給されており、おそらくそれは当初幻覚という形によってである。しかしこれは何の効果も生まない。そして今や憧れは、不安へと変化しているかのように見えるのである」。開いた玉手箱から立ち上る白い煙や紫の雲は、想像的な世界が効力のないものになっていく過程を表わしている。それはあまりにも形のないものなので、捉えられなくなり、今浦島の住んでいる現実の世界から消えてしまうのである。

発達的な視点から見れば、錯覚から脱錯覚（幻滅）への移行は、苦痛に充ちているが避けがたいものであり、もしそれがあまりにも早期やあまりにも突然に起きると、危険であったり外傷的であったりすることもありうる。苦痛や不安は、それを扱うことのできるキャパシティの中に留めておかれるべきである。ウィニコット（一九六四）が示唆しているように、母子関係において、徐々に脱錯覚すること gradual disillusionment は母親の仕事の重要な側面である。もし原初的な対象関係において対象から区別できない自己を持つ幼児に、喪失がたまたま起こったとしたら、それは「絶滅 annihilation」の恐れをもたらすだろう、とウィニコット（一九六三）は論じている。

浦島は、目いっぱいの対象喪失や自己の絶滅からなる決定的な幻滅を経験したのである。母親的な環境との彼の関係はあまりに緊密 prohibitory で自己愛的なので、それは苦痛に充ちた喪の作業を体験するキャパシティを育むことができないように見える。乙姫の禁止は、破滅的な結果に対する防衛信号として働くことが期待されていたのかもしれない。けれどもそのことはあまりにも効力のないタブーなので、やがて浦島はそれを破らざるをえなかったのである。ある地方に伝わる伝承は次のように語る（関、一九五七）。浦島は四十歳で独身、八十歳になる母親と住んでいる。父親については何も語られない。彼は戻った時、母親を捜すが、彼女が死んでしまっていたことが分かり、そして箱を開けるのである。浦島の母親との関係はあまりにも緊密で、彼が二人の間の分離を一度も経験したことがなかったのではないかと思う方もいるだろう。確かに、四十歳という年齢は、箱の中に何も無いということに直面するにはあまりにも年をとっているのである。

以上のごとく伝承を説明してきて、乙姫がそうした効力のない禁止を使ったことはかなり奇妙なことだと私は感じている。そうした重要な箱を浦島に贈ることによって、彼女はなんらかの形で、二人の関係を維持しようとしたのである。その禁止はより強いタブーの名残りなのか。箱を開けるための浦島の動機は何か。こうして見ると、箱の秘密を調べるためにはより多くの素材を我々は必要とするのである。これまでに引き起こされてきた分析的好奇心を以って、箱を覗き込もうとする我々の衝動は、浦島の動機を説明するものなのか。それは今まで次のように論じられてきた。乙姫は、神秘的な力を持つと信じられていた櫛のような、非常に重要で私的な何かを、その箱の中に入れたのかもしれないし、そしてその箱は彼女の身体の一部を表わすのかもしれない、と。

II　異類婚姻説話

結婚―禁止を破る―離別という主題に特色付けられる多くの日本民話を、我々は見出すことができる。これらの中で、異類婚姻説話として分類される物語はよく知られており、日本中に散見される。典型的な物語の語るところは次のようなものである。美しい女性に変装した動物が、ある男性と結婚し、その隠された秘密を暴かれた後に去っていく。浦島伝承と違って、これらの物語の主人公は、女性主人公を訪ねる代わりに、たいていは海からくる女性主人公による訪問を受けるのだが、浦島伝承と異類婚姻説話とは多くの共通点を持っている。

近年のこの説話のほとんどにおいて、病気や傷を負っている哀れな動物を男性主人公が救うという筋の出だしで、物語が始まる。これは、女性が自ら男性を訪問するという筋で始まる本来の物語に付け加えられたものであると言われている。男性が哀れな動物を救うという考えは、彼女（動物）との約束を破った主人公によって引き起こされる我々自身の罪悪感に対する合理化 rationalization あるいは補償 compensation と考えることができる。

関（一九六六）の研究に準拠して、私は様々な形の「蛇女房」(原注2)を要約したいと思う。この伝承は日本全国に見られるもので、地方によって別々な形で物語として発展したが、それでも多くの共通の筋が保たれている。

(1) 結婚。はっきりとした理由もなく、あるいは病気であるか、人々に痛め付けられていた哀れな動物を救ってくれたお返しに、美しい女性が若い男性を訪ねて、自らを彼に委ねる。たいてい結婚は女性の方から申し立てられる。

(2) 「見るな」の禁止。

(a) その妻は妊娠する。出産するためにある部屋に入り、夫に見るなと言う。

(b) 赤ん坊が生まれる。妻は、自分が赤ん坊に授乳をする時、夫が彼女を見ることを禁ずる。

(3) 禁止を破る。

(a) 夫はその部屋を覗き見て、蛇が出産をしているのを見る。

(b) 夫は蛇が赤ん坊に授乳している、あるいは赤ん坊に巻き付いて、一緒に寝ている姿を見る。

(4) 離別。妻は見られたことを恥じて、自分は救われた蛇であると明らかにする。彼女は彼が必要ならば沼に来ることができると言い、彼に自分自身の目玉を贈る。その目玉は乳を分泌する。そこで彼女は彼と子供を残して去って行く。

(5) 目玉を失う。子供はその目玉をなめながら育つが、後にその目玉は領主によって盗まれてしまう。夫は沼に行き、片目の蛇が現われ、そして残っている自分の目を彼に渡す。

(6)　復讐。

(a)　蛇は自分の目玉の盗人に復讐しようとする。

(b)　盲目の蛇は、自分の夫に、時間を知るために、鐘を造ってそれを鳴らしてくれるように請う。

しかしながら、いくつかの説話は、離別の段階で終わっている。

日本の異類婚姻説話においては、ハッピーエンドで終わる説話もあるが、禁止を破ることと離別という主題はほとんど絶対的なものである。私がその悲劇に焦点をあてるのは、日本におけるそれらの普遍性のためのみならず、それらの悲劇的過程についての我々の臨床的関心のためでもあるということは銘記されるべきである。

日本の説話において、「蛇女房」や「蛤女房」に関する限り、主人公が見ることが禁じられている秘密の事実は、たとえば出産、授乳、そして調理など、母親の持つ生物学的な秘密を暴くことが中心となっている。私の解釈によれば、これらの女性主人公は、母親に対する幼児的な願望充足から生まれたのである。これらの説話の中の妻たちは非常に前向きで、母親のように献身的である。要求し続ける男性主人公は無垢な赤ん坊として描写されているが、彼に対して、蛇である妻は盲目になるのである。けれども民話は、私の仮説的解釈を検証するにはあまりにも心理的な叙述が不足している。これ以上の分析のためには、「鶴女房」の筋に基づいて劇になった物語が役に立つ。

英語版の題が 'Twilight of Crane' である『夕鶴』は木下順二（一九四九）によって書かれ、日本の観衆の多くを魅了した。それが劇という形で書かれたため、稿本は登場人物の情緒的動きについての会話的叙述に充ちていて、心理学的研究に利用することができる。木下の優れた才能は、彼が異なる階層、世代そして性別の間にあるギャップを意識していた所にあると言われており、それらは見事に劇の登場人物に投影されている。この劇は、第二次大戦以後に急激に、そして苦痛に充ちたものになったギャップや不連続性に、日本人を直面させることになった。そ

（原注2）典型的なものがドーソン Dorson（一九六二）によって英語訳されており、入手できる。

ういう社会的なギャップに加えて，私には，劇の中に結晶化されていると思われる母親と子供の間のギャップについて述べる必要がある。

「蛇女房」における主人公と同様に，男は無垢で優しい。そして彼らは同じように女性主人公に向かって要求する。〈与ひょう〉は「子供として」と描写されているのが見られ，別の個所で，著者は「子供のように」とも書いている。鶴の羽から作られる着物は，蛇の妻が贈った目玉が母親の乳の代用品であるのと同様の意味で，考えることができる。鶴女房の夫は，幼児的な無邪気さと，物ほしげな性質によって特色づけられるが，それらは「蛇女房」においては，夫と子供という二つの登場人物に分裂させられていた。

〈与ひょう〉は新たにもう一つの織物を要求するが，それは彼女にとって，苦痛に充ちた献身の限界をほとんど超えてしまうものとなる。同時に，劇の中で，彼は彼女の世界を去りはじめ，彼女の理解できない言葉を話しはじめる。彼はそれに気づいていないが，これが幻滅の悲劇的過程が始まるターニングポイントである。

最初〈つう〉は，彼の際限のない要求を拒む。「叱られた子供のように，彼は涙を堪えようとした。」そこで彼は要求をし続け，眠くなる。「つうは彼の上に毛布をかけ，眠っている彼の顔をずうっと見ている。」劇は，要求する赤ん坊と献身的な母親の間にある濃厚な関係というパターンを我々に思い起こさせる記述に充ちている。〈つう〉は彼のために再び着物を織ることを決心し，〈与ひょう〉に彼女を見ることを禁じて，神の前で彼に誓わせる。そこで彼女は，もし彼が彼女を見たら，自分たちの関係は終わりであろうと言う。彼は同意する。再度彼に約束させて，彼女は機織り部屋に入る。けれども〈与ひょう〉は「見るな」の禁止を破り，妻の代わりに鶴をそこに見つけるのである。彼は彼女に留まってくれるように請うが，自分の羽をすべて使ってしまい傷つき痩せ細って見える〈つう〉は，彼への贈り物として着物を置いて去り，いなくなる。

織物 weaving の象徴性は重要である。関が示唆したように，かつて織ることは妻になるための必要条件であったのであり、それが女性としての生産的機能の一つであると考えられていたということはありうるであろう。『夕鶴』においては、彼女が苦しみながら織ることが、そこから布が織り出される彼女の身体を実際に傷つけているのである。これらの説話の中で、男性主人公の要求に応じた、女性主人公の自己献身 self-devotion が分娩、授乳、そして調理といった彼女の身体的かつ生理的な自己投与を伴っていることは明らかであり、これが織ることと同等なものであろう。それらは母親的な生産機能であり、子供、乳、着物、食事などを生み出すのである。主人公はその生産物を理想化し、それらは宝として扱われる。しかし彼はそれらがいかにして作られたのかという真実を受け入れることができない。

ほとんどの場合、要求し続けることによって、女性主人公の身体を苦痛に充ちた形で傷つけているという事実さえ、彼は否認する。鶴の妻は次第次第に痩せ細り、蛇の妻は自分の乳を出す目玉を失う。織ることと着物とを、母親が乳房から授乳することとその産物に等しいものと、我々は見なすことができよう。主人公は、理想化と「動物化 animalization」とを伴う過程によって、母親像を慈悲深い女性と傷ついた動物に分裂させている。説話の中で、それらは決して両立することはないのである。

現実的に見て、赤ん坊が母親の生殖器から生まれること、そして乳が彼女の乳房から生じることを我々は理解している。それらの説話はこのことを述べてはいないが、おそらくそれは無意識的な形で理解されている。この意味で蛇、蛤、そして鶴は母親の身体部位を象徴化したものである。子供のような主人公が彼のどん欲な要求を通じて傷つけている、痩せ細った鶴と盲目の蛇とは、傷つけられた母親 damaged mother を意味するに違いない。彼の彼女との関係が母子関係を反映するとしたら、それらの説話は最早期の幼児的体験を我々に思い起こさせることがあるのである。

主人公は、暴かれた母性の事実と直面し、そして愛する女性を失い、動物としての母親の全体的な姿を目のあたりにする。その後動物はたとえば乳を出す目玉を置いて去って行くのである。この「動物化」の過程は、母親像を全体的な人間として知覚し、受け入れるキャパシティの不充分さを明らかにする。

シーガル（一九五七）は次のように書いている。「妖精物語は、基本的に魔女、妖精のお婆さん、魔法の王子、鬼などを扱っており、そしてその中に多くの分裂病的な内容を持っている。けれどもそれは、きわめて完全に子供の早期の不安や願望を象徴化する非常に統合された産物、芸術的な創造物なのである。」象徴形成についての彼女の考えに従うならば、抑うつポジションに属する新しい達成とは、抑うつポジションにおける統合過程の一部として、全体対象を象徴化するようになるキャパシティである。けれども、幸せに終わる西洋の妖精物語とは異なり、日本の民話は統合過程における悲劇的な失敗を明らかにしている。つまり動物化された生産者の一部は傷つけられ、投げ捨てられて、それらの民話は良い部分、あるいは良い産物のみを保持し続けることができるのである。無邪気に見える、幼児的な男性主人公の物ほしげな性質 demanding nature は、明らかに母親の乳房に対する口唇的要求と関連しており、その口唇的要求は、そこから良い内容を奪い取るために彼女の身体に向けて展開されることがあるかもしれない。彼が「見るな」の禁止を破ることは、彼が攻撃してきたもの、あるいは彼が罪悪感を感じるべきものに彼を直面させる。それは彼が受け入れることができないものなのだ。乙姫の禁止のように、彼女の禁止は直面化させられるには不充分なキャパシティへの警告として働くことが期待されているのである。

ここで我々は、浦島伝承の象徴性、特に箱とその中にあるものに関するそれを思い描くことができる。本来浦島は、動物、おそらく説話の中の王女から隔離された亀を見ていたのかもしれない。その箱は乙姫の身体の一部を象徴するであろう。つまりそれは女性の身体の箱状の部分である。また今や我々は、説話のはじめに傷ついた動物を主人公が救うという筋が、なぜ本来の筋に付け加えられたかが理解できる。動物をいじめる残酷な子供たちは、彼自身の中にある攻撃的な子供に属するものだったのである。それゆえ新しく付け加えられた始まりの中で、主人公が動物の傷つきにすまないと感じるのは、理に叶ったことである。

Ⅲ　道成寺伝承

これらの物語における最も驚くべき特徴は、物語の悲劇的展開にはなくてはならない禁止である。女性主人公が非常に受身的な形で消えていって終わる説話を考察してきたところで、女性主人公が侵入的な男性主人公に腹を立てて、彼を攻撃することで終わる物語の可能性を考えるのは当然である。主人公が約束を破ったという事実にもかかわらず、女性主人公が彼女の夫から罰を受けるというのはきわめて非合理的なことである。事実我々は、それよりも合理的な形で終わるいくつかの伝承や神話を持っている。この例を挙げるために、私はイザナギ・イザナミの神話を要約し、引用する。

(1) 結婚。父性的な神であるイザナギと母性的な神であるイザナミは、結婚するためにある島へ降りてくる。そこで彼らは島々と神々とを産み続ける。

(2) イザナミの死。最後に彼女は火の神を産み、火の神は生まれる過程で、イザナミの性器を焼いて、彼女を死なせてしまう。

(3) 「見るな」の禁止。彼は彼女の後を追って隔離された死の国へと行き、そこで彼は彼女に戻って来てくれと頼む。彼女は「この国の神々と、私の戻りたい気持ちについて話しあいましょう。そこで、私を見ないでください」と答える。

(4) 禁止を破る。堪り兼ねた彼は入って行き、ウジにたかられ、鳴り響く雷神にとりつかれた彼女の死体を目のあたりにするだけである。そして恐くなって彼は逃げ去る。

(5) 復讐。怒った彼女は醜い女性たちを送り、彼女自身も彼を追い掛ける。

(6) 分離。彼女を止めるために、彼は道を閉鎖し、離縁を言い渡す。

上の要約は、私の述べてきた筋に対応する神話の真ん中の部分である。続く場面では、彼は彼女から隔離され、彼女は死者の国の偉大な神となる。そこで彼は自らを洗い、清め、「私は非常に恐ろしい国、醜い、汚れた国へ行ってきた」と言いながら、ミソギを行なう。私の解釈では、彼女に対する彼の拒否的な態度、そして汚れからの儀式的な洗浄はまたもや、愛する母親と、死んでいる、あるいは傷ついた母親の「醜く、汚れた」混合物を統合するキャパシティの不充分さを示している。彼女の身体から多くの神を産むこと、そして焼かれた性器による彼女の死は、母性全体の身体的な象徴性である。「良い」母親と「悪い」母親はあまりに分離されたままでいることはできないので、その過程の中での不完全な統合や総合は、母親のさまざまな局面の汚染された混同物を生じるはずである。他の研究から私は、汚なさの体験は肛門期の間のこの種の対象関係に端を発しうると結論したことがある（北山、一九八四）。この汚ない混合物 dirty mixture と突然直面すると、心理生理学的な反発 psychophysiological repulsion が生じ、そしてもし神経症的な防衛が可能ならば、これは悪い母親の隔離あるいは分裂を、そして汚れの強迫的洗浄をもたらす。私の意見では、汚なさはアンビヴァレントな葛藤とその苦痛から生じる。この仮説は部分的には私の臨床的研究によって検証されてきた。

説話の研究を推し進めると、主人公が約束を破ったために攻撃的になる女性主人公によって、彼が捕えられ、殺されることがありうるという当然の可能性の分析に今や我々は至る。男性主人公の精神内的経験に従って分類されるとすると、この種の説話はパラノイド・タイプのひとつであり、浦島伝承における抑うつ的タイプ、そして異類婚姻説話におけるアンビヴァレント・タイプと対比される。イザナギ・イザナミ神話は、主人公が迫害的な対象から逃げて、死の神としてそれを隔離することができたと述べているので、それはパラノイド・タイプとアンビヴァレント・タイプの間にあるのだろう。これから論じる道成寺伝承において、主人公はその迫害者から逃げ、結局は道成寺と呼ばれる寺で殺されてしまう。

主人公である僧は、かつて性的に誘惑してきた蛇の怒りから逃げようとするが、そのことから彼のパラノイア的な特徴は明らかである。またもや主人公は受身的に愛され、そして殺される。彼女の変身は、彼女が彼の裏切りを発見した時に起こる。彼女の性格全体が、リビドー的なものと攻撃的なものに分裂されているのである。主人公が僧であるという事実は、性的衝動と攻撃性に対する彼の投影と否認において、宗教的禁欲主義が重要な役割を果たしたことを示唆しているのかもしれない。彼は、自分自身の動物化された欲望の投影されている部分である蛇を分離できず、そこから逃れられなかったのである。

この文脈において、上田秋成による小説『蛇性の婬』の筋は興味深い。その小説の直接の出所は中国の物語であるが、まったく聞いたことのない読者には、先の日本の伝承をはっきりと思い出させるに充分なほど、日本的な要素を示している。

その物語の主な主題は、好色な蛇の回帰である。本来の伝承において、約束を破った僧はその蛇に殺されるが、上田の小説の男性主人公は、女性主人公の死にもかかわらず生き残る。パラノイド体験を、つまり蛇の回帰を説明するために、投影の概念すなわち、男性主人公自身の蛇が女性主人公に投影されているという考えを我々は必要とする。その蛇は性的な衝動が強く、かつ殺人的であり、自分自身の中にほとんど抱えきれない、自分の性的な、そして殺人的な願望を、主人公が投影しているということを我々ははっきりと理解できる。

象徴の審判者として現われた老人によって、気をつけるようにと助言されて、主人公の豊雄はたった今夢から覚めたかのように感じる。豊雄は内なる獣を克服する決心を育み、そしてまた秩序を乱す邪神を排除するという社会的役割を果たすことが期待される、と青木正次（一九八一）はその注釈版の中で指摘している。老人は神社に仕える者であると述べられており、共同体の父性的秩序を表わしている。夢から覚めることで主人公は、そこに参加しなければならないのである。

本来の道成寺伝承において、女性を怒らせた僧は、邪神と争うことができず、殺されてしまう。蛇に対して客観的になるための、あるいは蛇から彼自身を隔離するための、助言や命令は彼に与えられない。妄想分裂ポジションから抑うつポジションへの急激な移行に対処できなかった僧は、外的な世界から彼が焼かれる鐘の中へと完全にひきこもってしまう。これが、パラノイド的な経験のもう一つの悲劇的結果である。

古代のイザナギ・イザナミ神話において、男性主人公は迫害者を打ち負かし、そして強迫的機制を利用することで、創造性を純化する purify ことに成功する。彼女に離縁を申し出た後、彼は自分自身のミソギをはじめる。文芸批評家たちは、彼が彼の妻の死体に蛇を見たのだと示唆してきたが、彼がそこから逃げたのは、病的な恐怖よりもむしろ嫌悪感によって動機づけられていたのである。その体験を汚なく、不浄であると述べる彼の言い方は、部分対象のアンビヴァレントな混合全体に対する知覚（受容ではない）を示している。このために彼は、汚れた混合物を排除することによって、国生みのための良い部分を保つことができたのである。この神話は、パラノイド・タイプとアンビヴァレント・タイプの間における移行の中に、位置づけることができる。

本来浦島は、その抑うつ的な伝承において、彼が乙姫の禁止を破った時箱から現われた煙の向こうに蛇を見たのかも知れない。主人公たちは、いじめられた亀や傷ついた動物を救った恩返しとして、美しい王女や妻に出会うのである。哀れな動物の傷つきや怒りは、男性主人公の攻撃的な部分によって引き起こされたものであり、それは読者が物語を読む時に、同一化する部分であるということが、今やはっきりと理解できる。そしてその傷ついた動物とは、かつて男性主人公の幼児的な要求に応じて自分の乳を出す目玉を差し出したのかもしれないという、傷ついた母親 injured mother なのであった。これらの物語は、それぞれの幼児が母親との緊密な関係における普遍的な時期を通過するなかで、特に悲劇的な在り方を記述しているのである。

Ⅳ　結　論

本論において私が分析的に考察してきたのは、日本の民俗的悲劇、それに基づく神話や伝承、そして文学作品を含めたものであった。その特徴は、人間と異類の間の結合と悲劇的な離別である。それらの物語は、男性主人公の精神病理に従って、三つのカテゴリーに分けられる。つまり抑うつ的、アンビヴァレント、そしてパラノイドである。

すべてのタイプが、母親像への未解決なアンビヴァレンツの結末を示している。抑うつ的である浦島伝承において主人公は、彼が両親の喪失と直面し、開けることを禁止された箱から出た脱錯覚の煙を見た時、理想化された王女との時間のない体験からの突然の幻滅 sudden disillusion を経験するのである。アンビヴァレント・タイプにおいては、妻は接近して、男と結婚し、幸せ、宝、赤ん坊などをもたらす。彼は要求ばかりして、「見るな」の禁止を破り、蛇、魚などとして視覚的に動物化される妻のありのままの姿を覗き見てしまう。このことが悲劇的な別離を生む。私がパラノイド・タイプに分類する神話や伝承では、主人公は受身的で、自分が女性を裏切った時に現われる蛇に彼は恐れおののく。主人公によっては、この妄想の蛇によって殺されてしまうのである。

これらの悲劇的説話における主人公たちの精神病理は次のように要約される。

(1) 絶対的依存と一貫した要求。
(2) 快感原則から現実原則へ（Freud）、錯覚から脱錯覚へ（Winnicott）、妄想分裂ポジションから抑うつポジションへ（Klein）の突然の移行 sudden transition。
(3) アンビヴァレントに愛され、そして憎まれる母親を全体的人格として知覚するためには不充分なキャパシティ。
(4) 主人公自身の性的、そして攻撃的な衝動の分裂と投影。

(5)　分裂した「良い」対象と「悪い」対象の原初的な象徴過程としての動物化。

(6)　アンビヴァレンツを抱える統合的なキャパシティに応じた、抑うつ、強迫的拒否、そして迫害恐怖という情緒的経験。

物語の進展にとって、「見るな」の禁止は重要な要素である。このことから、その禁止が、二者関係におけるそれらの破局的結末に対する防衛信号として働くことが期待されているかのように見える。主人公は結局その禁止を破らざるをえず、近親相姦的事実と母性の陰の部分に直面することになる。これは、近親相姦のタブー、すなわち三者関係における「守られるタブー taboo to be kept」と対比して、「破られるタブー taboo to be violated」と呼ばれる（竹中、一九七七）。この母性的かつ前エディプス的な禁止は幼児期の始めには絶対的であるが、幼児が心理的痛みを抱えるキャパシティを発達させるに従って、それは次第に取り下げられるはずのものである。「タブー」という言葉が使われるとすれば、私はこれを「時間がくれば破られるタブー taboo to be broken in time」と呼びたいと思う。そうした母親との緊密な関係の先延ばしと突然の破局は、日本の悲劇的民話が示してきたように、やがて悲劇的な結末を生むことになるのである。

V　要　約

本論は、日本の民俗的悲劇を精神分析の発達に関係づけようという試みである。人間の夫と異類の妻の結婚と悲劇的離別を特徴とする、数多くの神話や民話が日本にはある。それらの物語は三つのカテゴリーに分けられる。すなわち、抑うつ的、アンビヴァレント、そしてパラノイドであり、それらは男性主人公の女性主人公への顕著なアンビヴァレンツを示している。フロイトが、人間的事象における無意識的出来事を例示するためにエディプス神話を利用したのと同様に、それらも幼児の発達のある局面を反映していると私は考える。物語が主人公と女性主人公の間だけで進展するので、それらは二者関係の点からの解釈を必要としている。

「見るな」の禁止はもう一つの重要な要素である。男性主人公はこの禁止を破ったために、たいてい美しい女性の代わりに動物を見ることになる。これはあまりに効力のないタブーの形なので、男性主人公はそれを破り、分裂した「良い」母親と「悪い」母親の醜い混合物に直面せざるをえない。男性主人公の「動物化」は、全体対象を受け入れるには、不充分なキャパシティを伴うものである。この母性的あるいは前エディプス的禁止は、絶対的である近親相姦の父性的タブーと対比して、「時間がくれば破られるタブー」と呼ぶことができよう。

文献

(1) Aoki, M. (1981). Ugetsu Monogatari. Tokyo: Kodansha, 1981.

(2) Dorson, R. D. (1962). The blind serpent wife. In Folk Legend of Japan. Tokyo: Charles E. Tuttle Co., 1981, pp.118-121.

(3) Freud, S. (1907). Obsessive actions and religious practices. S.E.9.

(4) Freud, S. (1920) Beyond the pleasure principle. S.E.18.

(5) Freud, S. (1921). Group psychology and the analysis of the ego. S.E.18.

(6) Freud, S. (1926). Inhibitions, symptoms and anxiety. S.E.20.

(7) Hamada, K. (tr.)(1971). Bewitched. In Tales of Moonlight and Rain (by Ueda). Tokyo: Univ. Tokyo Press.

(8) Kinoshita, J. (1949). Yu Zuru (Twilight of a Crane, tr. by Kurahashi). Tokyo: Miraisha, 1952.

(9) Kitayama, O. (1982). Higeki no Hasseiron. Tokyo: Kongoshuppan.

(10) Kitayama, O. (1984). Kegashitai ni tsuite (On 'kegashitai'). Japanese J. Psychoanal., 27: 301-309.

(11) Klein, M. (1952). Some theoretical conclusions regarding the emotional life of infant. In Envy and Gratitude and Other Works. London: Hogarth Press, 1975, pp.61-93.

(12) Matsumura, T. (1955). Nihonshinwa no Kenkyu (3). Tokyo: Baifukan.

（13） Nippon Gakujutsu Shinkokai. (tr.)(1965). Urashima of Mizunoe. In The Manyo-shu. New York: COlumbia Univ.Press.
（14） Orikuchi, S. (1927). Hahagakuni-e tokoyo-e. In Orikuchi Shinobu Zenshu (3). Tokyo: Chuokoronsha, 1975, pp.3-15.
（15） Phillipi, D. L. (tr.)(1980). Kojiki. 1968. Tokyo: Univ. Tokyo Press.
（16） Segal, H. (1957). Notes on symbol formation. Int. J. Psychoanal, 38: 391-397.
（17） Seki, K. (ed.)(1957). Nihon no Mukashibanashi. (Folk tales of Japan, tr. by Adams). Chicago: Univ. Chicago Press, 1963.
（18） Seki, K. (1966). Mukashibanashi no Rekishi. Tokyo: Shibundo.
（19） Seki, K. (1978). Nihon-Mukashibanashi-Taisei (6). Tokyo: Kadokawashoten.
（20） Takenaka, S. (1977). Tabu no Kenkyu (The Study of Taboo). Tokyo: Sankibobusshorin.
（21） Ury, M. (tr.)(1979). How a monk of the Dojoji in the province of Kii copied the Lotus Sutra and brought salvation to serpents. In Tales of Times Now Past. Berkeley: Univ. California Press.
（22） Yanagida, K. (1933). Kaishin-shodo. In Momotaro no Tanjo. Tokyo: Kadokawashoten, 1978, pp.55-103.
（23） Winnicott, D. W. (1963). Dependence in infant-care, in child-care and in the psychoanalytic setting. In The Maturational Processes and the Facilitating Environment. New York: Int. Univ. Press, 1980, pp.249-259.
（24） Winnicott, D. W. (1964). The Child, The Family, and the Outside World. Harmondsworth: Penguin, 1975.

第四章　昔話における同化と異化*

I　二人だけの世界の幻滅

母神の醜態、私たちの母の〈醜いもの〉を見ることを禁止するのが「見るなの禁止」であることが示唆された。彼女が隠すから見にくいのである。この言い方は正しいと思う。そして〈見る側〉が醜いと思うから相手は恥じるのである。これも正しい。それならば、見にくいものを見るときの、醜いという苦痛はどういう経過のなかで生起しているのだろうか。

心理描写の少ない昔話や神話の小細工を弄する分析と、理論の解説だけでは読者にたいする説得力は不充分である。このような場合、臨床例をひきあいに出して、妻を妻と思えない夫、親を親とは思えない少年、この国を自分の国とは思えない少女のケースを検討してもよいのだが、すでに『夕鶴』という木下順二の戯曲が格好の材料としてそれを共有する私たちに与えられている。

この原話が異類婚姻説話の『鶴女房』を主題とした『鶴の恩返し』であることは明らかであり、繰り返されてい

---

*初出は『悲劇の発生論』（第三章）金剛出版、一九八二。

る物語の筋を念頭において、一人の作家の再創造による主人公たちの会話から、二人の登場人物の「間柄」をさらに細かく読みとることが可能になると思う。

鶴女房である〈つう〉にとり、主人公〈与ひょう〉が子どものような存在であることが彼女の次の独白に示されている。

「……そしてあの布を織ってあげたら、あんたは子どものように喜んでくれた。だからあたしは、苦しいのを我慢して何枚も何枚も織ってあげたのよ……」。また、作者は〈与ひょう〉を「子どものように……」と形容することもある。

受身的な〈与ひょう〉の要求に〈つう〉が、献身的にこたえることで、二人の一体的な経験は成立している。しかし、〈与ひょう〉は〈つう〉の身を細らせての献身的努力に伴う苦労を無視して、要求を続ける。〈つう〉の献身には、両者の調和と一致の経験が壊れることを恐れる気持ちが伴っており、〈与ひょう〉の要求は次第に受身的な愛情欲求というよりも金銭的な欲につかれたものに変ってくる。

「何のむくいも望まないで、ただあたしをかわいそうに思って矢を抜いてくれた」と言われる〈与ひょう〉は次のような態度の変化をみせるのである。

「あんたはほかの人とは違う人。あたしの世界の人。だからこの広い野原のまん中で、そっと二人だけの世界を作って、畠を耕したり子供たちと遊んだりしながらいつまでも生きて行くつもりだったのに……だのに何だか、あんたはあたしから離れて行く。だんだん遠くなって行く。どうしたらいいの？　ほんとにあたしはどうしたらいいの？……」（傍点筆者）

不安な彼女にたいして、友人にふきこまれた〈与ひょう〉は「都さ行ってどっさり金儲けてくるだ。そんで、えへへ、おら、またあの布が欲しいんだけど……」

「きれいごと」の「二人だけの世界」では、鶴が美しい「ええ女房」となり、愚かな男が人の好い人物となって、二人は互いに「子どものように」愛しあっていた。しかし、「あたしのほかにはなんにもほしがっちゃいや」という〈つう〉の願いにもかかわらず、現実感と自律性をもちはじめた〈与ひょう〉は二人だけの世界から出てゆき、〈つう〉にとって「あたしに分らない世界の言葉を話し出した」のである。ここで、愛情を賦与する側とそれを希求する側との関係で、外的対象の側の献身により実際に与えられているものと本人が要求するものとのあいだに〈くい違い〉が生じはじめていて、それが、後の「つうをつうと思えない」という幻滅の過程につながる。彼が幻滅するところでは、〈つう〉は〈つう〉ではなく、異類の鶴なのである。

〈この国〉からの現実的な視線を禁止するのが〈つう〉の「見るなの禁止」である。筆者は、この「見るなの禁止」を『広辞苑』(岩波書店)の「幻滅」の項が定義する「幻想から覚めて現実にかえること」「今まで美化され理想化されていた事実が幻にすぎなかったことを覚ること」という意味での幻滅にたいする防衛的不安の産物であると思う。これは、内的欲求と外界が一致する体験が壊れて〈くい違い〉に直面する前に作用する注意信号のようなものである。そして、これに違反した主人公が直面する異類としての動物の姿は、子どもの欲求と母親の献身によって一体化する二人が幻滅を体験するときの印象を表わすものである。愛された女性は人間であると同時に動物であり、霊的であると同時に生臭く、これにたいする私たちの態度はつねに「どっちつかず」で割り切れない。ゆえに、これらの姿は、好悪の感情がどっちつかずになって揺れ動くときの「見にくい」という困難を視覚化したものであるといえるだろう。そして、「きれいごと」の体験の記憶と隠されていた事実が入り混り、分裂していた対象が汚い混合物となって、割り切れないものになるときの苦痛が、見にくいという苦痛であり、幻滅の痛みである。

〈つう〉の正体を覗き見てしまった〈与ひょう〉は、「鶴が一羽おるきりだ。……つうがおらん」という〈つう〉の喪失と幻滅を体験する。しかし、〈つう〉はそこにいるのである。ただ〈与ひょう〉には、その鶴を〈つう〉として、分離されていた二面性を全体として同定することができないのである。そして、鶴は空のかなたへ消えていき、〈つう〉も消える。

正体を見られた〈つう〉はその羞恥心を明らかにしないが、「恥」には相手を幻滅させたことについての責任感・罪悪感がある。しかし、物語の「見るなの禁止」に違反して侵入して覗いたのは人間男性であり、合理的に考えるならば、「見る者」と「見られた者」とはともに幻滅体験の当事者としての責任がある。にもかかわらず、女性だけがこの国から追放されるところは、明らかに〈この国〉の男性側の自己中心的な心理が強く働いている部分である。『夕鶴』においても、主人公の仲間にそそのかされて、「男たち」の集団が無自覚に「見るなの禁止」を破るのである。この男たちの間に働いているつながりは、同じ男性どうしの同類愛的な連帯とすることができ、彼らの女性異化の傾向が恥を女性におしつけているのを読みとることもできる。「見るなの禁止」を主題としたイザナミ神話も見られた女神が主に恥じる物語であるが、日本書紀の一書には〈見る側〉のイザナギも恥じているものがある。〈見られる側〉だけではなく、〈見る側〉も恥ずべきであるという感覚は歴史的にみて新しいものではないと思われる。(注1)

Ⅱ　母親の異類性

折口信夫の見解では、これらの父や母の婚姻関係の悲劇を目撃した子孫たちは、去っていった母を恋したって「妣の国」をおもうのであるという。(5) そして、動物と人間の歴史的な緊張関係をとりあげた谷川健一は、「今日まで日本人の意識から拭い去ることのできないエディプス・コンプレックスは、こうして形成され、持続されることになったと私はおもう」と書いている。(9) しかし、筆者はこれらの物語は主な登場人物は二人であり、これだけでは二者関係または母子関係の物語であると思われ、エディプスのように父の死が問題になる三角関係であるとは考えない。三角関係としての構造を読みとるためには、〈見る側〉に同一化する読者や、先に論じたようにその子としてのスサノヲやアマテラスとその父イザナギとの関係を明らかにせねばならない。

結論を急がずに、『夕鶴』の原型である異類婚姻説話をさらに細かく検討してみようと思う。まず、その話型について『日本昔話大成』の著者・関敬吾はその第二巻のなかの「婚姻・異類女房」の章の冒頭で次のように述べているので、これを引用する。

「この章では異類女房譚を一括する。これらの物語に共通する点は、婚姻関係は一定の規範を守ることによって成立し、持続するが、異類側からの強い要請にもかかわらず、人間男性によってその規範は破られ、婚姻関係は破局に終わる」(8)

この種の昔話、伝説、神話は世界中に分布しているといわれ、たとえば、海神の娘と男性が結婚し、女性からの要請である禁止に男性が違反することによって女性が去っていく過程を主題とするものは、メルシーナ型説話と呼ばれている。メルシーナの名称は古フランスの伝説に登場する海の美女メルシーナに由来する。彼女は魚の姿でいるところを夫に発見されて逃げていった。日本では、「動物が人間の姿で嫁に来るが正体をみられて去る」という過程を中心的な展開点とする物語で、その正体としての動物の名をとって『蛇女房』『蛤女房』『魚女房』と一般に呼ばれている。これらの形態的な分離に加えて、私たちにはもうひとつの内容的な分類が可能である。それは、主人公の男性にとって「見てはならない」と禁止された秘密の具体的な内容である。何がどう見えたかではなく、何を見ようとしたのかを問うことで、まずそれが出産、授乳などの母子関係にみられる光景に集中していることがわかるのである。

この出産についての「見るなの禁止」を描いた代表的な物語は『蛇女房』であるが、その〈結婚―犯禁―離別〉という悲劇的部分の基本構造を関の『昔話の歴史』(7)より、省略して引用しておきたい。

（注1）たとえば、日本の社会を同類社会 homogeneous society と呼ぶことがあるが、この国にも日本人だけが住んでいるのではない。あるのは、異類を追放して成立する同類幻想である。〈この国〉で私が明確でないのは、私がありすぎて、私でないものが異類として追放され、私ばかりの同類の〈この国〉を共有するからである。

(1)　結婚

(2)　禁止

（a）女房は妊娠し、のぞいてはならないと部屋に入る。（b）子どもが生まれる。授乳するところを見てはならない。（c）部屋に入るときは、合図をしなければならない。

(3)　犯禁。夫が部屋をのぞくと、（a）蛇が赤ん坊を生んでいる。（b）蛇が添乳し、あるいはとぐろを巻いて子どもを抱き昼寝をしている。

(4)　離婚

覗き見られた美女の正体としての〈動物〉を心理学的に位置づけるためには、主人公たちの情緒的反応を知る必要があるが、この説話の最古の文献は古事記・日本書紀であろう。このなかの豊玉姫説話に描かれた姫の出産の姿はワニであり、見られた彼女たちは「うら恥し」「いと恥し」と言って去っている。

この他にも「見られて恥ずかしいもの」にはさまざまなものがあり、たとえば、出産や授乳だけでなく、女性の裸体についての「見るなの禁止」が『魚女房』の場合にみられる。彼女は、見てはならないといって毎日入浴するが、夫が覗くと魚が入浴している。ここでも女房は覗かれたことを恥じて去る、という結末である。

この、出産・授乳・裸体などの秘密が、『蛤女房』などでは料理に置きかえられ、正体や恥部は動物の排泄行為として描かれて、主人公やそれに同一化する読者や語り手の嫌悪感と覗かれた内容の醜態としての性格がより明確になる。その結果、対象が見たいものであると同時に見たくないものであるという「どっちつかず」の態度が、二人の間柄を破綻させるという過程が際立ってくる。訪れた女と結婚した男は裕福になり、女房のつくってくれる料理は「うまい」「おいしい」「甘い」と形容される。ところが、台所を覗いた男は女房が「鍋にまたがって小便する」「尻を洗って汁を作る」という光景を見てしまう。それで男は料理を食べられなくなり、怒って女を〈この国〉から追放してしまう。男の嫌悪感のために女は動物の姿をひきうけて、海に姿を消す。

日本の昔話では、海からやってきて海へ帰っていくという「海神の乙女」が女主人公となる場合が多いのだが、もちろん空や森から訪れる女房たちの物語もある。天人女房（羽衣伝説）やかぐや姫などが広く知られているが、これまで述べてきた〈犯禁—離別〉の形式を際立たせているものとしては『鶴女房』を挙げることができるだろう。この関のとり出した基本的内容はつぎの通りである。

（1）若者が、傷ついたもしくは狩人に捕えられた鶴を助ける。（2）美女が訪れ、若者は結婚する。（3）女は覗いてはならないと、機屋に入り布を織る。（4）布は高価に売れる。（5）再び布を織らせる。（6）彼は禁止されたことを忘れ機屋を覗くと、鶴が布を織っている。（7）女は、正体を見られたことを悲しみ、かつて助けられた鶴であることを告げて去る。（8）主人公は裕福になる。

ここでは、機織という仕事の象徴性が問題となるだろう。これを神に奉仕する者の神聖な仕事として、信仰と結びつけて一元的に解釈することには無理がある。他の異類女房説話の授乳、出産や料理の仕事と同じように、機を織ることは平凡な家庭婦人の生産の仕事としてもみることができるのである。女性にとっては嫁入資格であり、それが男性にとって神秘的な行為としてみられたのであれば、心理的には出産や授乳と同じような女性の生産的で生理的な機能の一部として位置づけることができる。

以上のように、異類婚姻説話における禁止やタブーには出産・水浴・授乳など女性の身体や生理的機能と関係する秘密が多いが、この「見るなの禁止」の成立に関与する人々の気持ちを考えてみることにより、私たち自身の内部にある「見るなの禁止」の起源を多少なりとも意識化することができるだろう。折口信夫はこれらの婚姻関係の破綻の原因を信仰の違いにもとめており、族外婚により男の村を訪れてきた女性がかつての信仰生活をもちこむことにより生じる母親たちの二面性が悲劇の原因であるという。姫がワニや竜になるのは、本来の国のトーテム儀礼の実修を行なうためであり、〈この国〉における異族の儀礼の露呈が妻の側では恥であり夫の側では嫌悪感につながる。これが、古い時代の古い記憶である。

この物語が、現代の私たちにも時代をこえ理解されるのは、その心理的なやりとりであろう。つまり、ここで体験されているのは、これまで経験され続けて内在化された内的対象としての美しい記憶と、ずいぶん前に隠されたままで今現実のかなたからこちらに露呈した対象の内容の知覚との、不一致やくい違いによる幻滅である。一般に「親を親とは思えない」と言われる異常体験と同様に、物語の主人公たちは、相手の隠されていた正体を見て、それまでの美しい対象の記憶と同一のものの半面とは思えないのである。しかし、動物の姿をかりているとはいえ、それはかつては〈この国〉の私を生みながら私の父により異類として追いだされた私たち自身の「死んだ母親＝妣（ハハ）」なのである。

本節の最後に、ある特定の性格特徴を際立たせる男性主人公たちのパーソナリティを次のような要素で表わしておきたい。

(1) 美しい対象との受身的な愛情関係への執着。
(2) 相手の矛盾する両面性にたいする拒否傾向。
(3) 境界をこえる覗きと侵入性。
(4) 約束破棄にたいする無自覚さ。

以上の四つの傾向が多くの異類婚姻説話に登場する男性主人公にみられて、〈この国＝自分〉の内部における相手と私の関係の推移を決定づけており、これからさらに細かく検討したいと思う。

Ⅲ　対象の同定の失敗

イザナギ・イザナミ神話においても、「見るなの禁止」が破られて、主人公が相手を隔離する過程で、イザナギは記憶に残っていた生前のイザナミの姿と死んだイザナミの死体の印象の〈くい違い〉に直面し、妻を妻と思えないという体験を繰り返したようである。この他にも、目前の現実における相手の姿と、それまでの体験から記憶に残っている対象の不一致から、外的対象を内的対象とは思えないという体験を描いた物語は多い。そして興味深いことに、母親は同類の美女として迎えられ、後に動物とみなされて子どもや宝を残して去っていくのだが、父親は終始〈見る側〉であり、ただ物語の最初から最後まで〈この国〉の主人公としてその中心部に生き帰っている。母は周辺部の遠い国から子どもを生むためにこの国を訪れてはまた去っていきながら、富と誕生に結びついた海上他界のような理想化と、陰惨で死のケガレに満ちた地下の属性の両方をひきうける。両立し難い感情を向けることは、私たちのアンビヴァレンツによるものであると指摘したが、この〈母の国〉から彼女たちは美女となって〈この国〉を訪れて富や子をもたらし、正体を見やぶられて〈母の国〉へ帰っていく。母たちは同化と異化の対象であり、憧景と嫌悪、同類愛と異類排除の傾向を同時にひきうけている。

そうしておくことが、〈この国〉が子孫に恵まれて富を得るための条件であるかのように思われているのだとすれば、それこそが〈この国〉の自己愛的な「自惚れ」と「思い上がり」の幻想が壊れることを〈この国〉の自分たちが強く恐れているために主張される考えなのであろう。そういう意味において、〈この国〉は、「同類愛的」なのである。しかし、人類の、そして個人の発達の歴史は、〈この国〉が〈母の国〉であったところから始まるものであり、〈この国〉に母親が訪れなければその子としての自分は生まれない。つまり、〈この国〉の父と〈母の国〉の母が結合しなければ、私は生まれなかったのである。

このように、私たちの気が遠くなるくらいに昔から、つまり、〈この国〉は私たちが生まれる前からすでに、汚いものや醜い母親が追放され、隔離されて、あらかじめ浄化され続けていたのである。そして、私たちは〈この国〉に生まれおちるとき、血にまみれてやってくる。私は、出血や汚物をみずからの能力で処理することができず、それを包む母親的な環境による浄化の機能により、しばらくは、母子間のきれいな〈母の国〉を体験することができるのである。私は育てられて育つ。やがて、「見るなの禁止」は破られて、あらかじめ隠されていたものに直面することで、私は〈母の国〉に幻滅することになる。

筆者は個人の歴史を描いたものとして、日本の昔話の異類婚姻説話をとらえなおしている。そこには、イザナギの体験のように、対象の醜い側面に直面して、妻を妻とは思えないという過程が描かれており、〈母の国〉から来た母を母と思えないというこの問題を現代的なものとしても再検討することができる。つまり、これらの物語は、現代の「親を親と思えない子どもたち」の育ちの問題を考えるためのヒントを与えてくれるかもしれないのである。

たとえば、異類婚姻説話における愛情関係は、たいていが女房側からの積極的な「惚れこみ」からはじまって、二人の結婚も女房のほうが男性の家を突然訪れるという「押掛女房」の形式をとる。この女房側の積極性を説明する原理が「恩返し」であるが、実際の昔話のなかにも「押掛女房」が登場するところから始まるものがあり、戯曲『夕鶴』においても〈つう〉は「恩返し」というよりも〈与ひょう〉の無邪気さに感激してやってくる。女房側の一方的な「惚れこみ」から始まり、男性側はただ相手の献身を要求しつづけて、女性がみずからの羽根で織った布を与えつづけることで両者の「間柄」が保たれているという関係がこの悲劇の前提なのである。主人公にとってこの関係は自分本位でありながら、それは完全に他者の献身によって完璧に実現されていて、まったく他者に依存して他律的でありながら自分の「思いどおり」になる世界である。

そして、この物語の初めの部分を主人公としての人間男性の欲求充足が実際に実現しているものとしてみるなら、女房側の一方的発情は主人公の愛情対象の希求性に応じて対象（乳房）が実際に賦与されている体験である。これが、外的対象が内的対象としてとりいれられるためには必要な体験であり、育ちつつある乳児は乳を摂取しながら、対象をとりいれる。この内界と外界の一致が、「幻想的」と呼ばれるときは、現実的ではないという意味合が含まれる。母子関係ではその初期において育児に没頭する母が子の身になるという献身によって、子の願望が体験として可能になるという見方は、英国の精神分析家ウィニコットによって主張されている。さらにこの物語は、その子が成長することにより、母親が子どもの要求に応じられなくなるときの幻滅の過程が繰り返されたものとしてみることができるのである。乳児の幻想が実際の体験になるためには、母親の親心と献身による裏づけが必要であり、幻滅は幻想に対応する手応えとしての裏づけのなさにより生じるわけで、それが、「(外的な)親を(内的な)親とは思えない」という経験につながる。乳児が心安らかでいるとき、乳児の唇や胃には、欲求を満たすものが実際に与えられているのである。そして、赤ん坊が泣きわめいているときは、本人が求めているものと周囲の状況の間で、内的な要求と外的なものがくい違っているのかもしれない。この〈くい違い〉がとり返しのつかないものになると
き、後に「親を親とは思えない」という病的体験の基礎となるだろう。先に、古い記憶の中の〈母の国〉を理想化して目の前の〈この国〉の父に反抗したり、〈この国〉からひきこもったり、逆にアマテラスにたいして破壊的になったりする病理をスサノヲの内心に想定したが、その種の病理は日常の臨床においても稀なケースではない。

このように子どもの愛情対象(愛情を与える対象、主に母親)に向けられた希求に同調して、環境の側から積極的に母親として適応する人物の献身をとおして、その愛情対象が実際に賦与されるとき、実はその対象が子どものものではないという客観的事実が否認される。つまり、母親と子どもの利害のくい違いとしての異類性が隠されて、母親が同調して同類化する母子一体のような体験においては、美しい人間女性が押しかけるように自分のもとを訪れることになる。そして、その幻滅の過程においては、そのくい違う異類性の露呈が契機となり、彼女たちは去っていく。子どもの成長に従って、子どもの欲求は周囲の適応にもかかわらず満たしきれなくなり、〈くい違い〉は幼児に繰り返し体験され続けることになるのである。〈くい違い〉がそれほど大きなものでなければ、子どもはもちろん、親を親と思えるようになる。この場合、オヤとは対象という言葉におきかえられる言葉であり、実際にはその子の母親が死んでいるのかいないのかは、直接的には関係ない。問題は、その結果として、記憶に残っている母のいない〈この国〉をどのように受けいれるかにかかっている。イザナギをオヤと思えず、死んだイザナミを慕って泣くばかりであるのなら、スサノヲと同じように「異常」となるだろう。

以上のように、母親の全体に含まれる〈醜いもの〉に直面して美しい母親に幻滅する過程には、それまで体験し

ていたものと、隠されていたが今顕わになった内容とを、同じものだとは思えないという困難としての「見にくさ」が伴う。アイデンティファイ（identify　日本語では「同定」）することの失敗がこの悲劇には描かれているというのが、物語の筋を、繰り返される私たちの体験の相から読みとるときの結論である。

Ⅳ　アンビヴァレンツ

異類女房説話に登場する男女の「二人だけの世界」からは、母親的女性の生理的側面が動物的なものとして、差別、排除、追放されていたのだが、そのために〈この国〉に生き残る男性の欲望や嫌悪感も明らかとはならず、曖昧になっている。これは、現代においても私たちが、人間の性的なもの、肉体的なもの、生理的なものを、「不潔」「不健康」「いやらしい」「ケダモノみたい」などの言葉とともに、はっきりとした嫌悪感を表わして、〈この国〉の表層部への受けいれを拒否する傾向と同じものである。

物語のなかの〈この国〉の男女の姿には、それぞれに根元的に両立しない態度がある。ひとつは女が美しく男が無邪気である「二人だけの世界」の態度、そして女が動物的で男が覗き見の欲望をもつもうひとつの世界における態度である。男が覗いて女の正体が露呈し、男の覗いたことが女に知れることで、見たくないものを見てしまった男女はともに互いの清い世界の相互幻滅を体験する。おそらく、男は女性の生物学的特異性に拒否感情を示し、女は男性の野卑な欲望を許容できないために、「二人だけの世界」を保護しようとする男女が互いに同調して「見るなの禁止」と「見せるなの禁止」を課すのであろう。ゆえに、生理的なものの見にくさとは、性器や排尿行為そのものが醜悪な印象を発散するからそういわれるのではなく、別世界のものとして隠されているものが新たに露呈して、〈見たいもの〉と入り混じって両価的葛藤（アンビヴァレンツ・コンフリクト）をひきおこすときの困難と苦痛であり、当人には見たいと見たくないがどっちつかずになっている。この「見にくい」に対応する愛情対象の側の「恥ずかしい」という感情には、「見よい・見やすい」といわれる幻想を幻滅させたことについての責任感や罪悪感の感情が含まれている。相互に幻滅しているにもかかわらず、その責任が一方におしつけられるとき、「恥ずかしい」は穴があったらはいりたくなるほどの身の置き場がないものとなって、恥じる側は〈この国〉から退去するのである。

『菊と刀』でベネディクト Benedict, R. は、日本の社会が恥によって貫かれた文化をもつのにたいして、西洋文化は罪の意識によって特徴づけられるという対照図式を提示した。[1] しかし、米国の精神分析学者エリクソン Erikson, E.H. は、「(恥は) われわれの文明で非常に早い時期に、また容易に罪悪感に吸収されてしまう」と述べており、西洋人に恥の感覚がないというわけではない。「人は目に見える存在であるが、見られる心の用意はできていない……(恥じる者は) 世界中の目をつぶしたいとさえ思うだろう。さもなければ、彼は自分が目に見えない存在になることを願わねばならないのである」[2] という記述は、恥じて去っていく感覚が日本人だけのものではないことと、「見るなの禁止」と羞恥心との関係が普遍的なものであることを示しているのである。

また、フロイトは『不気味さ』という論文で、不気味 unheimlich という言葉の分析から、「不気味とは、秘密で、隠されているべきはずのものがおもてに出てきてしまったような、そういったもの一切のことだというのである」と述べている。[3] そして、「ノイローゼ患者が、女性の性器はどうも気味が悪いと言うことがよくある。しかしこの気味の悪いものこそ、人間のなつかしい故里、誰しもが一度は、そして最初はそこにいたことのある場所への入口である」と書いて、不気味なものとはかつて居心地よかったもの、昔なじみのものであることを強調している。

精神分析の精神病理学においては、この女性の性器の両面性を認めるときの困難を非常に重大なものとして考えている。たとえば、女性におけるペニスの不在を現実として拒否することを〈否認 (現実否認)〉と呼び、知覚される対象の半面の現実性を認めようとしない心の動きの原型であるというのがフロイトの考え方である。そして、この否認された女性の性器が再び顕わになるときに、人々は「不気味さ」を体験するというのである。

近親相姦の悲劇的結末を描いたエディプス王の物語も、「見るなの禁止」を破った主人公の失明で幕を閉じている。「(この眼は)、それが見てはならなかったものをもはや見ないだろう。おれが知りたかったものをもはや知ることはないだろう」というような意味のことを言って、エディプスはそのみずからの目に「見るなの禁止」を課すのである。フロイトはこのエディプスの失明を去勢であると解釈して、目の不安を去勢の不安に帰着させている。失明してから退去しようとするエディプスと、母の国に行きたいと言って泣いて追放されるスサノヲとの違いにみられるように、異類女房説話の主人公の幻滅の過程には、フロイトのいう「去勢」についての不安や恐怖は際立っていないようである。異類婚姻説話における動物についての見にくさとは、「去勢」という性器の醜さよりもむしろ、隠されていたものと〈見たいもの〉の混合物を同定するときの見にくさ、くい違う両面を併せ持つ対象の全体としての見にくさなのである。

異類であること、動物であることが入り混じり、「二人だけの世界」において同じものが愛しあうという意味での同類愛的な体験を幻滅させるとき、その幻滅の痛みが不快排除の機制(4)による異類の追放を動機づける。〈この国〉においては支配者である父やその同類者との差異を明らかにさせるすべての人間的事実は、女性であるということですら、そのままでは醜いためにある種の化粧によって覆い隠されねばならなかった。彼女たちの課す「見るなの禁止」は父たちの課す「追放の脅かし」の強化を受けて、異類性を露呈させたものは同類幻想を幻滅させた責任をとり、〈母の国〉へ向けて排除されるのである。しかし、それは本当に〈母の国〉というような別世界ではなく、〈この世〉の周辺部にあり、〈この国〉と〈母の国〉のあいだにあって、つねに日常生活との接点をもって、〈この国〉からすぐのところにある。

V　甘えと見にくいもの

このような物語が一千年以上もの長きにわたって語りつたえられているという事実は、これが私たちが内心において今日もまた繰り返している過程を物語の形式で象徴的に描いたものであることを裏づけているだろう。主人公の見てしまうものは、私たちがすでに見てしまったことなのである。口に出しはしないが、その醜い世界は「言わずもがな」の体験として共有され、遠い昔の物語として再生する。物語は、〈犯禁―離別〉の恐怖という「口に出せないもの」を暗黙裡に伝えているが、一方ではそれを回避するための防衛的な方法が物語の前半部で指し示されていることになる。つまり、見なければよいのであり、そののちに人々は回避とか無視というような心的機制を用いるようになり、それ以前は、ただ軽率に覗き見ようとしたのである。

女房たちの「言いつけ」を守りさえすれば、受身的な対象愛を満たす幻想的な二者関係が、保証されていたのである。たしかに、これらの物語の前半部において展開される主人公と女房との出合いは、主人公がつねに受身的に愛されるという形式をとっていて、その求婚の主体は女性の側にある。たとえば『蛇女房』の場合の結婚の契機は「理由のない押掛女房で大部分はこの形式である。求婚の主体者はいずれも女性である」ことが、昔話を採集、研究した関敬吾によって指摘されている。[7] 結婚生活においても、料理をつくってもらい、富はもたらされ、性的にも誘惑されるという、男性主人公の一方的・受身的な恋愛関係が展開する。精神分析的にいうなら、口愛的にも、肛門愛的にも、性器愛的にも、主人公はつねに受身的であり、これをまさに〈甘え〉を物語のなかで具体的に描いたものとしてとらえることができると思う。

異類婚姻説話と関係の深い浦島伝説の場合も、乙姫との恋愛関係がもっぱら彼女の積極性によっておし進められる。乙姫のほうからあらわれ、彼女のほうが発情、惚れ込んで、浦島を誘うのである。浦島は誘われるままに竜宮を訪れ、結婚して享楽的生活を楽しむ。もちろん、浦島が感じる場合（『日本書紀』）や相互合意の場合（『万葉集』）があるが、海神の女が、男に恋慕し、誘惑し、またみずから積極的に身を託して男に夫婦の契を求めるのが一般的な展開である。「亀の恩がえし」というテーマがつけ加わって、乙姫側の積極性は合理化されるときもあるが、少なくとも浦島の愛情関係への意志が明確に描かれることは少ない。この物語において「見るなの禁止」に相当する禁止が「乙姫の禁止」であり、母子一体感の幻滅の過程の禁止として機能している。

二人の間柄において男性主人公が受身的であるのは愛情関係だけにみられる特徴ではなく、禁忌を課されて、その違反が悲劇につながるという部分においても受身的であり、どうすることもできずに一方的に理想的女性像を奪われてしまう主人公の姿はあまりにも被害的である。この受身化や被害者化も〈甘え〉の反映と言われるのだろうが、この「受身的」な物語の背景には禁忌として見ることが禁止された〈見にくいもの〉が隠されている。

筆者は乳児の依存欲求や対象希求性を〈甘え〉としてとらえることについて、神話や昔話の分析を根拠にして異議を唱えようとするものではない。「甘え」という言葉は臨床において、目の前の治療関係を過去の母子関係に照らしあわせて考えるときに、役立つ大切な言葉である。ただし、神話と昔話の分析に関する限り、主人公たちの受身的な「甘んじる」関係が際立つのは、対象の醜い側面について読者も主人公も積極的に目を蓋うからだと考える。目を蓋いたくなるのを動機づけているものは〈甘え〉や幻滅や分離の痛みだけではなく、主人公たちの〈醜いもの〉にたいするあからさまな対象嫌悪の拒否反応であるが、日常的な言葉ではこれがあまりとりあげられない。物語全体も主人公の軽卒な行動を戒めるような語り口で語られており、あくまでもその語り口に同調する読者は、主人公の悲劇の受身的な側面に注目することになる。このような受身的な対象希求が際立つところでは、下心のある好奇心に動機づけられた覗きや〈醜いもの〉を追放しようとする積極的な対象拒否などの、けっして受身的とはいえない傾向が、そこにあるのにかかわらず目も向けられないし、言語化もされていないという事実がある。

「見るなの禁止」は物語の主人公に同一化する語り手や読者に共有され、「目を蓋いたくなるような事実」や「目のやり場に困るような事実」は、主人公の精神世界から追放された女房たちとともに海のかなたにおきざりにされたままになっているのである。折口信夫は、われわれの異郷意識の歴史的な発生の過程に人間の心の憧れの要素を見出して、その鋭い直観により「異族結婚によく見る悲劇風結末」や「恐ろしい神の国」とのつながりを跡づけたが、今、その方向づけに視線を合わせて、海のかなたに目をやるならば、目を蓋いたくなるような国々が目にはいる。

『万葉集』などに歌われた「常世（トコヨ）」は不老不死の国であるが、これと古くは同一の海上他界である「根の国」は古代の死者の国である。さらに、根の国としばしば同一視される地下の死者の国は、「黄泉国」である。これらの死者の国は悪霊・邪鬼などの本源地とされ、陰惨で〈見にくいもの〉に満ちた暗黒の地なのである。黄泉国や根の国は、約束を破ったイザナギにその醜い姿を見られてしまったイザナミの住む国で、その子スサノヲが「妣（ハハ）の国」と呼んだ亡き母を訪ねようとしたのもこの国だった。

ところが、死者の国という古代人のイメージもひきうけていたはずの海上他界は、やがて海神（ワタツミ）の国として明るく華やいだ印象を与えるようになり、多くの「常世」や「根の国」についての民俗学的研究も「〈暗くて穢れた国の話を〉まったく素通りして、常世の国というのを海のかなたの楽土としてほとんど先験的に定立し、そこから論を出発している」と言われている。このことから、私たちは〈醜いもの〉を積極的に追放・隠蔽しようとするみずからの嫌悪感を意識にのぼらせるときの抵抗を自覚することができるだろう。国文学者・西郷は「根の国の方がワタツミの国よりいっそう古い原初的な姿を伝えている」[6]と述べているが、個体発生論的にもこの〈醜いもの〉を追放しようとする嫌悪感のほうが原初的なものかもしれない。もしそうなら神話の進行に従って、嫌悪感や恐怖とそれに対応する「死んだ母親」がイザナギによって隠された後に、〈甘え〉がアマテラスとともにその姿を際立たせるということになり、嫌悪感や拒否感情のほうはその醜い対象が追放されている限り体験されないという構造のもとで〈甘え〉の際立つ〈この国〉の視野の外に置かれるはずである。今では、この嫌悪感を露呈しないようにするための「見るなの禁止」によって、海上他界が「美しい夢」だけを育むようになっているが、そのことによる悲劇的結末は物語に描かれたとおりである。〈犯禁―離別〉の筋書に伴う苦痛、恐怖、脅かしのために、私たちは「美しい夢」しか語ろうとしないし、「美しい話」だけを話すようになったのだろう。ゆえに、〈甘え〉が特異な存在として許容されるわが国の言葉を病理学の素材にするのなら、それを受けいれてもらいたいという気持ちとともに、口にすることのできない「忌み言葉」としての死に関するもの（黒不浄）や女性の性に関するもの（赤不浄）もとりあげなければ「片手おち」だと思う。

　私たちは、〈この国〉の人間である父と、美女でありながら動物でもあるという二面性をもつ〈母の国〉の母とのあいだに生まれた子どもとして、気持ちの上のコンプレックスを多かれ少なかれもっているようである。そして、〈この国〉に生き残る私たちの多くは、この父に同一化しているため、その嫌悪感をとりあげるためには、〈この国〉の内なる父や母にたいする割り切れないコンプレックス（混成物）を解《ほぐ》してみなければならない。〈近親相姦〉を含む動物的（または本能的）な欲望を抑圧して無意識化すること、このことが〈この国〉、〈父の国〉、この人間社会に生き残るために課されているのである。そして、これに失敗するなら、私たちは〈母の国〉を慕って〈この国〉からさまよい出るか、父により〈この国〉から追放されるしかなく、そのとき、私たちは、この国の住人としての人間の名を剥奪される。しかし、いかに動物的で、実際に生物学的な過程であっても、無意識化するわけにはいかないものもある。そこで、互いに「見るなの禁止」を課すしかないのである。こうして、「見るなの禁止」は「きれいごと」「見て見ぬふり」「臭いものに蓋」「言わぬが花」などのさまざまな日常的な問題を、社会の政治から個人の神経症傾向のすべてのレベルで生んで、何物かの差別感情の共謀にまでつながっていくのである。なぜなら、幻想世界に隔離された〈母の国〉と目の前の現実としての〈この国〉を共有する人間は、その二重性のために、両者が同調する一体感と不一致による幻滅を繰り返し経験しながら成長し続けるからで、その精神過程は不断のものである。

（1）Benedict, R.『菊と刀』（長谷川松治訳）、社会思想社、一九七三
（2）Erikson, E.H.『幼児期と社会』（仁科弥生訳）、みすず書房、一九七七
（3）Freud, S.「不気味なもの」（高橋義孝訳）、『フロイト著作集3』人文書院、一九六九
（4）Freud, S.「本能とその運命」（小此木啓吾訳）、『フロイト著作集6』人文書院、一九七〇
（5）折口信夫「妣が国へ・常世へ」『折口信夫全集2』中央公論社、一九七五
（6）西郷信綱『古代人と夢』平凡社、一九七二
（7）関敬吾『昔話の歴史』至文堂、一九六六
（8）関敬吾『日本昔話大成第二巻』角川書店、一九七八
（9）谷川健一『神・人間・動物——伝承を生きる世界』平凡社、一九七五

第五章　押しつけられた罪悪感——「阿闍世」の矛盾*（注1）

Ⅰ　阿闍世物語の矛盾

私の指定討論のまず最初に、古澤先生の問題提起を受けて、精神分析の普遍的事実と日本人の個別性の狭間で、葛藤を生き、そして仏典をモデルにした解釈による解決を示されようとする小此木啓吾先生に、心からの敬意を表します。さらに、わずかな資料から驚くほど深い洞察を提示されたガンザレイン Ganzarain 先生には、心より感謝したいと思います。

さて私にとって、精神分析的研究における神話や昔話などの価値とは、人々が忘却しようとする無意識的事実を物語の筋としてあからさまに表現し、そして、ほぼ文字通りに描きながら、一方で、これが喩えにすぎないものとして広く人々に共有されていることを根拠にしてその普遍性を納得させる点にあると思います。そこで、原典にのっとって阿闍世物語を活用しようとするならば、それは三角関係を中心に据えた家族物語のひとつのヴァリエーションとして取り扱うことができます。父親殺害を行った阿闍世は、父親に親切な言葉をかけられて、気絶しており、表面的には、明らかに父親に対するコンプレックスが描かれているのです。そして、殺されながらも、これを許す父親の存在は注目すべきでしょう。

しかしながら、古澤・小此木によって語られている母親殺しの物語の多くの部分が広く共有されたものではなく、それをそのまま分析素材とする方法は、議論そのものを受け入れ難いものとするのではないでしょうか。にもかかわらず、このコンプレックスについて語る多くの人々が、母親を殺した阿闍世物語が実在するように感じているのも事実であり、そこでこの「母親殺し」の議論は、（現実には）殺してもいないのに殺したと言われるという性格をもちやすいようです。

ただし今は、古澤・小此木によって追加、修正された阿闍世物語、つまり、母親を殺しながら、その母親に許されるという物語を一応受け入れてみたいと思います。その上で改めてこれを読み、彼らの分析を理解しようとするとき、私にはいくつかの分からないことや納得できないことがあるのに気がつきます。これらの点を納得することができれば、古澤・小此木による追加、修正も理解できるものになると考えられますので、私はその分からないところを手がかりにして、本日の議論をすすめたいと思います。

第一に、古澤の言う「母を愛するが故に母を殺害せんとする欲望」のことです。普通憎いから殺したいというのが常識なのに、愛しているから殺したいという矛盾にはなかなか理解しがたいものがあります。

第二の矛盾は、子どもに殺された母親に子どもを救える力があるという矛盾です。どのような民族にも、良い子

＊初出は、精神分析研究、第三二巻二号、一九八八、一一七―一二三。

（注1）これは、一九八七年一〇月一六日に行われた日本精神分析学会教育研修セミナー「阿闍世コンプレックス」における討論であり、それゆえ質問という形式でいくつか発言がなされている。当日は、クライン学派の分析家ラモン・ガンザレインの「阿闍世コンプレックスに含まれる種々の罪悪感」、小此木啓吾の「阿闍世コンプレックスをどうとらえるか」のふたつの報告について討論したが、フロアとのディスカッションを含めて、すべての内容が雑誌「精神分析研究」に掲載されている。精神分析研究、第三二巻第二号、一九八八、九三―一三四。なお、古澤平作の「阿闍世コンプレックス」の論文と、それについての研究および解説は、小此木の編集による「現代のエスプリ」一四八号、一九七九年「精神分析・フロイト以後」によって手に入りやすい。それらにおいても取り上げられている阿闍世の原典と古澤の改訂版との間にある物語上の矛盾は、原典を分かりやすく解く定方晟著「阿闍世のすくい」に詳しい。この世の目も当てられぬ様に絶望して、浄土へ救われることを祈願する母親のおびただしい数の祈りと願いは、阿闍世の物語でしか手に入らぬものであろう。

を育てた良いお母さんには、良い子を救う力があることを説く物語はありますが、人を殺すような悪い子を育てた母親に子を救う力があるというのは大きな矛盾です。

第三は、子どもが母親を殺しておきながら許されるという大矛盾です。人殺しは罰せられるというのなら分かりますが、大悪人が許されるというのはどういうことでしょう。

常識では考えられないそれらの矛盾の根はひとつかもしれませんが、私はそれぞれ別に、納得するための解決策を考えてみたいと思います。

Ⅱ　愛するが故に殺すという矛盾について

第一の解決可能性「古澤の個人的問題」：さて、この第一の矛盾は、もともと古澤が原典の父親殺しを母親殺しに読み換えてしまったことに由来するのです。ゆえに、この読み換えが、古澤の個人的事情に大きく影響されて生まれた可能性があり、すでに古澤の同一化の問題が木田恵子さんによって報告されていますし(1)、小此木による適切な指摘で、古澤の個人的事情がこれまで以上に理解できるようになりました(注2)。

第二の可能性「精神病者の病理学」：古澤の原論文に明記されている通り、この阿闍世コンプレックスは精神病者を理解するために生まれており、そこで常識とはあいいれない一次過程の思考が定式化されるのも当然でしょう。

第三の可能性「口愛サディズム」：原初的な愛は残酷で貪欲であり、赤ん坊の愛が怒りの感情を含むものであることは、クライン M. Klein によって指摘されています。

しかしながら、以上三つの解決は、阿闍世の病理の理解を実に、個人的、精神病的、原初的にします。これでは、とうてい小此木先生が「日本人のコンプレックス」と言われるほどまでの地域的広がりをもたなくなると思いますが、同時に、精神病者の精神病理として日本文化を超える普遍性を獲得する可能性はあります。

第四の可能性「アンビヴァレンツ」：しかし、小此木先生は第四の解決を提示されたように思います。つまり、先生は、思春期の患者を引用して、「母親から離れるときに母親を殺そうとしても、結局は殺し切れなくてアンビヴァレンツに耐えながら再び発達を遂げていく」という風に読まれています。こうなると親を恨みのために殺したくて殺そうと思ったのだが結局は「愛していたので殺せない」ということになり、「愛しているから殺したい」という矛盾と倒錯は問題ではなくなります。

しかしこのような解決では、母親を愛していたから殺すという古澤の発言そのものが宙に浮き、一体何が阿闍世コンプレックスの中核を占めるものなのかが不明になって、この概念が非常に使いにくいものとはならないでしょうか。つまり、今日報告されたような、「抑うつポジション(注3)を通過しているような、あるいはかなりエディプス的な段階の発達水準に達している患者」と精神病者が同じコンプレックスを共有すると考えることには、無理があるように思えるのです。(注4)

Ⅲ　子に殺された母親が子を救えるという矛盾

一方、日本神話にも、母親の献身によって死にかけた子が救われる物語が存在しています。鮫によって重傷を負

(注2)　小此木は、阿闍世の母との古澤の同一化を指摘して、マゾキスティックな全能の母親を美化する傾向を見出している。
(注3)　ここでクラインの「抑うつポジション depressive position」の定義のひとつを掲げておこう。「対象に向かう憎しみと愛との合流は、特に痛烈な悲しみを生じるが、これをクラインは抑うつ不安（それとも〝思慕の念 pining〟）と呼んだ。これが対象へのアンビヴァレントな感情に由来する罪のもっとも早期のもっとも苦悩に満ちた形を示すのである」Hinshelwood, R. D.: A Dictionary of Kleinian Thought. Free Association Books: London, 1989.
(注4)　これについての小此木啓吾の答えは、エディプス・コンプレックスの議論でも、発達早期のエディプスを考えるときにも、また神経症水準のモデルとしても使用されているのではないか、というものであった。

わされた白兎を救ったことで有名な大国主の神は、兄弟からの迫害によって焼け死んでいますが、そのとき母親が登場し、死者の蘇生を司る神の協力を得て、火傷の薬を「母乳」として塗ったところ生きかえります。その後、大国主は再び殺されるのですが、泣きながらこれを探す母によって見つけ出され、再生します。

阿闍世物語で殺された母親の献身によって病気の阿闍世が救われるというのは小此木の追加ですが、古澤と小此木が修正する前の阿闍世原典では母親の献身によって病気の阿闍世は救われません。阿闍世原典では、子どもに殺されかけるような母親だからこそ、子どもが大犯罪を犯すのであり、そのような母親には病気の子どもは救えない、それゆえにシャカの救済を頼まねばならないことが強調されているのです。一方、大国主の神の場合は、良い行ないをする子どもを育てた良い母親であるからこそ、死にかけた子どもを救えるわけです。そこで、子どもに殺されかけるような傷つきやすい母に子を救える力があるという物語が、大きな矛盾を孕むことが分かるでしょう。

そこで第五の解決可能性です。「母親による子殺し」：小此木とガンザレインの両先生が示される通り、母親の子殺しと阿闍世の親殺しとは対になっています。そして、阿闍世の母親は誕生したばかりの子を殺そうとしており、この母は子を殺そうとしたからその子に殺されたのだと納得できるのです。つまり、この母殺しは、彼女の育児により動機づけられた子の復讐劇だというわけです。しかし、子に殺意はあるにしても、原典では殺されてはいないにもかかわらず、簡単に母親が殺されたとされるとは、どういうことなのでしょうか。

第六の可能性「献身的母親の傷つきやすさ」：この点についての解決のひとつは、ガンザレイン先生に引用してもらった論文（注5）の結論を繰り返すことになります。すなわち「見るなの禁止」の物語に見られるように、献身的な母は子どもに対して献身的であればあるほど、育児に巻きこまれ、その子の攻撃によって傷つきやすいというものです。「鶴女房」や『夕鶴』の女性主人公は献身的であると同時に傷つきやすく、自分の要求で相手を傷つけていたことを知らない男性主人公たちは、献身的な女性の課す「見るなの禁止」を破ることで、突然そこに「傷ついた動物」を見るのです。

臨床的にも、「献身的ではあるが傷つきやすい母親」の問題にしばしば直面します。たとえば、現在治療しているうつ病の中年の女性患者が語る母親は、「何でもしてあげる」と言いながらも患者の悩みを聞いて異常に心配するために、患者は自分のことを何も言えずにいました。そのために、彼女は、確かに献身的だが傷つきやすい母親に対して、心的な痛みと抑うつを抱え込みながらも「母親を心配させるのだけはいや」であり「母親の世話にだけはなりたくない」ので「顔で笑って心で泣いて」という性格を作ってしまったようです。そして、この「傷つきやすい母親」たちは、小此木の言う「日本人のマゾヒズム」のために傷つきやすいことを性格の一部にしている場合もあると思います。また、かつて症例報告で示したように、(3)実際に母親が病気でそのために傷つきやすいこともあるでしょう。

また、精神療法を行なった例ではありませんが、私の治療したある女性の母親は、娘がボーイフレンドと肉体的関係をもったことを知り、目の前で死んでやると言って首をつりかけて、それ以来娘は「母親には何も言うまい」と思ったそうです。一週間前に初診を行なった患者は、「そんなことをすると、お袋が寝込むよ」という兄たちの脅かしのために自立できず、一方で放浪願望を抱いて定職につけないようでした。

私には、臨床的に繰り返し登場するこの「献身的ではあるが傷つきやすい母親」の姿が、「殺されるが、同時に献身的で寛大である母親」という阿闍世の母親イメージに近いような気がします。このような母親が言う台詞として、「私のお腹を傷めて生んだ子」というのがありますが、このような傷つきやすさと献身の併存が、患者たちを悩ませているのです。

ふつうの献身的なお母さんが破壊されながらも生き残ることを強調したウィニコット Winnicott(2)によれば、発達早期は「無慈悲の時代 pre-ruth era」なのですが、ここでは母親をいくら破壊しても、罪悪感はおろか、母親殺し

（注5）KITAYAMA, O.: Pre-Oedipal "Taboo" in Japanese Folk Tragedies. International Review, Vol. 12, Part2 (1985), pp. 173-186. 一部は『増補・悲劇の発生論』（金剛出版、一九八八）に日本語訳が掲載されている。本書第三章。

は生まれようがありません。そこでは、赤ん坊は罪悪感なく対象を破壊できるのであり、外的には母親は生き残るのです。そして、母親が無邪気な攻撃性によって傷つきやすいために生じる罪悪感は「偽りの罪悪感 false guilt」であり、それに由来する「偽りの償い false reparation」では真の抑うつポジションを通過させないでしょう。ガンザレイン先生は、「罪の共有」で私のいうような「押しつけられた罪悪感 forced guilt」に触れておられるのだと思います。こういう患者の「個」の確立を目指す治療では、傷つきやすい母親や脆弱な環境によって押しつけられた罪悪感と、内発的罪悪感を区別し、母親の傷つきやすさは母親自身の問題であって、患者の側だけの問題ではないという理解を治療者が示すことも必要でしょう。彼等はときに母親の傷つきやすさに悩んでいるのであり、自分の罪悪感に悩んでいるのではないのです。(3)

そして、このような「おもいっきり怒りをぶつけたかったのに、お母さんが傷つきやすかったので、それを差し控えてしまった」という解釈は許しではなく、たとえ母親のものであっても父性的な判断であり、本日の小此木啓吾の論文によればオレステスの世界に属すのでしょう。ただし、私たちの場合はクラインとはちがって、早期の欲求に無邪気さ(注6)を認め、傷つきやすいことを知らないで傷つける可能性のある乳児の愛と貪欲を容認することになります。

そこで、臨床で私は、母親殺しについての罪悪感が問題になるとき、「押しつけられた罪悪感」として分析される部分が多いように思うのです。そして、古澤先生や小此木先生の言う「もうひとつの罪悪感」が偽りでも、押しつけられたものでもなく、真に「自発的」なのであれば「本当の罪悪感」としてもっと明確になる感情のように思うのです。本日の発表のなかで、K子ちゃんが治療者に「お母さんをよろしく」と言ったのは、その子は母の傷つきを父にまかせたと理解できるものであり、それで私はほっとしました。(注7)

第七の可能性「原光景と父親の不在」:両先生とも、「見るなの禁止」によって見ることが禁止されていたものとは原光景であると示唆されています。小此木先生が示された症例Aや症例Kの治療で、両親の性生活や出生の秘密の問題が際立つのは、それが不自然に隠されていて、「見るなの禁止」によってよく分からないものとなっているからでしょう。さらに、A君の場合母親はお妾さんであり、K子の場合は私生児として生まれ、両者ともある期間は父親のいない状況に置かれておりへ同時に母親も夫のいない状況に置かれているのです。また、この父親不在については、Ritz先生の指摘があるそうですが、重大な問題であると私も思います。

また、性交中の両親像とは、「見るなの禁止」によってそれが子どもに分かりにくくなっているというだけではなく、行為中の両親がともに無防備であることを意味します。エディプスの発達段階論を採用するならば、父親が不在で、エディパルな嫉妬も、プレエディパルな怒りもすべて引き受けねばならない母親は、その無防備な「一糸まとわぬ」姿において傷つきやすく、ここを攻撃されるならば殺されやすいのではないでしょうか。時間がないので、すでにある概念を使うならば、阿闍世コンプレックスにおける母親とは、陰性エディプス・コンプレックスと抑うつポジション通過の困難を、同時に体験させるものとなるのでしょう。

Ⅳ　母親を殺した者が救われるという矛盾

我が国には、私たちの神々や国々を次々と産んだ母神が、その出産による外傷のために死んでしまうという話があります。死因は病死ですが、恩着せがましい言い方をすれば、私たちの国は母親を殺して生れてきたのであり、実際に母体の安全が保証されていなかった古代の出産では、母親の多くが傷つき、または亡くなったのでしょう。（注8）

（注6）つまり、「ケガレを知らない」という意味で、ケガレ（一種の罪）が棚上げ、先のばしになっているわけである。クラインの言葉で言うなら、償い（reparation）の能力が育つのを待たねばならない。

（注7）このK子の治療経過は、別の論文に詳しい。皆川邦直、中村留貴子、小此木啓吾：転換症状を呈した前青春期境界例女児——その入院治療チームアプローチから、精神分析研究、第二五巻一号、一九八一、一九—三一。

この、私たちを産んで去っていった母親に対する割り切れない気持ち(注9)がハライやキヨメを動機づけ、この儀礼が皇室を頂点とした管理のための仕掛けとして政治的に利用されたこともあります。(4)

このように、物語の分析とはそれを共有する人々の使い方を無視することのできないものであり、エディプス、オレスティア、ハムレットなどのように一般大衆に受け入れられた劇であるならば内容分析に徹することが正当化されるのかもしれませんが、宗教的文献はどう解釈してもらってもいいというようなものではないでしょう。

阿闍世物語に関して、母親が殺された話が共有されたことはないと言いましたが、我が国で人々に広く受け入れられたと言えるのは、阿闍世物語というよりも、これを活用する浄土教、つまり仏教のほうです。この浄土教が、親を殺すような悪者も救われると説いていることを意識するとき、私も阿闍世物語における「罪作り」の構造を私なりに解釈してみたくなります。

第八の可能性「絶望と救いの相互補完関係」：小此木先生が引用される『観無量寿経』という浄土教仏典では、阿闍世の殺意や悪行は、これに絶望する母親を浄土へ向かうように動機づけるための契機として機能しているのです。ゆえに、この阿闍世物語を動かすものとして、人間の「罪」としての汚さを強調し、この世の醜さに絶望した上で、浄化された国を求めるという、「浄土教的絶望」(梅原猛(5))と「浄化」の論理の相互補完関係こそが分析されねばならないことになります。この母親の絶望とは『観無量寿経』から引用しますと、次のようなものです。

「汚濁と悪に満ちたこの世に居ることをわたくしは願いませぬ。……願わくは太陽であるブッダよ、わたくしに清らかな行ないのある世界を観せて下さいますように。(6)」

この願いは、不潔恐怖を訴える患者の訴えとそっくりで、K子の母親の性が汚いものであるという考えにも現れています。

阿闍世物語はここで、世界を汚いものと清らかなものとに分けて、この世を醜いものとして否定して浄土を理想化し、自力ではその統合が不可能であるという不潔恐怖的な思考の絶望を教える物語として使われているわけです。

浄土に対して現世は「穢土」と呼ばれることがありますが、浄土教におけるこのような不浄観のなかでこそ、浄土での救いが一層際立つように思われます。

さらに、『教行信証』(7)や『涅槃経』(8)では、阿闍世は地獄に落ちる恐怖を訴えて、苦しんでいます。この恐怖についての考察を進めるために、ひとつの試みとして、非常に単純化された図式で、その複雑な教義ではなく、民衆の体験水準における浄土と穢土、そして地獄の位置関係を示します。

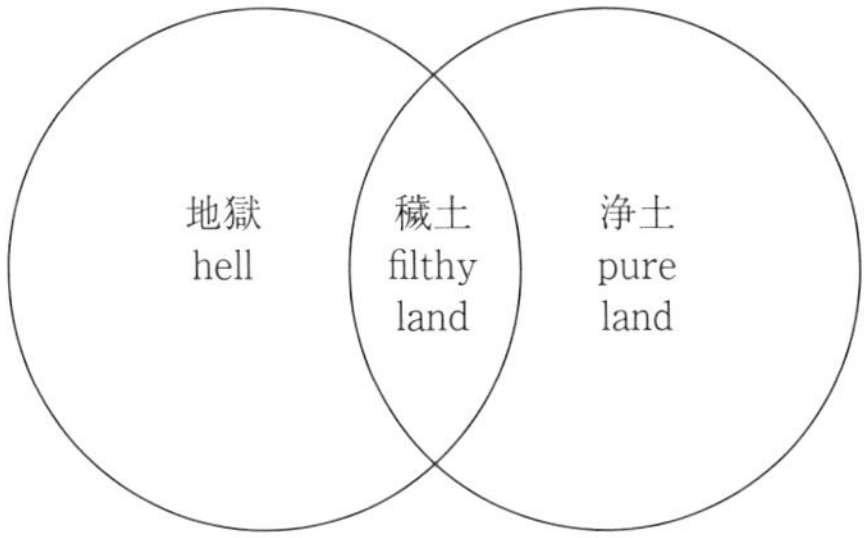

図1

この図式（図1）では穢土の位置づけが実に中間的で不安定であるために、美と醜、悪と善、生と死の秩序が混乱しやすく、浄土教的絶望を構成する不浄感や無常感がはびこりやすくなる基盤がよくわかります。当時の仏教者は世の中を「末法五濁の悪世」としてとらえていますが、この世の濁ったものの浄化を宗教的目標とする傾向は、浄土教が我が国に持ちこんだものではなく、日本の神道の不浄観にもあったものです。それゆえ、中国ではさほど広まらなかった浄土教が、我が国に受け入れられやすかったのだと言えるわけです。

（注8）われわれは、赤ん坊がいれば、そこに母親がいてほど良い育児を当然のものとしやすい。しかし、育児の歴史をひもとけば、この現代にあふれている子供中心の育児は実に最近になって広く手に入りやすいものとなったことが分かるのである。「ほど良い」育児は、母子ともに比較的健康であること、その母子を抱える環境が比較的安定していることを最低限の条件としている。「抱える環境」が当然視できるまでは、母子の不健康や病理、不慮の事故、環境変化、戦争などで母性の発揮はいつも中断され、子捨て、子殺しなどが発生しやすかった。今でも事故などが突然あって援助を受けられないと、発達早期の母子一体状態は簡単に壊れかけるのである。

（注9）つまり、「見るなの禁止」を破って死んだ母神に突然直面することから「汚い」「醜い」を体験した父神イザナギが、これを取り扱えないためにミソギを開始している。これが「われわれの父」である「天皇」たちが抱え込んだ神経症であり、もてあまされたこの汚さ、醜さがわれわれの間でケガレをとおして伝えられ、恥としてやりとりされ、ときに押し付けられる罪感情となるのではなかろうか（拙著『悲劇の発生論』）。

極めて単純に図示されたこの浄土観念では、浄土教の論理が当り前のように、図で言うと左から右へ流れています。つまり、この論理では、浄土における許しや救いの必要性を認めさせるために、目の前にある不浄さが強調されねばなりません。さらに、「汚く醜い穢土」と、「すべて許される浄土」を強調しますと、どうしても欠落しやすいのが、左端の地獄の問題であることが明らかでしょう。

第九の可能性「地獄恐怖」：ガンザレイン先生が論文の最後で、日本人の「村八分」とダイヴァダッタが地獄に落ちたことを、すべてが許されることに対置させて強調しておられるのは当を得たものであると思われます。この種の恐怖が、仏教におけるシャカによる無償の愛へと人々を向かわせるに十分なものです。我が国で「甘え」に代表される相互依存が際立つのは、例えば母親たちが子どもを叱りつけるときによく言った「私の生んだ子ではない」「そんなことをする子は、母さんは知りません」「うちの子ではない」というような分離の脅かしがあるからだとも私は論じたことがあります。(9) また、私たちは幼い頃、「嘘をつくとエンマ様に舌を抜かれる」とよく言われたものです。「言うことをきかない悪い子は地獄におちる」というのは、「目には目を」のタリオンの原理に似た脅かしであり、とくに、これらの威しが日本的であることはないと思います。阿闍世には自分の罪に対する否認や正当化が存在せず、むしろ積極的に地獄に落ちることの正当性を認めていると強調されることがありますが、想像を絶する地獄恐怖が実は言わずもがなのものとして共有されていることが十分に考えられるのです。(注10)

仏教がこのような恐怖を媒介にして人々を信仰に導いたことは、長きにわたって批判されてきたことです。極楽浄土と比べて、この仏教における地獄観念の伝達において重要なのは、ほとんど言葉では伝えられないことであり、例えば地獄絵による「絵解き」によって伝えられました。さらに、日本の地獄絵は嗜虐的で、西洋の場合と比べて「非常に発達し、しかも残酷な場面が多い」と、仏教思想に詳しい中村元(10)が証言していますし、日本の地獄絵が残酷である理由は、「仏の慈悲にすがって救われること」を強調するためであると解説しています。こうして、「母を殺そうとして、母に許され、母親との一体感を回復する」という古澤・小此木の公式を決定する要因のひとつとして、「地獄に落ちるぞ」という脅かしが仏教そのものにあり、これによる恐怖が仏の許しにすがりつかせているのではないかという可能性が成立するのです。

そこで、もし私にも、古澤・小此木版阿闍世物語への修正追加を許してもらえるならば、シャカは、つまり母親は、「これほどまでに許してあげようというのに、言うことを聞かないなら、お前を地獄に落としてやる」と非言語的に阿闍世に伝えていたということになります。そして、どこかで伝えられながらも一般には見ることが禁止されるのは、決して許されない世界なのです。今では滅多に見ることのない地獄絵の解説を紹介しておきたいと思います。

「殺生戒を犯した比丘たちが、まないたの上で切り刻まれて、最後に砂のごとくになる。が、鬼が〝活々（かつかつ）〟と唱えると、粉々になった肉片が次第に集まって、もとの形に生まれ変わる。と再び切りさいなまれるのである。」(「餓鬼草紙・地獄草紙・病草紙・九相詩絵巻」[11])

このような世界を視野に入れてこそ、阿闍世の病理学は、より完成されたものとなるのではないでしょうか。

V　さいごに

鈴木大拙[12]は「此の土が穢土だから、往って彼の土で浄き生活ができる、〝さあ往こう〟というのは、浄土教の本

（注10）日本の仏教が、罰ではなくむしろ慈悲によって道徳感情を伝えるというが果たしてそうか。イザナギが「見るなの禁止」で覗き込んだのが黄泉の国で、このイメージが地獄思想に重なっているとすれば、地獄とは死んだ母親によって支配されていることになり、これが隠されるというのが「見るなの禁止」である。ところが、実際は見えているのに、見たことを口にすることが禁止されている「言うなの禁止」「口にするなの禁止」（『悲劇の発生論』）である場合もある。これを見せつけられて口にできないことに苦しむ人達と出会うとき、われわれ治療者がこれらのことを言葉にして治療することが健康のために必要で有効であることを知って、ここにこうして治療の外でも、治療者の心の準備のために言葉にするのである。

旨ではない」と言います。それに比すれば、私の浄土教理解は、いかにも安易で子どもっぽいものだと言われるかもしれません。しかし、われわれは「子どもっぽい」心の動きを研究するもので、私の単純な理解にも真実が含まれているだろうと思います。

私事に触れますが、実は子ども時代、私は京都に育ちました。私が育った場所は、西本願寺と東本願寺のちょうど真中にありました。とくに西本願寺は私の子ども時代の遊び場であり、今回、この西本願寺が、親鸞がひらいた浄土真宗の本山であることを思い出し、その意味では仏教にも縁が深いと感じました。

当時の思い出のなかで今回の話と関係があるのは、お寺で体験したある種の恐怖のことです。子ども時代のわれわれにとって、昼間の寺は、鳩が集まり、本当に許しと平和に溢れた場所でしたが、ところが、これが夕暮れになると途端にいたたまれない場所になるのです。子どもたちは、夕暮れになるとあわてて家まで走ったもので、それが夜になると寺に閉じこめられてしまうという恐怖だろうと意識していましたが、なかなか言葉にはできませんでした。

私が、あの子ども時代に本願寺で感じた恐怖は、地獄恐怖だろうと、今言葉にできてほっとしている次第ですが、こんなことを言うと地獄に落ちるのかもしれませんし、こんな私でも許されるとも書かれていますので、実に複雑な気分なのです。

このようなこともあって、私は最近まで「母を愛するが故に母を殺害せんとする欲望傾向」という表現の矛盾が飲み込めませんでしたし、「許されて体験する自発的罪悪感」というものがよく分かりませんでした。(注11) その結果が、本論で述べた「矛盾の解決」となったわけです。しかし、大いなる力に対して自力では何もできない恥を自覚し、絶対的に他力で生きることを思うという境地が、親鸞によって示され、多くの宗教家や哲学者もその真実を説いてきたことを私は知っています。

「もうひとつの罪悪感」を知的に納得するのは、ガンザレイン先生の指摘するように「皆悪いのだから誰も悪くない」という混乱による「罪の共有」であるということになるのかもしれません。しかしながら、矛盾したままこれをこなすという法もあるようです。「身は此土に在れども心は浄土に遊ぶなり」(親鸞)というような論理的に矛盾する言葉をきくとき、彼らはわれわれの知性化された言葉の挫折する境地を指し示そうとしているとも考えられるのです。それでは、殺されたのが母親で、子の病を母親が救うことができたという、古澤や小此木啓吾による追加や読み換えによる「矛盾」は、その受容という点からみて、どこに価値があるのでしょう。

古澤の阿闍世論が、解釈はあっても解釈されている素材がどこにあるのか不明のままにしているという、非実証主義的態度をもっと積極的に評価すべきなのかもしれません。論文らしいものはほとんど書かなかった古澤が、学問上の会話も、「きわめて直感的で、論理的系統的というより比喩的、暗示的な語りが多かった」(小此木)と言われています。この古澤の語り方に日本語の曖昧さを活用する様子を私は見るのです。論文の最後のところで、古澤は、「分裂強迫神経症患者」の治療と、親鸞の教えとを並列させて書いていますが、その治療内容は具体的に詳しく書かれていません。私は、これが彼の論文の書き方とその内容に垣間見られた、技法的に有効な対抗言語(counter speech)の一つのように思われます。(注12)(4)

最後に、本日、小此木啓吾先生が阿闍世コンプレックスを、主に原光景と両親間の関係に対する子どもの怒りと結び付けて語られたことを喜びたいと思います。なぜなら、これにより少し曖昧であった概念がさらに明確になり、

(注11)矛盾にこだわり、これを簡単には飲み込まないが、それを消化するとき問題の解決が生まれる。
(注12)つまり、強迫症の思考は曖昧さを許さないところがあって、その四角四面の堅苦しい話に対して曖昧で比喩的な話が生まれるとき、後者を対抗言語という。治療者は一方の患者の話し方から排除された話し方をもって患者の話に対抗させ、かみ合わすことが治療的であるときがある。ナルシシスティックでお高い話には、「刑事コロンボ」のような下から出る話がそうである。また分裂病者の話に対して、この受け皿となる話は哲学的であることが多い。だから逆に言うと、話がとんだり一貫しない「ヒステリー」や「境界例」と言われる人達の話には、まじめで筋の通った堅い話が向いていると言えるだろう。

臨床、とくに家族療法における活用が、今後期待されるからです。

(この指定討論はガンザレイン先生のために英訳されており、その際の協同翻訳者である早稲田大学大学院ボマール・フランセスさんとかわした議論は、私を大いに力づけるものであった。ここに謝意を表したい。)

文献

(1) 木田恵子「古澤平作『罪悪意識の二種』について」『現代のエスプリ二五(母親)』至文堂、一九七七
(2) Winnicott, D.W.: Through Paediatrics to Psycho-Analysis. 北山修監訳『小児医学から児童分析へ』岩崎学術出版社、一九八八
(3) 北山修「同性愛的な強迫観念をもった女性症例」『季刊精神療法』六巻一五四頁、一九八〇
(4) 北山修『心の消化と排出——文字通りの体験が比喩になる過程』創元社、一九八八
(5) 梅原猛『美と宗教の発見』講談社、一九七六
(6) 中村元ら(訳注)『浄土三部教(下)』岩波書店(文庫)、一九六四
(7) 親鸞『教行信証(金子大栄校訂)』岩波書店(文庫)、一九五七
(8) 定方晟『阿闍世のすくい』人文書院、一九八四
(9) 北山修『悲劇の発生論』金剛出版、一九七二
(10) 中村元『往生要集』岩波書店、一九八三
(11) 小林茂美(編)『餓鬼草紙・地獄草紙・病草紙・九相詩絵巻　日本の絵巻7』中央公論社
(12) 鈴木大拙『日本的霊性』岩波書店(文庫)、一九七二

第六章　「見えないこと」について＊

Ⅰ　はじめに

精神分析学に基づいた面接では、過去から繰り返す台本を読み取ることが仕事となる。幼児期における濃厚なやりとりの中で経験した、親などの重要な他者との関係を、その後も相手役を変えながら繰り返す、その反復を取り出す際に、文化的に共有する物語が実に参考になるのである。だから私たちは、仏典や神話、そして民話、昔話に関心を抱くのであり、そこには、人々の反復する個性的な台本が、多くの人々の心を通過するうちに純化されて、共有される言葉で描き込まれており、今でも自分のことを考える際に役立つというわけである。

その中でも阿闍世コンプレックスについては深い関心があり、私も何回かこれを論じてきた。新しく何かを書くにあたり重複を避けることは無理なことだと思うが、古澤平作という治療者の個人的な事情に少しでも触れることがあるとすれば、それは初めてのことである。ただし、それは私自身のものと共通する「見えない空間」や「見にくい領域」の問題であり、それを受容し生かすという課題なのである。

＊初出は『阿闍世コンプレックス』創元社、二〇〇一。

始めるにあたり一点留意願いたいのは、本文の記述で「見る」という視覚的体験を記述する動詞が頻繁に出てくることである。たとえ視覚的なことを直接言っていなくとも、面倒をみる、面倒をみられるというような場合、これは体験の視覚性を語るものである。かつて私は、「愛しい」という愛情の発生の際に「見てられない」という視覚的な苦痛が動機となることを示唆したが、相手の面倒をみることは、こちらの視覚的に放っておけないという苦痛と関係が深いことがある（北山、二〇〇一）。日本文化とは見ることを重視する文化であることをフリーマン（Freeman, D.）は指摘しているが、この文化を享受する限り、何人もこのような日本文化の影響から逃れることは難しいだろう。文化とはフロイトが言うように居心地の悪いものではあるが、居場所を得て愛されて生きるための方法を示すものだからこそ、文化的な方向づけに依存してそれに左右されやすい性格傾向や側面というものがあるのだ。

Ⅱ　「見るなの禁止」とは

1　自虐的世話役

最初に、私たちの共有するイメージの中から、多くを動かす心的混合体（コンプレックス）としての「自虐的世話役」を提示する。その際、文化遺産は大きな資料としての役割を果たすことになるが、これを臨床現象と結びつけて考えるとき、私が悲劇に特に注目するのは、物語が広く民衆に共有されているからだけでなく、臨床で問題になる悲劇的過程をも映し出すからである（北山、一九八二など）。基本的な悲劇の台本、あるいは筋書きのひとつとして、『夕鶴』という物語に登場する〈つう〉のような生き方がある。その生き方を特徴とする一群の人々を、ときに「自虐的世話役 masochistic caretaker」と呼んでいる私は、その主たる特徴として次のような三つの事柄を挙げてきた。

第一には面倒みがいいことである。第二に、自分の面倒を上手にみてもらえないことである。第三は、自らを痛めつける自虐性である。この傾向は進むと快感や満足を伴うようになり、粉骨砕身が必要とされて、献身的に、歯を食いしばり、苦労や無理をすることが生き甲斐を伴って生きる目的となる。これが社会的に文化的に、あるいは家族的に期待され、状況が固定すると、自虐的世話役が愛を得て生き残る方法となる。

物語の女性主人公のように、その良い面は愛され美化・理想化されるので、これが弱者が自らの弱さを生かしながら居場所を得て適応するための確実な手段となりやすい。逆に言うなら、自らの傷つきを通して周囲に罪悪感を生み出すことにより周りをコントロールできる可能性があり、大抵これは意識されていない過程であって、苦痛が「二次的な利得」につながっているとは本人にも簡単には認められないだろう。

2　二者関係の物語

治療では、この生き方の背後にあると想定される、弱くて傷ついた「本当の自分」は、役割を奪われて不用意に暴露されると恥の不安とともに退去するという、「見るなの禁止」の物語通りの悲劇的結末もある。秘められた本当の自己とは、すでに自己愛的な深い傷つきや精神病的な解体を蒙っている可能性があり、空気に触れるだけで想像を絶するような結末が起きることが予想されるケースもある。

このような理解の下敷きになっている神話や民話では、人間男性と、ときに動物が正体である女性との結婚と別離が物語の中心であり、女性には豊かな生産力と見ることを禁止する秘密があり、彼女はこれを隠すため男に「見るなの禁止」に従うよう要求する。しかし、夫はその禁止を破って秘密を見てしまい、幻滅が起きて、二人が別れることで話は終わる。これらの物語は、ほとんど男女の二人だけで話は進行しており、私は二者関係の展開として理解できると考えて、女性主人公は母親的に描かれ、隠された傷つきや死は主人公の貪欲な要求に応じる母親像の献身の結果であると解釈した。それはまさに子が成長するに従って母子の幻想的一体関係が崩れ、母親に対する幻滅が生じる過程であり、「見るなの禁止」とは、母親の「見にくい（醜い）」姿に直面することから生じる葛藤や苦痛について、それを見るという経験や直面を回避させていることになる。

このような「見るなの禁止」を中心的な転回点にする物語は我が国には多いが、現代人は神話を読むことは少なく、国語教育から排除された神話よりも、「鶴の恩返し」または「鶴女房」と呼ばれる民話や昔話のほうに親しみを感じている。これは木下順二の再創作によって〈つう〉と〈与ひょう〉の物語としても有名である。「鶴女房」の古い形は「蛇女房」であったと言われ、見ることが禁じられた秘密とは、「鶴女房」では反物を織るために羽を抜く姿だが、「蛇女房」ではその自己犠牲に相当するものとして、多くが子を育てるために両眼を差し出す。子はこの目の玉をなめて成長することになるが、この二個の眼球が授乳を行う母親の乳房の象徴であって、それを貪欲な子が要求し、それに応じて母が与え続けるのは確かに危険なものであると思う。

目をくりぬいて差し出すというイメージには、実は「血みどろの眼球」「血みどろの乳房」という残酷さや醜さという視覚的印象が伴い、このような話が共有されているところを知って諸外国で驚かれることがある。しかし私は、いかに私たちが貪欲かを思い知るという、普遍的なテーマを語る物語になっていると思う。

3　二者関係の幻滅論

さて、理論的に言うなら、このような母親との対象関係の分裂と統合の困難に関わる罪悪感の心理学は、対象関係論、とくにメラニー・クライン（Klein, M.）の抑うつポジションの記述に詳しい。ただし、このような原初の対象との自己愛的な関係に幻滅するところを初めて本格的に記述したのはカール・アブラハム（Abraham, K.）だと思う。早期の口唇期における乳児にアンビヴァレンツであるところを見出して、対象の裏切りによる幻滅（Enttaushungen）とその結果としての抑うつ状態を記述し、これを成人してからも反復することを観察している。彼によれば、メランコリー症者の五つの要因を次のように挙げている。

(a)体質的要因
(b)口唇期発達段階におけるリビドーの格別な固着
(c)遭遇した愛の幻滅による小児の自己愛の重い毀損
(d)エディプス願望を克服する前に現れる最初の大きな愛の幻滅
(e)一般的な愛の幻滅をその後の生活において繰り返すこと

実は、これが精神分析における本格的幻滅論として読めるようになったのは、下坂幸三による邦訳のおかげである。因に、私は最初アブラハムの論文を英訳で読んでいて、最初はこの部分が"dissapointment"になっているので幻滅のこととは思わなかったが、下坂が日本語では幻滅として訳しているのでその点が理解しやすくなった。クラインの抑うつポジションに伴う幻滅の先駆けとして評価されるべきであり、参考にしてもらいたい。つまり、エディプス・コンプレックスの三角関係以前の二者関係（母子関係）において、すでに抑うつ的な幻滅のあることが知られていたわけである。

しかしこの幻滅体験を、罪意識と償いの発生に結びつけたのはクラインの功績である。引用しよう。彼女によれば、赤ん坊のとき母の乳房を求め満足しながら、「攻撃的な空想の中では、赤ん坊は母親とその乳房とを咬み切り引き裂き、そしてほかの方法で母親を破壊したいとも願っているのである」。そして、この矛盾した対象関係の両面性を認識するとき幻滅は起こる。愛する人に対して残酷な憎しみの衝動を自らの内に発見するとき、私たちは罪悪感を体験し、償いの機会を求めるようになる。例えば、娘が母親になることは、我が子を償いの対象として同一視して、過去の関係をやり直す機会となる。

罪悪感と密に結びつき、そして母親は償いを行うようになるのである。しかしながら、もし罪悪感が強すぎると、この同一視は子どもにとってきわめて不利益となる完全に自己犠牲的な態度を導くことになる。……母親の過度の甘やかしは、罪悪感を増加させやすく、また、子どもが償いをしたり他の人のために犠牲になったり他人に真の思い遣りを発展させたりする、子ども自身の機会を奪うことになる。

クラインはここで環境側の問題を取り上げており、〈つう〉のように自己犠牲を貫いて幻滅の瞬間に消える「愛の対象」は、償いの機会を奪い取り、むしろ罪悪感を深めることになる。ゆえに、対象（母親）は子の攻撃や幻滅に対して、深く傷つかず、何よりも生き残ることが大事となる。

Ⅲ　阿闍世コンプレックスにおける「見るなの禁止」

1　阿闍世の幻滅

ここで、「見るなの禁止」の物語と古澤・小此木版の阿闍世物語との接点を考えてみたい。第一に、理想化された母親のそれと相反する一面に直面して、それまでの一体感が急激に幻滅するところである。「見るなの禁止」の場合は、母親像を具現する女性の献身的な世話の背後にある傷つきや動物性が、「阿闍世」の場合は母親との一体感を壊す裏切りが、急激にそれまでの良い関係を壊すことになる。

小此木は阿闍世の幻滅体験を、『瞼の母』（長谷川伸）との共通点から、このような母子関係を次のような段階論にしている。

この母子体験には、まず第一に、（母なるもの）＝理想化された母親像との一体感と、この一体感を母に求める（甘え）（土居）がある。第二に、母との一体感が幻想であったという幻滅とともに、はげしい怨みがわく。自分が生きるため、夫への愛のためには、子どもさえも棄てたり殺したりしかねない母。それが母の正体だったのか。〈なぜ母は、自分のためだけのものでないのか〉〈なぜ母は、母である前に一人の女にすぎないのか〉〈なぜ心から祝福して自分を産んでくれなかったのか〉。しかし第三に、〈母なるもの〉を取り戻したその母は、怨みを向けた息子をゆるし、息子もまた、母の苦悩を理解することができるようになる。つまり、この怨みからゆるしへという、お互いの罪とお互いのゆるしの相互作用がみられる。

幻滅の契機が、阿闍世の場合は三者関係の面では父親との性的な「つながり」であり、二者関係の面では対象の性的側面という正体であり、これが「見るな」の状態では隠されて非性的な側面が理想化されていたわけである。これにより、「見るなの禁止」の幻滅論の幅が広がる。つまり、二者関係の幻滅と三者関係の幻滅があって(私は前者を幻滅2、後者を幻滅3と呼ぶ)、阿闍世の場合は両方を描いているのである。興味深いのは、それが三者関係であっても、エディプス・コンプレックス論のような「父親による幻滅」ではなく、母親の急激な"sexuality"の露出による「母親による幻滅」として描かれている点である。

2　自己犠牲と傷つきやすさ

さらに「見るなの禁止」の物語と阿闍世の話とをつなげるのは、第三段階における母の献身と自己犠牲で、古澤の日本版の読み替えにより、母子関係の問題として展開することである。そして、この部分が古澤により、宗教的な罪悪感、さらには罪悪感にまで発展してゆく。

然らば宗教心理とは何か。あくなき子供の「殺人的傾向」が「親の自己犠牲」に「とろかされて」初めて子供に罪悪の意識の生じたる状態であるといいたい。

ただし、親が自己犠牲を行ったからと言って、子供がこの罪悪の意識に至るとは限らない。これを、豊かな母親像と、限界をこえた自己犠牲のために傷つく母親像という、矛盾と幻滅の問題とするなら、これを素直に飲み込んで消化し懺悔の気持ちに至るという場合や、恩着せがましさに圧倒されて自分を責め苛む場合や、この罪悪感の未消化であることが「押しつけられた罪悪感」として後に尾を引く場合がある。小此木も指摘しているように、許す側が許される側に許され型罪悪感の発生を期待し、自己犠牲と献身を行うなら、許す側のマゾヒズムと、それに同一化する許される側のマゾヒズムが、無限に再生産されるということになる。だから臨床で重要なのは、自分の限界（分）の認識であり、「環境」の脆弱さや自分の限界を承認するということだろう。

そこで、古澤が「罪悪感の二種」の論文で比喩として語る親子のやり取りは印象的である。皿を壊して脅える子供が、親の「お前のしたことは明らかに悪い……が人間は人間、皿は破損すべきもの」という許しの発言をきいてわっと泣き出しながらこう言う。

悪いことをした私にかくまで言って下さる親。私は本当に悪う御座いました。以後は決して過失を繰返しませんから御赦し下さい。

ここで噛みしめる罪悪感とは、処罰による罪悪感とは異なると言われる。これが許されて生じる罪悪感であり、この懺悔心こそが本物に近い罪意識であるとするなら、「皿は破損すべきもの」と、その罪意識発生に際して対象や環境の壊れやすさを承認することは重要なのである。それは、臨床に置き換えるなら、治療者の限界を知ることである。

3　目の比喩

そろそろ読者には私の向かおうとするところが見えてきたかもしれないが、今までも『幻滅論』における絵などの提示（北山、二〇〇一）によって示唆してきたのは、私の取り出した蛇女房たちの姿が、古澤の身をもって示した「阿闍世の母親像」と接近することである。小此木は、数年前別の文脈で、私が示したこれらの絵を見て、これが古澤の言っていたものだと発言している。もちろん阿闍世の物語そのものには、阿闍世の母親の傷つきははっきりしない。このことについてもう少し、これを語る古澤自身の与える印象やイメージを、私の連想で追いながら考えてみたいと思う。

例えば、小此木が阿闍世コンプレックスや古澤平作について語るとき、目のこと、とくに目を閉じることのシンボリズムが登場することが多い。代表的なものをあげると、一九七九年の日本精神分析学会二五回大会のシンポジウム『古澤平作とその後の発展』で、小此木が行った発表では、その最後で、「片目を閉じること」と「両目を閉じること」の違いを述べ、古澤への追悼の意を表する。これはフロイトの「目を閉じてください」という夢の自己分析を引用してのことで、ドイツ語では、片目を閉じてくださいは、大目にみてくださいということで、私たちの反抗を許してくださいという意味である。また、両目を閉じてくださいというのは、安らかにお休みくださいという意味で、このフロイトの父への思いを、小此木は古澤平作への思いとして伝えようとしている。

もうひとつ挙げておこう。小此木の著作『日本人の阿闍世コンプレックス』のことだが、最初に、阿闍世の日本版として、「この目をつむるとおっかさんが見える」という忠太郎の話が出てくるが、目の問題としてはこれも印象的である。また阿闍世の母に関して盲目的な愛を向けるという表現がよく出てくるが、日本語でも、これは理性を失った過剰な犠牲を伴う愛という意味の比喩である。多義性が豊かな比喩は、わかりやすく言うと文字通りの意味と比喩的意味の二重の意味をもつものだが、どのような比喩を使うかという、その文字通りの意味が意義深い。例えば、目に入れても痛くないくらいに可愛いという、目にまつわる表現では、まさに日本人の育児のマゾヒズムが目を通して示されていると思う。ゆえに、ここで古澤自身の「目」の問題が、古澤自身の「阿闍世の母親」とのマゾキスティックな万能感に満ちた同一化の可能性とともに垣間見えてくる。

実は、この可能性を木田恵子や小此木も指摘しているし、西園昌久は古澤の患者との献身的同一化について語っている。そして、土居健郎も「古澤の救済者意識に反発した」と認めているが関係があろう。そこで、こういう具合に献身的に患者と同一化する「古澤」という人物像が発散するパワーについて、私が想像するところを述べておきたいと思う。私は、古澤平作における阿闍世コンプレックスとは、古澤個人の目が不自由であったことを抜きにして語ることはできないように思うのである。またそれは、けっして個人の個別の問題にすべてを還元するのではなく、私たちの「見るなの禁止」という現実否認の傾向と、傷ついた治療者のイメージ、そしてそれをどう考えるかという、普遍的な問題意識に道を開くことになる。そのイメージとは、ユンギアンの言う治療者の原型「傷ついた治療者 Wounded Healer」であったという可能性である。私は、目の不自由な古澤像が、本人だけではなく、患者や周囲に与えた影響は大きいと空想するのである。

ここまで書いて、個人的に小此木に古澤の目の問題に触れたとき、「私はそれで、あまり書かず、読まない古澤に代わって、多くを見て多くを書いてきたのだ」と語った。つまり、小此木は古澤の目の代わりをしてきたというわけで、ここにおいても古澤の目が見えにくいことが周囲に大きいパワーを発揮している。

4　精神分析の「見るなの禁止」

私たちは、この目が見えなくなることを恐れ、心にも心眼というもう一つの目のあることを忘れることがあるようだ。簡単なことではないが、阿闍世コンプレックスについて書いたことで、そのことに気づいたことは大きい。「見るなの禁止」の物語は、主人公が、見たものに驚き、それが何に見えたかで騒ぐので悲劇になったことを考えると、患者を見ることを仕事にする私たちは、目の前のものがどう見えるかという視覚的な印象に振り回されない治療を心がけたいと思う。

そこで思い出すのは、フロイトの自由連想という方法では、カウチに横になる被分析者のそばにいながら分析家は被分析者が自分の肉眼では見えない位置に座ることである。同時に、その分析を受ける者にも、分析家の姿が見えない。言語的交流に徹して、互いに互いが視覚的に見えないという形式を受容することが、精神分析の方法に伴うのである。

そういうことを念頭において、前田重治の『原光景へ』という本の最後の部分からどうしても引用せねばならないところがある。

むすびとして、生前、先生からいただいた便りの中の言葉を記して終わりにしたい。これは晩年の先生が、「もし自分の事について書くようなことがあれば、ぜひ次のことを書き込んでくれ」と前置きしてのべられていたものである。

「孔子は妾の子であった。彼が偉大な人物になったのはそのためだ。私が分析者として大成したのは、目が悪かったからだ。それは同じ原因に基づいている。」

古澤が、孔子が妾の子であったように、自分の目が不自由であったことで大成した、と言うとき、前田が示唆するように「心眼がひらかれる」という意味だったのだろう。その目で見るのではなく、心の目で見よ。われわれは見えないのだから。古澤がこの困難を妾の子という出生コンプレックスと等価と考える点で、いわゆる彼自身の未生怨を示唆していて実に多くを語っていると思う。

私たち医者は「患者をみる（診る）」と言うが、分析家は取り扱いを期待される問題をこの目で正確に見ることは難しいのであり、心のことでは見えないものを見ることを求められ、この見えない領域に目を向けて見よという課題は、実際に見えたもので騒がないという態度を求めるのである。目が見える見えないという事実関係や、実際こう見えたああ見えたという個別の体験をこえて、見えない領域を見ようとすることによって、可能ならば心の専門家として大成することこそが、精神分析で特殊が普遍になる過程であると言っていいだろう。

五感に頼らないなら、精神分析で言う「平等に漂う注意」、日本語で言うなら「虚心坦懐」と言える分析者の側の態度が求められる。さまざまな種類のことを感じとるために滑らかに注意を漂わせながら、それにまつわる連想を豊かにし、何に対しても心を開いておくことが理想となる。この文脈で、直観を重視するビオン（Bion, W.）は、その直観が心的現実の変化を感じとるためには、記憶に頼らず、望むことも理解することもなく、ただ注意を漂わせるというやり方を提唱している。そして、そのためには、分析家はいかに自分が見えていないかを知っておくことが大事だろうし、それが精神分析の方法として提示されているのである。

こうして、声だけは聞こえてくるし、見えそうなのに見えないことに耐えるという形で、分析を行うときの分析家の課題が、実は原光景を見る、あるいは見ないというテーマにきわめて近づくことが分かる。精神分析にも「見るなの禁止」がある。それは、ときに三者関係の「見るなの禁止」である。被分析者の声はきこえるし、分析家はその声から被分析者の対象関係に思いを馳せる。語り手の生活は、直接見えないが、でもやがては見えてくる。これは、分析家の孤独な営為であり、想像力だけはたくましくなり、あれこれ頭に浮かんでくる。ブリットン（Britton, R.）は、一人で寝ている赤ん坊が別室の両親のことを想うことに、想像することに伴う典型的なエディプス・コンプレックスの形を見出しているが、患者の話はきこえるが、その姿の見えない分析家の心が、何を想像するか、何を見るのか、そのエディプス的な三角形構造をぜひ考えておきたい。「不気味なもの」を論じるフロイトによれば、見えなくなる不安は去勢不安であると解釈されるが、見てはならない「両親」からはいつも隔絶されて、そこを覗こうとすると逆に「つながり」を失う（目が潰れる）という意味で分析家の「去勢」としてとらえなおせる。

しかし失明は「去勢」だけを意味するものではない。異類婚姻説話の蛇女房の話では、子の成長のために両眼を差し出す母親が登場するが、これをなめて子は成長する。この失明は乳房喪失の象徴で、自己犠牲の結果だった。以上のように多種多様で、前エディプス的な「見るなの禁止」とエディプス的な「見るなの禁止」の内容は、母親の死や原光景だけではないだろう。むしろ、よく見えないので、最初は白紙あるいは闇であることが私たちの「寄る辺なさ」の起源として大事である。そして、ここで期待される分析的交流では、何も安易に見えてこないし、〈与ひょう〉のように不用意に覗きこまないことが基本なのだ。しかし、多くが凡人として覗きこんでしまうという反復がある。「見るなの禁止」の物語はそのことを私に教える。

Ⅳ　さいごに

古澤像に関する、「見るなの禁止」の観点から見た以上の考え、あるいは想像には、多分に私の個人的要素が動いている。これは「見るなの禁止」という本のあとがきにも書いたことだが、私にも、幼い頃より目に障害があり、そのため目に見えるものについて目敏くこだわり、一生懸命ものを見てしまい強迫的になる傾向は、目を必要とする私の研究や書いたものにも現われている。

そして、とくに阿闍世コンプレックスについて書くときは、「古澤とその門下生たち」の密室での出来事が、実に想像をたくましくさせる。最初は、そこに目を向けて見えないものを見ようとしたが、やがて私は、特別なものでも見たかのような気持ちになってしまい、自らの嫉妬に躊躇したが、やがてそれを生み出す構造に気がついたことが何よりもの収穫だった。そのような機会を提供してくださった方々、とくに洞察に満ちた対話を継続していただいた小此木先生はじめ古澤門下の諸先生に感謝致したい。

私の場合は、目を閉じると音楽の世界が開かれ、詩が生まれる。これで、私には、相手を見ないで行える自由連想という分析技法が、目の前の何かを見つめなければならない対面法よりも、さらに落ち着いてできるという理由も分かるのである。私だけではなく、多くの治療者が、目の前の見えるものに支配されずに、目に見えない心を「見る」ことを心がけておられるだろう。心のことは、まず肉眼では見えないのである。そのことに耐え、第三の目で見て第三の耳で聞くのだと言う。本当にそうだと思う。そして、分析を受ける者にとっても相手は見えない。目の前には広大な領域が広がる。

文献

(1) Abraham, K.『アーブラハム論文集』(下坂幸三他訳)、岩崎学術出版社、一九九三
(2) Bion, W.R.『精神分析の方法』(福本修訳)、法政大学出版局、一九九九
(3) Britton, R.: Belief and Imagination. London: Routledge, 1998.
(4) Freeman, D.「乳幼児期の発達と恥の体験」『日本語臨床――恥』(北山修編)、星和書店、一九九六
(5) Freud, S.「不気味なもの」(高橋義孝他訳)『フロイト著作集3』人文書院、一九六九
(6) 小此木啓吾『日本人の阿闍世コンプレックス』中公文庫、一九八二
(7) 小此木啓吾編集『精神分析・フロイト以後(現代のエスプリ一四八)』至文堂、一九七九
(8) 木田恵子「古津平作『罪悪意識の二種』について」『母親(現代のエスプリ一二五)』至文堂、一九七七
(9) 北山修(一九八二)『増補新装版・悲劇の発生論』金剛出版、一九九七(一九八二)
(10) 北山修『見るなの禁止 北山修著作集――日本語臨床の深層第一巻』岩崎学術出版社、一九九三
(11) 北山修『幻滅論』みすず書房、二〇〇一
(12) Kitayama, O.: Pre-Oedipal 'Taboo' in Japanese Folk Tragedies. International Review of Psychoanalysis, 12, 173–186, 1985.
(13) Kitayama, O.: The Wounded Caretaker and Guilt. International Review of Psycho-Analysis, 18, 229–240, 1991.
(14) Kitayama, O.: Japanese Tragic Legends and A Maternal Prohibition. Research Bulletin of Educational Psychology, Faculty of Education, Kyushu University, 39, 7–16, 1994.
(15) Klein, M.「愛、罪そして償い」『メラニー・クライン著作集3』(西園昌久・牛島定信編訳)、誠信書房、一九八三
(16) 古澤平作(一九三四)「罪悪意識の二種――阿闍世コンプレックス」『精神分析研究』一(一)、一九五四
(17) 前田重治『原光景へ――私の精神分析入門』白地社、一九九五
(18) 西園昌久「書評」『季刊精神療法』一二(一)、七〇、一九八六
(19) Winnicott, D.W.『児童分析から精神分析へ――ウィニコット臨床論文集2』(北山修監訳)、岩崎学術出版社、一九八九

禁止と臨床

第七章　転移・逆転移における「乙姫の禁止」*

I　はじめに

『その1』と『その2』(注1)をつうじて、著者は臨床における時間の問題を精神分析的に検討することの「難しさ」を強調した。その難しさは純粋に理論的な議論を展開するときだけではなく、臨床場面において時間の制約をうける治療者の立場を明確にするとき、さらに対象喪失や分離の事実に直面する患者が内的体験を語るとき、それを治療者が治療のなかでとりあげようとするとき、などのさまざまな側面においてもみられた。その心理的な背景について筆者は『その2』で、「時間には外傷体験の記憶や情緒的な経験とむすびついている側面があり、自己の時間

---

*本論文の初出は、精神分析研究、第二五巻一号、一九八一、一―一〇。原題は「精神療法と時間的要因へその3―転移・逆転移における乙姫の禁止」であり、この「その3」は「その1―期間の限定された治療の経験」「その2―治療者の問題」の続編として書かれたものである。また、前半の一部が『悲劇の発生論』第六章と重複している。

(注1) 北山修：精神療法と時間的要因、その1―期間の限定された治療の経験。精神分析研究、第二三巻二号、一九七九、七一―七七。および北山修：精神療法と時間的要因、その2―治療者の問題。精神分析研究、第二三巻二号、一九七九、七八―八四。「その1」「その2」のそれぞれのなかでは、Brief Psychotherapy についての批判的検討を行っているが、一般の精神分析的な精神療法と Brief Psychotherapy との大きな差は、時間についての感覚の差であり、短期間の治療を行う分析家や治療者の側における焦点づけなどの積極性には研ぎ澄まされた時間感覚が伴う。

体験を基礎において時間について考えることそのものから、抑うつ的不安やアンビヴァレンスを生じるときがあるが、これは幼児期の時間感覚の発生にかかわる問題だと思う」(10)と書いた。

人間の時間体験についての理解をこれまで以上に発展させるためには、それを議論する者の時間にまつわる不安や葛藤についての洞察を深めねばならない。臨床的にこの問題をとらえなおせば、治療者としての筆者の逆転移の洞察や自己分析の過程を提示することが、時間論の「難しさ」を克服させて患者の時間体験についての正確な理解を可能にするはずである。

そこで筆者は、この自己分析の内容を普遍性をもたせて議論する必要があると考え、これを可能にする方法として人々に共有される幻想的な物語をとりあげて、二者関係(注2)における複雑な時間体験の検討のための素材としたい。この『その3』の前半では昔話『浦島太郎』の主人公の体験を心理学的に考察して、物語の展開のなかで重大な力動的意味を担う「乙姫の禁止」の精神分析的な位置づけを行う。そして、後半ではその理解が分析場面や日常臨床における治療者の逆転移の洞察と患者の時間体験の理解につながる可能性を示唆したい。

数多くの日本の伝説・昔話・神話のなかから浦島伝説を選んだのは、もちろんそれが異常な時間体験を主題としているからである。たとえ物語の起源が古代の婚姻形式や見知らぬ土地に流れついた者の漂流談にあったとしても、基本的形式を保持しながらわが国に民族的な規模で伝えられているという事実を根拠にして、人々に共通して繰返し体験されるものが物語の核心に含まれていると判断できる。フロイトは、神話が「諸国民全体の願望空想の歪曲された残滓」であり、「自分の好きな童話の記憶が自分自身の幼年時代の記憶に代ってしまっている人々がいる」ことを指摘した。(1)(3)彼は、幼年時代についての記憶や夢の分析が神経症の理解のために有効であるように、童話や神話についてもその分析は同様に有効であることを示唆したのである。その有効性の限界についてはさまざまな観点からの議論が必要であるが、この『その3』では浦島の伝説の精神分析的な解釈が臨床場面における時間の問題の理解を深めるものになりうる可能性を示したいと思うので、説話の検討の後に臨床材料の検討を行うことにする。

浦島の物語は分析心理学の立場から河合隼雄(8)により考察されているが、筆者の場合は短期精神療法を検討する過程で未解決なものとして残された臨床的課題の新たな検討のために浦島の伝説を考察しようとするものである。この伝説は二千年にも及ぶ長さにわたって語りつがれており、「日本人なら、浦島太郎の話を知らない人はいないだろう」という筆者の印象が妥当なものであれば、それだけで浦島伝説を精神分析的な検討の材料とすることを正当化できるかもしれない。しかし、そのようなことが学問的な水準で可能になるのは、国文学や民俗学の立場から、浦島伝説を採集・研究した関敬吾らの労多き業績に負うところが大きいことを、あらかじめ敬意を表して明記しておきたい。(原注1)(注3)

Ⅱ　物語とその検討

一般に知られている浦島の物語とは相当に異なるものが日本各地に数多く存在していることが関敬吾の『日本昔

(注2) リックマンは、心理学を "one-body" "two-body" "three-body" に分けている。その後これが精神分析の発達理論で使用されるとき、関わる関係者が父―母―子の三人であるエディプス・コンプレックスの段階の場合は「三者関係」と呼ばれる。そして、当事者が二人であるときは、「二者関係」と呼ばれて主に母子関係を指すようになっている。

J. Rickman: The Factor of Number in Individual and Group Dynamics, J. Mental Science, Vol. 96, 770–773, 1950.

(原注1) 第Ⅱ節で分析の素材とする浦島伝説と異類女房説話は、内容的には海外の理想的母親像をこちらから訪問する訪問型とむこうから来訪する来訪型として、それぞれの特徴を際立たせることができる。この解釈に筆者自身の海外留学体験についての個人分析の一部が非常に役立っているのだが、それに該当する個所を明記しないのは論文の説得力をあくまでも「いま・ここ」における論文の内部のものにしておきたいからである。

(注3) 個人分析を日本の神話や昔話を通してかなり一般化したものを『悲劇の発生論』(一九七二)として発表した。精神分析における神話や伝説の本格的な活用はギリシャ神話のエディプス王の物語の名をとって論じられたコンプレックスとともに広まったものである。長く真実であると信じられ、神聖視され、主として言葉で伝えられ、広く共有されているものであるために、夢の分析と同様の深層分析や解釈が期待され、個人を超えて普遍的な思考を抽出できるという可能性をもつのである。またビオン Bion は、個人の科学研究の中で「モデル」が果たす役割を社会の中で神話が果たしていると見て、「モデル」という言葉を使っている。

話大成』（一九七八）により明らかとなっている。また、現存の文献のなかで浦島伝説を最も詳細に収録する最古の文献は『丹後国風土記逸文』や『万葉集』などであるが、それぞれ内容的に微妙な違いがみられる。[13]しかし、これらの物語の構成の骨子には、主人公の心理的体験をみる限り、一般に知られる物語と大きく異なる部分はないと思う。そこで、この説話は基本構造をとり出すことが可能なものであると考え、この伝説に共通する基本的要素を関の『昔話の歴史』[18]より引用したい。

①竜宮訪問。漁夫が亀を助け、海神の女性に迎えられ、老いもせぬ死にもしない竜宮に行く。
②竜宮滞在。漁夫は竜女と結婚し、竜宮の壮麗な宮殿で歓待され、三年間滞在する。
③帰郷。漁夫は望郷の念にかられ、竜女に再び帰ることを約束し、開いてはならない箱を贈られて帰る。
④時間の経過。帰国すると父母は死に絶え、知人もなく、竜宮と地上との時間の差異を知る。
⑤死。漁夫は禁止されたことを忘れ、箱を開くと急に老衰しもしくは死ぬ。
（以上は関の表現のままであるが、漁夫は浦島、竜女を乙姫と呼んで、議論したい。）

神話学者・松村武雄[12]により、浦島説話の本質的要素を成すものは、超自然的な他郷における逗留、逗留中における時の超自然的な経過、今まで意識しなかったそうした歳月の経過を意識したことやタブーの破棄による主人公の急激な老衰もしくは死であると指摘されている。物語の前半部を精神分析的発達理論の観点からみるなら、乙姫を愛情対象 love object として位置づけて、その浦島との関係を快感原則によって特徴づけることができる。そして、時間の差異の問題は無意識の無時間性に帰することで解決できるだろう。このように数多くの精神分析的事実を発見することが可能であるが、ここでは特に時間の問題についての臨床的理解を深めることを目的としているので、後半部における悲劇のなかから、検討を加えたいものとして次のふたつの問題を選びたいと思う。

①浦島の悲劇的体験の心理学的位置づけ。
②乙姫との間に成立した「乙姫の禁止」の起源。

以下はこのふたつの問題に答えることが時間論の「困難さ」を克服する鍵となる可能性を追求するための議論である。

1　外的対象の喪失

帰ってきた浦島がまず経験するのは、自分の生まれ育った村の様子がすっかり変ってしまっていたことと、両親や知人を喪失してしまったという事実である。そのときの主人公の感情は、関敬吾の『日本昔話大成』にみられる表現を引用すると、「寂しい」「悲しい」「孤独」などの言葉で形容される抑うつ的なものである。両親や知人に二度と会えないという外的時間の不可逆性と外的対象の喪失を強調するために経過した時間は三百年とも八千年とも言われるが、この数字の大きさは口承文芸の研究者が指摘する「極端性」「時間的飛躍」の影響である。

ここで、この悲劇の過程が求められていた親しい人々を発見できないという体験から始まるという点に注目することにより、乳児の「人見知り」体験との類似を指摘できるだろう。「知っている人がどこにもいない」という認識によって始まる悲劇的体験が現実検討の結果生じることについて、フロイト(6)は「悲哀の生ずるのは、現実検討の影響である。対象がもう存在しないのだから、それからわかれねばならないということを断固として要求する現実検討の影響である」と述べている。外的時間についての時間感覚の発達は、現実検討の発達の時期にもとめることができると思われるが、浦島伝説はそれが憧れの外的対象の初期の喪失に対する反応が明確に観察される「人見知り」の時期にあることと、時間感覚そのものが分離感や悲哀感などの苦痛を伴って生まれることを示唆しているのである。(注4)

(注4) 多くの幼児が体験する「人見知り」とは、親しい人と親しくない人とを見て区別することができることを意味する。親と親でないものとの区別と同様に、乙姫と乙姫でないものが「人見知り」によって区別できるようになったものとしたい。つまり乙姫とは、時間と関係なくいつでもそこにいてくれる親なのであり、これを幼児は「人見知り」の時期に失うのである。

こうして、帰郷した後の主人公の体験は、フロイトがうつ病の精神病理や不安の起源を明らかにするときに提示した〈対象喪失―悲哀〉の心理過程の原始的な一形式であるとすることができると思う。そして、時間の第一義的な性格は不可逆性（とりかえしのつかないこと）として体験され、時間には抑うつ的な感情を伴って対象喪失という意味づけが行なわれていることが考えられる。フロイトは失った対象に対する思慕の情が満たされない感覚を「(心的) 苦痛」として議論したが、この苦痛が人々の時間を語るときの心理学的な難しさの一要因となっているのだろう。

2 幻滅

以上は、浦島伝説における悲劇の過程の前半部である。後半部では、乙姫との禁止の誓約に違反した結果としての、理想的女性像との幻想的関係の幻滅と主人公の老化、時には主人公の死という結末が語られる。浦島と乙姫の間に結ばれた誓約は文学者たちにより「禁忌」や「タブー」であるとされているが、筆者は近親相姦願望に対する禁忌 taboo と区別するために「禁止」という言葉を用いておきたい。

この「乙姫の禁止」を課す乙姫像の母胎になるのが、幻覚的に欲求を満たす母親像であり、それを「良き母」や「理想的対象」などに由来する心的表象とすることができるだろう。なぜなら、家で待っているはずの母親の喪失に連続する過程で乙姫の喪失が体験されるところから、乙姫は彼の両親像と同一の起源をもっていると判断できるからである。また、この解釈には、関の採集した民話のなかで香川県仲多度郡のものとされている物語にみられるような「母一人・子一人」という主人公の家族構成が重大な意味をもつに違いない。(注5)

禁止に違反して乙姫との再会の可能性を失った主人公の老衰または死という悲劇的な結末は、禁止の違反に対する自責の念が身体的に表現されたものであり、ここでは物語の展開点として〈禁止の違反―罰としての別離〉の形式が利用されている。さらにこの部分を時間論の観点からみるなら、時間感覚の発生は幻覚的満足が無効となる過程に伴うものであり、それが自分自身の死を意味する体験であることが明確に描かれているのである。それまで無意識の「無時間性」に支配されていた時間感覚は有限の身体性を媒介にして外的時間を実感として受け入れ、理想化された幻想的世界のとりかえしのつかない幻滅を体験することになる。この外的な時間の経過を身をもって体験することを直接または間接的に禁止しているのが「乙姫の禁止」である。「開いてはならない」と言われた玉手箱を開いてしまう浦島の動機には、「乙姫を恋しく思って」「失った故郷の人々が現われるのではないかと判断して」などの比較的はっきりとしたものから、ただ「寂しいから」「途方にくれて」などの不明瞭なものまで諸伝説間に異同がみられる。筆者は、「幻想から覚めて現実にかえること」「今まで美化され理想化されていた事実が幻に過ぎなかったことを覚ること」という意味で、浦島の〈対象喪失―悲哀〉の後半の体験は幻覚的満足を与える女性像についての「幻滅」であると思う。一方でこの「美しいもののはかなさ」を体験しながら、「失われた対象を容易なことではあきらめない」思慕の情[4]が玉手箱をひらかせたのかもしれないが、一般の伝説ではこの動機の部分が明確ではない。

　正確な動機が何であったとしても、浦島は乙姫の禁止に違反することで再会の手段を失い、「まざれもない現実」に直面する。玉手箱をあけた浦島が見たものは期待していたものでなく、最後に残された幻想内容の決定的な喪失であり、ここで主人公は外的な親しい人々の知覚の喪失に続いて憧れの人の記憶像とのつながりをも喪失して完全な幻滅と自滅を体験する。この伝説はまさに、自我の現実認識が発達すると共に「母親の記憶像による幻覚的な満足は無力となり、憧れは不安に変わる」[6]という「人見知り」の時期の幻滅の過程を、そのまま物語として展開したものだということができよう。そして乙姫の「禁止」は、より以上に危険な状況を予測しつつあるときの不安が、危険信号（不安の信号）となって物語のなかに具象化されたものなのではなかろうか。[原注2]

（注5）この種の日本の物語においては、ほとんどの場合父親像が登場しない。また、「約束」という観点から見るなら、物語では「乙姫との約束を守れ」というメッセージは言葉として誰かの口から語られることはない。

3 好奇心と嫌悪感

この「禁止」を文学者たちが禁忌・タブーと呼ぶときの心理学的な背景や、これ以上の、「乙姫の禁止」の発生論的起源を知るためには浦島伝説だけでは不充分であり、〈禁止の違反―別離〉の形式を共通させる他の説話を援用せねばならない。内容的には超自然的な時間の経過という主題は希薄になるが、訪問型の浦島伝説との類似性が指摘されている「豊玉姫説話」や「蛇女房」「たにし女房」などの異類女房説話をとりあげてみたい。これは異郷から異類の女房が来訪するという物語で、主に「動物が娘の姿で嫁にくるが、正体を見られて去る」という話型をもつ。もっとも単純な形式は四つの要素によって構成されており、それを再び関の『昔話の歴史』より引用したい。

海の女性が人間の姿となって若者と結婚する。女性はすぐれた能力をもち、なんらかの富をもたらし、子どもが生まれる。女性は妊娠し部屋に入る。もしくは水浴など秘密の行為をする。女性は、主人公に真の姿を発見され、もとの姿になってその郷土に帰る。

この説話における禁止は、関の指摘するとおり、「出産の場を夫や男がかい間見ることは儀礼以上にまたそれ以前に、たんに昔話や伝説のモティーフとしてでなく、あらゆる時代、あらゆる民族生活でタブーである」ということから、禁忌 taboo と呼ぶのがふさわしいかもしれない。抽象的に言えば、このタブーは、「見るという行為を禁じただけではなくて、見ることがたがいの本質の越えがたい相違をあきらかにしてしまうから、それを防ぐために言われたのである」(17)。具体的な禁忌の内容は、出産・水浴・授乳など女性の性や裸体に関したことが多く、そのとき見られた本来の姿は蛇や魚として表現されており、浦島伝説の場合にも乙姫は亀の化身であったとする話がある。また、物語からの表現を借りれば、妻となった理想的女性の「恥ずかしい姿」「あられもない姿」としての正体・醜態をのぞき見ることに対する禁忌であり、この禁忌の干犯に続いて別離（婚姻関係の破綻）が体験される。文字どおり隔離・隠蔽されていた正体・醜態を理想的な対象に統合せねばならないときに生ずる苦痛や幻滅の体験は、発達初期の乳児の体験を物語として象徴化したものであると、それぞれの経過にみられる類似性を指摘できるのである。

禁忌の内容が主として女性の出産や裸体に関するものに集中しているのは、それが出産外傷（原不安）や去勢不安に結びついているからかもしれない。さらに、好奇心による看破の瞬間に嫌悪感や拒否感情の対象となって主人公の世界から追放されていく過程は、抑圧というより分裂や否認と呼ばれる自己愛的で原始的な防衛機制によるものであろう。これらの点に注目すれば、説話における「醜（見にくく）いもの」とフロイトの「不気味なもの」[(5)]とが精神力動のなかで等価な位置を占めていることが理解されるのである。しかし、この「見にくいもの」は物語においても見にくく不明瞭なままであり、覗き見られた女性の正体の性格づけは流動的にならざるをえない。少なくともこれらの説話において、精神分析的理解が充分に可能となるところは、両立し難いふたつの側面が同じ対象の属性であることに由来する「見たい・見たくない」「好奇心・嫌悪感」などのアンビヴァレントな（どっちつかずの）感情の未統合・未解決が物語を破局にいたらせるという過程そのものである。主人公に見ることが禁止されている体験を出産や去勢にかかわる不安と結びつけて単純に公式化できない例としては、イザナギ・イザナミ神話のような場合があるが、この神話で「醜い姿」を見られたイザナミは「迫害者」（Klein, M.）となる。[(注6)]

（原注2）フロイト（一九二六）の不安信号説は、不安そのものが危機的状況を回避させる「信号」となるという主張であり、より以上の危機的状況を目の前にしたときにそれにいたる過程を回避させようとする防衛的な不安を自我は体験するというものである。幻滅や対象喪失という危機に対する不安が幻想的な物語として展開されるときは、主人公の防衛的な不安信号が禁止のメッセージや禁止者像として表現されるはずだと筆者は考える。

（注6）母神イザナミが死んだのは、その女性性器を焼かれたからであるが、これで死んだ女神の傷あとを見るときの不安を去勢、つまり「ペニスがないこと」だけに結び付けられるかどうか。やはり、豊かにたくましく生産する母神の何も生み出せない身体に直面し、その変わり果てた姿が醜く恐ろしいし、汚いために、イザナギは逃げ出しているように見える。なぜなら、追いかけるイザナミたちの追跡をイザナギは撃退して「醜い」「汚い」と述べているからである。ただし、「見るなの禁止」を破られて黙って去って行く女性主人公の多い中で、ただイザナミだけが怒りを表して、男性主人公を攻撃しており、これが死の女神となることが物語で描かれている。そしてこの種の体験に、われわれの罪意識、つまり傷ついた母親に対して返さねばならない「恩」の古い起源を見る。

これらの説話における「醜いもの」は浦島伝説における「両親や知人の不在」と同様に「見たくないもの」「見にくいもの」であり、いずれも禁止によって、さらに見にくいものになっている。このような「醜いもの」と対象喪失の間にみられる心理的な等価の関係が、「乙姫の禁止」を禁忌・タブーと呼ばせるのであるが、対象に対するアンビヴァレントな感情が重視されて「乙姫の禁止」が禁忌・タブーとして位置づけられるときには、対象喪失に加えて「醜いもの」の体験も直接または間接的に禁止されている場合があるはずである(原注3)(その臨床例を第Ⅲ節に提示したい)。

4 発生論的位置づけ

「乙姫の禁止」の浦島伝説と覗き見の禁忌の異類女房説話との積極的な結びつきを前提としたこれ以上の分析は、国文学や民俗学の専門的研究をもう少し待った上で行われねばならないが、分離不安・被害的不安・去勢不安の有機的なつながりのほうは精神分析学によって検証されつつある。たとえば、小此木による[14]「親しいものを見出せない不安(見知る不安)」の背景にある「隠されたものが顕わになる不安(不気味さ)」と「見知られる不安」の指摘は、ふたつの説話の関係を説明するものであり、その表現は的確であったということができるだろう。つまり浦島は「親しいものを見出せない不安」を、異類女房説話の主人公は「隠されたものが顕わになる不安」を、そしてその女房たちは「見知られる不安」をそれぞれ表わしているのである。異類女房説話も異類の女房に幻滅するという意味で、幻滅の一形式であり、「親しいものを見出せない」の浦島説話と「隠されたものが顕わになる」の異類女房説話は、母親像について「幻滅する」ときのふたつの形式を物語として展開したものであると思われる。

この「親しいものを見出せない」という形式によって浦島説話を別個に位置づけるなら、主人公の悲劇の核心は、同一の対象への相反する感情の処理にあるのではなく、対象喪失と時間の不可逆性の処理の過程にある。これは外的時間についての時間感覚の発生が「人見知り」の時期にあることを示唆するとともに『その2』の注2でとりあげたHartocolis, P.[7]の指摘するように、「良き母」についての対象恒常性[注7]の程度が個人の時間感覚を左右するという議論をうらづけているものであるといえよう。対象恒常性が確立されるまでの幼児は幻想の「良き母」の幻滅に際してつねに時間の不可逆性を悲哀感を伴って思い知らされねばならないのだろうが、その時の現実とはつねに見知らぬものであり、知っている人は「死んでしまった」という体験を繰り返すことになる。対象恒常性が確立されるとともに、幼児は時間の悲哀感を克服して「楽しみ」とともに「待つ」ことができるようになるのだと思う。

また、異類女房説話における禁止も、幻想的な女性像の幻滅に対する不安信号として機能している。説話のなかで不安信号によって回避しようとしている危機的状況としては「出産外傷」(Rank, O.)、「去勢」(Freud)、「迫害」(Klein, M.)などが考えられるが、その禁忌としての性格は、子どもの発達初期の対象関係における対立する母親像の並存と一方の隠蔽を背景とするものである。浦島説話における「乙姫の禁止」もそのアンビヴァレンツの残滓を保持しているのだが、回避されるべき危機的状況が対象喪失と幻滅に置き換えられている[原注4]。

(原注3)乙姫と浦島との間で生まれるのがわれわれであり、これらの女性像の起源は無意識的な母親像にあると、筆者は思う。興味深いことに、彼女たちが帰っていく異郷の国が「母の国」と呼ばれることについては、「異族結婚(えきぞがみい)によく見る悲劇風な結末が、若い心に強く印象した為に、基母の帰った異族の村を思いやる心から出たものと、見るのである。かう言った離縁を目に見た多くの人々の経験の積み重ねはどうしても行かれぬ国に、値ひ難い母の名を冠らせるのは当然である」(折口、一九二七)という指摘がある。また同じく民俗学者のものであるが、柳田国男(一九三三)は「海はこの国のためには永遠に妣(ハハ)の国であった」と述べている。これらの海のかなたの異郷の姿は必ずしも明るいものではなく、たとえば「根の国」は死者の国である。

(注7)対象恒常性 object constancy は対象と恒常的関係をもつ能力と定義される。

(原注4)Freud は『トーテムとタブー』(一九一二)において、父親に対するアンビヴァレントな感情からトーテム動物に対するタブーが生まれる過程を分析している。しかし、異類女房説話における禁忌の成立過程には父親像は登場しない。近親相姦願望のタブーと「乙姫の禁止」の違いはエディプス的な三角関係と前エディプス的な二者関係の相違にある。さらに、前者が本能的欲望の積極的・絶対的な禁止であるのに対して、後者が破られることに許容的・消極的な「破られるためのタブー」(竹中、一九七七)である点も重要であろう。共通点はどちらも族外婚のためのものであるという側面である。

Ⅲ　臨床的考察

以上で、浦島伝説が幼児期の体験を繰り返して展開したものであることを指摘できたと思う。ここでさらに、幻滅、現実との直面、対象喪失、時間経過の不可逆性の認識などが連続する〈対象喪失—悲哀〉の過程において、主体が克服せねばならないものとして「乙姫の禁止」をとらえて、症例を検討することによりこの「乙姫の禁止」の起源をさらに追究してみたい。臨床的観点から「乙姫の禁止」を定義するなら、時がくれば経験される対象喪失について語りあうことやそれに直面することを禁止するものである。『その1』『その2』で報告した症例の経過を考えてみるなら、別離が実際に体験される前にそれにまつわる抑うつ感情を語りあおうとするときに治療者、患者の両者が経験する「難しさ」を特徴づけるものこそ、まさに患者の不安信号とそれに同調する治療者の逆転移から生まれる「乙姫の禁止」なのである。「時がくれば」と楽観的に期待された治癒（＝良き母）とはこの物語における乙姫である。浦島が外的対象の喪失に引き続いて幻想としての憧れの対象に幻滅したように、症例2・症例3においても治療者という外的対象を喪失した後に患者は治癒（＝良き母）に幻滅して再び病的な抑うつ状態を体験している。(注8) この過程で筆者が再び注目しているのは、治療者自身が自分が本当にいなくなることや「見苦しい治療者」「醜い治療者」などの姿が語られることを禁止して、時間の不可逆性、つまり治療関係の有限性を否認するという可能性である。

この転移・逆転移の相関関係を検討するためにとりあげる素材は、Brief Psychotherapy の例ではない。これは一年以上にわたる治療経過のなかの一部であり、直線的時間の有限性よりもむしろ一回の面接に伴う時間性をとりあげたいと思う。この症例では、外的対象が喪失されるはずの現実が否認されて魔術的思考によって内的な「良き母」が執拗に期待され、その結果、外的時間は進行しても、「良き母」はいつまでもそこにいて内的な時間が停止するという傾向を生んでいる。この防衛機制は外的時間の進行に対応して内的時間を進行させようとしないものであり、「無時間化」と呼ぶこともできると思うが、それが彼の母親によってなされていると体験されているところから、「乙姫の禁止」と呼ぶほうがふさわしいと思われた。そして、こうしたとらえかたが治療者が患者の不安に同調する「乙姫の禁止」を課すという逆転移の洞察と転移の理解につながることを、以下の治療経過に基づいて議論したいと思う。

1　内的時間と外的時間

症例は二〇歳の男子学生で、尖端恐怖や赤面恐怖、さらに排尿行為を家以外の場所でできないことを最大の理由にした外出恐怖も伴っていて、臨床的には「対人恐怖」に分類できるものであると思われた。

週一回の面接の最初の半年間は、父親に対する受容の期待と恨みが話題の中心として語られたが、治療が進むうちに、同性愛的感情が転移として浮かびあがった。それとともに、彼は家のなかの現実と治療のなかの現実に連続性がないことをしきりに訴えはじめた。「現実に自分で蓋をしてしまった」ということが本人の口から語られた後の面接で、彼ははじめて三〇分も遅れてやってきた。約束の時間は一時だったのだが、遅れた原因となった時間感覚のズレを彼は次のように説明した。

「ついさっきまで面接は二時からだと思っていました。穴ぐら（家）のなかでは一時だということを忘れている

（注8）期間が設定されていると、治療者や治療を失うことについて積極的に語りやすくなるが、この積極性の背後には「時がくれば」という楽観的な期待があり、この期待に動かされて積極的に取り組まれたものには無理があって当てにならないことがある。仕事の原理、つまり（仕事）＝（力）×（時間）という等式は精神療法においてはいつも成立するとは限らないのであり、一方、時間がきてもやってこないものや、時間がくる前にやってくるものを取り上げる精神分析は無時間の感覚を生みやすくて、分析家の態度は時間に対してもはっきりしないものになるのである。精神分析の設定が、治療期間をあらかじめ設定しないで規則正しく反復することを特徴とするのは、無意識の特徴が無時間であることと無関係ではない。

んです。ところが、昼すぎになると、大変だ、一時なんだと思い出して大さわぎでやってくるんです」

そこで治療者が外的時間と内的時間のズレを指摘すると、彼は次のように述べた。

「現実と空想の間には大きなひらきがある。現実にはお母さんは愛してくれていないのに、空想ではひょっとしたら愛してくれるかもしれないに賭けている」

母親に愛されるために、また、見捨てられないようにするために、彼は、家のなかで「いいこ」「可愛い子」「女の子みたい」「弱虫」といわれるような存在であらねばならなかった。約束の時間に遅れて来たあとの数回の面接で明らかになったのは、次のような母親像の存在である。母親は息子の「悩み」の訴えに対して、「相手にせず笑いとばしたり、私にはわからないからお父さんに相談しなさい」という態度をとって、「急にすごい形相で怒り出してヒステリックになり」、そして「結局は僕が悪いんだ」ということになってしまうのである。

このような母親の態度に接するときや、実際におこった（父親の海外出張による）三歳のときの長期の「対象喪失」の体験を思い出すたびに、彼は「自分が橋の下に捨てられて、拾われた子ども」と感じてしまう。この思いの起源は実に幼児期にさかのぼり、「お母さんが本当の母親ではない」という考えはつねに強められていたにもかかわらず、決定的な対象喪失の時間を自分自身に体験させようとしない彼は、「お母さん」をつねに無時間的に期待しつづけているのである。つまり、「親しいものを見出せない不安」は実際の危機的状況に対する防衛として、現実に直面することの禁止を自分自身に課すことにより、母親のいない現実と母親のいる空想的世界の間に時間的なズレを生じさせていた。そしてまた、「急にすごい形相で怒り出してヒステリックになる」母親の醜い姿は「隠されたものが顕わになる不安」という不安信号を生んで、この防衛を不動のものにする要因となっていたのである。

治療を開始して約一年たった頃、面接時間と面接場所の変更が必要となった。そのとき転移関係のなかに表現された彼の苦悩の検討から、次のような行為が母に対して「してはいけないこと」として禁止されているという彼の体験が明らかになった。つまり、排尿に関する自分の悩みを含めて、母親が「恥ずかしくなる」話題を相談すること。母親の「悪い部分」をとりあげて批判したり、イイコでなくなること。さらに、母親からの独立の意思を表面に出すこと、などである。禁止に違反して、以上のような行為や態度を母親に示そうとすると、「本当の母親とは永久に離別してしまった」という対象喪失と「結局は自分が悪いんだ」という罪悪感を彼のなかに生むという結果につながった。そこで彼は、「ハコのなかでいつもお母さんを待っている」のであり、空想のハコのなかでは「赤ちゃん」なのであり、そこでは「時計の針がとまっている」と言うのである。

　時間の話題が前面に出た上記の面接に続く面接では、父親のことに話題が集中したのだが、治療者はそれはそれとしてとりあげた。このときちょうど、彼の通学の都合のために面接の日時と場所を変更せねばならないという問題が生じていたのだが、治療者は「いなくなる母親」の話題がとぎれたことの意味をしばらく理解できなかった。続く面接では、父親に対する怒り、さらに面接場所でも「イイコ」をやっているということが語られ、次の面接でやっと「お母さんの話題をさけている」ことがとりあげられて再び「お母さんがボクをいらないと思っている」という話題が語られた。そうするうちに、治療者は意識的に「見捨てられる不安」をとりあげようとしてはいるが、そのとき問題になっていた面接時間の変更に関する話題をまったく別個に話していることに気がついた。(注9)つまり、乙姫や彼の母のように、対象喪失を含めた一定の体験についての話題を禁止しようとしているという可能性に気がついたのである。その傾向は、治療者の都合という「下ごころ」によっても時間変更が必要となっていることや、患者の要求に合わせて面接の終了時間を少し遅らせたりする治療者の側の無時間的態度によって強化されていたかもしれない。

（注9）「イイコ」という問題は、臨床場面ではよく話題になる。迎合的な自分は「自分を守るため」のものという防衛の観点から、本当の自分の在り方を追及する精神分析臨床では、なぜイイコになるのかの分析に進むことが多いだろう。特定のイイコのイイコである理由と発生論は、治療場面において治療者に対してもイイコでいるという関係の分析から解明されるものである。イイコは、たんにワルイコでいることや本音を出すことが不安だからイイコになる、と常識的に理解することは的外れであることが多い。また、イイコを悪いものと決めつけて、イイコというペルソナの裏側にあるものをまわりからあれこれ憶測することが、イイコという防衛をさらに分厚く強固なものにしてしまう可能性がある。

そこで、面接時間を変更する直前の面接で治療者は、「ここへ来ても眠っているみたい」と言う彼に、「目がさめると目の前にお母さんがいないということを知りたくないのかな」と解釈した。それに反応した彼は「朝おきたら、お母さんがいないんじゃないかと思ったことが何度もある」という幼児期の体験を語ったのである。つまり、彼の眠るという防衛は「無時間化」であり、それは対象喪失の現実性を否認するためのもので、目の前にお母さんはいなくて見知らぬ治療者がいることを認識することを回避させていたのである。そして、この問題は面接時間の変更ということによって刺激されて際立ったものであった。

2　治療者の自覚と転移の理解

このように、時間因子に無自覚である治療者は、対象喪失や「醜い治療者」の話題が患者によって語られることを抑制してしまう傾向をもつ。この問題の一部は、治療者の楽観的期待の観点から『その2』でとりあげたが、ここでは転移・逆転移における「乙姫の禁止」として検討したい。つまり、患者とともに無時間的な関係をとりむすぼうとする治療者が患者の母親と同じように、「恥ずかしい話」や治療者自身の「あられもない姿」、さらに治療者との現実的な分離などの、話題を禁止しているという可能性をとりあげたいのである。それはまた、本症例において描写された母親の姿であると同時に、説話における乙姫や女房たちの役割であり、もちろん発生論的な起源をもつものである。本症例においては治療者の逆転移としての「見知られる不安」はそれほど重大な障害とはならなかったが、これが強くなればなるほど、患者の「見知る不安」と「隠されたものが顕わになる不安」の分析が困難になることを、本症例は示唆しているのである。ふつう面接は時間どおりに始まり、予定の時間に終了することが原則的であるが、患者の期待する約束の時間と実際の開始時間の間にはつねにズレが発生しており、「遅れてくる治療者」の姿は患者の心に繰り返し生まれている。さらに、毎回の面接が終了する瞬間にはいつも治療者は「いなくなる治療者」なのである。そのとき治療者の分離不安や実際に治療者自身が遅れる場合に伴う罪悪感のために、治療者が自らの「恥ずかしい姿」や「いなくなる自分」を否認または合理化して、患者の不安信号に同調するさまざまな禁止を患者に課することがあると思われる。このような場合、「乙姫の禁止」というとらえかたは治療者が逆転移を洞察して患者の転移や不安を理解するてがかりとなるはずである。そういった事情を考慮しながら本症例の経過と『その1』で報告した症例を検討することにより、「乙姫の禁止」が次のような転移関係が成立しているときのものであることが理解された。

①分離・別離を罰として、子どものさまざまな行為・言動を禁止する両親。おそらく、禁止者としての「母」との同一化により生まれる超自我の前駆体。

②「いなくなる母親」の対象喪失を否認する「いなくならない母親」としての母親代理。治療者と患者が「親しいものを発見できない不安」を共有する治療関係においては、「いなくなる対象」について語ることが禁止され、暗黙の誓約として共有されるだろう。

③「隠されたものが顕わになる不安」の「隠されたもの」。人間関係とその幻想世界の「あられもない（あってはならない）」部分は、出産外傷や迫害的不安・去勢不安などのために、「不気味で醜（見にく）いもの」となるのだろう。

第一の可能性は、とくに超自我の前駆体として、アンナ・フロイト Freud, A.（一九三六）が議論した「攻撃者との同一化」と同一化という側面においては同様であるが、それを促進する恐怖は、本能的欲求に対する叱責や脅かしによるものではない。これは、依存欲求や愛情欲求の対象となる理想的な母親像を無時間的に保持することに対する脅かしによるものであり、むしろ、分離・別離の現実性によって「甘え」（土居）の幻想を幻滅にいたらせることを恐れるものである。そしてそれが禁止や脅かしとして機能するのは、対象喪失や母子分離の事実そのものが悲哀や抑うつという心理的苦痛として体験されるという発達論的事実が背景にあるためである。このように、「乙姫の禁止」は、母子分離に伴う心的苦痛に対する防衛的側面と、依存欲求を満足させて愛情対象を無時間的に保証しようとする積極的側面の両面によって維持されることになる。この観点から見るなら、「甘え」の幻想はつねに「乙姫の禁止」が差し示す恐怖や不安によってうらうちされているものと思われる。(原注5)

第二の可能性は、見捨てられるときの抑うつ abandonment depression に対する防衛として、Masterson, J.(11) が『白雪姫』や『シンデレラ』における王子を「救済空想」としたものと関係が深い。乙姫は「救済空想」かもしれないが、物語は『シンデレラ』のようにハッピイエンドでは終らない。悲劇としての浦島伝説は、防衛が無効になって抑うつ的な立場にいたる過程を描いている。本症例においても、「橋の下に捨てられた」という空想が語られているが、患者の言葉を借りれば、その成立は「文句を言うといつも嫌われるので、結局ぼくは橋の下で拾われたんだと思ってしまう」からである。明らかに、彼の内的な無時間化は抑うつ感情の防衛となっており、内的な時間は「捨てられたけれど、まだお母ちゃんがもどってくるかもしれない」という段階で停止していた。つまりこの場合の無時間化とは「固着」(注10)という現象を時間論の観点からみなおした概念であるということができるだろう。

第三の可能性についての理論的な検討は難しい。たとえば、われわれの「恥」の感覚は、罪悪感や去勢不安などのさまざまな起源をもつと思うが、それがどのように「見にくいもの」や「不気味なもの」の議論と結びつくのかについては、今後の分析と研究の課題として残したい。おそらく、そこが説話に基づく研究の限界なのだろう。なぜなら、それは主人公の心理学だけではなく、乙姫や女房たちの「見知られる不安」の分析をも含まねばならないからである。彼女たちが、見知られて、去らねばならない「間柄」の分析は、「とくにのぞきを強調し、その原型を永く保存したところに、日本の異類婚姻譚の特徴があるといえるのではないか(21)」という示唆もあり興味深い課題である。乙姫や女房たちは私たちの投影をひきうけたまま、(禁忌の干犯―正体の露呈―離別)という公式を残して、一方的に追放されるのだが、これ以上の追求は、主人公の「覗き見ようとする」好奇心や「恐いもの見たさ」の分析の後に行われるべきである。「見にくいもの」の分析は、「見ようとしているもの」の分析からはじめねばならないものであり、それは『その3』で検討した主題からそれる膨大な内容を含まねばならない。(原注6)

最後に、「乙姫の禁止」が日常臨床で度々経験されるものであることを示して、議論を終りたい。すでに述べたように、「乙姫の禁止」は、時がくれば経験されるはずの対象喪失について語りあうことやそれに直面することを禁止するものとして、臨床的には現われやすい。その典型的な例は次にあげるような、癌患者をもつ家族の場合であろう。

筆者は最初は主治医として、後に精神療法家としてこの症例に関わった。症例は三一歳の女性、診断は境界例。彼女が入院して症状は軽快して退院するとき、彼女の母は、患者の父が癌であることを患者に対しては「秘密」にしていると主治医に語った。医者からは、あと数年の命と宣告されているのだが、父親自身もこのことを知らないと言うのである。母親がどうしても娘（＝患者）にその秘密を言わないでくれと禁止するので、主治医は母親面接が必要であると思い、二度の面接を行った。そこで明らかになったのは、母親自身が心の底に深刻な悲哀問題をかかえていて、それは少女時代の「母の病死」という外傷体験の記憶にしっかりと結びついていたということである。そのとき彼女は「娘の親が病死することがわかっても、それが事実になるまで決して言わない」と決心したと語った。その後の精神療法的接触のなかで、患者のほうは、内的な対象関係における対象喪失や抑うつ感情を処理する治療過程を経て、父親の再入院や診断名の事実に対処できるようになりつつある。この症例は、「乙姫の禁止」が母親の側の不安の防衛として生まれることを示唆しているが、患者と「親の死」について語りあうことの母親によ

（原注5）筆者は、「別れをもって昔話の完結とする日本人の文芸意識」（小沢）から生まれた悲劇において、それにいたる過程を禁止しようとする者が違反者に分離・別離をもって応じることに注目している。そして、実際の人間関係・母子関係・治療関係においてもさまざまな禁止のために別離・分離が脅かしや罰として機能する可能性に関心をもっている。

（注10）「固着」は精神分析の概念であり、早期の外傷や満足に執着して、そのときの関係や心的な態度を維持しようとするものである。「そこで時間がとまっている」とわれわれは体験している。

（原注6）浦島伝説も異類女房説話も、禁止や禁忌に無自覚に違反しようとするむやみな好奇心による覗きを戒めるものである。治療者の好奇心についても同じことが言えるだろう。

る禁止に医師自身も協力を要請されたのである。「悪者になること」を恐れて彼らの不安に同調する医師や治療者が、自分自身や患者とその家族に時間がくれば体験されるかもしれない対象喪失について語ることを禁止する場合があるという事実は、問題の日常性と深さを私たちに教えている。(注11)

『その2』で指摘したように、精神分析的精神療法の治療状況は無時間化されやすいものである。また、無時間化が有効な治療技法のように議論されることもある。しかし、いずれ治療者・患者が時間の存在を意識化せねばならないときが訪れるものであり、そのとき治療者が慎重に解かねばならないものとして、「乙姫の禁止」が必ず問題となるはずである。そのときにこそ治療者の自己分析・個人分析が必要となるだろう。

Ⅳ　さいごに

精神分析的人間観からは、前エディプス期的なこの「乙姫の禁止」を克服する必要性や禁止の違反の不可避性は、発達や成熟のためには当然のものとして肯定されるかもしれない。しかしながら、『万葉集』における伝説の詠者を含めて、「乙姫の禁止」を干犯した浦島の「不用意さ」「思慮の乏しさ」を批判することにより、幸福な生活を保証する「乙姫の禁止」を強化する傾向は根強い。この物語を親から子へ語り伝える意図は幾通りにも解釈できるが、何よりも臨床材料を基礎において検討はすすめられなければならない。しかし少なくとも、「乙姫の禁止」を母子関係や治療関係においてまったく有害なものとして位置づけることは適当ではない。

今後、男性だけではなく女性の症例、乳児の観察、治療者の逆転移、母親を含めた家族力動についての理解、母親の心理、のそれぞれを細かくみることで、「乙姫の禁止」の意味は明らかになるだろう。ゆえに、現段階では一足とびに諸外国の研究と正確に照合できるものではなく、その起源については仮説の提示にとどめた。また、時間論からの考察は『その1』『その2』との重複をさけるために省略したが、少なくとも以下の関連性をあらためて明確にしておかねばならないと思う。「乙姫の禁止」は『その1』でとりあげた母親的時間の存在を知ることを難しくするものであり、『その1』の症例2や『その2』の症例3にみられたような、抑うつ感情や分離不安の投影をひきうけている。「不必要に長びく治療」というものがあるなら、治療者が患者の不安に同調する「乙姫の禁止」を課すことによって両者がともに時間経過の現実性に直面できなくなる可能性をこれらの事実は示唆しているのである。

（稿を終えるにあたり、本症例のスーパーバイザーであり、本論文の御校閲をいただいた小此木啓吾先生に感謝いたします。）

文献

（1）Freud, S.: Der Dichter und das Phantasieren, 1908.「詩人と空想すること」（高橋義孝訳）『フロイト著作集3』人文書院、一九六九
（2）Freud, S.: Totem und Tabu, 1912.「トーテムとタブー」（西田越郎訳）『フロイト著作集3』人文書院、一九六九
（3）Freud, S.: Marchenstoffe in Traumen, 1913.「夢の中の童話素材」（菊盛英夫訳）『フロイト・造型美術と文学』河出書房新社、一九七二
（4）Freud, S.:Verganglichkeit, 1916.「無常ということ」（高橋義孝訳）『フロイト著作集3』人文書院、一九六九
（5）Freud, S.: Das Unheimliche, 1919.「不気味なもの」（高橋義孝訳）『フロイト著作集3』人文書院、一九七〇
（6）Freud, S.: Hemmung, Symptom und Angst, 1926.「制止、症状、不安」（井村恒郎訳）『フロイト著作集6』人文書院、一九七〇

（注11）とくに「死にいたる病」の場合、診断名を本人や周囲の人々に伝えないという問題は、「見るなの禁止」「乙姫の禁止」というとらえ方によって明らかになるところが多い。大事なものが失われていることについて、その痛みに共感して、真実を見ること、語り合うことを禁止するのである。同時にその「先のばし」のため、多くの人々が「急激な親の死」に直面しやすくなっている。

(7) Hartocolis, P.: Origins of Time, Psychoanalytic Quarterly, 43, 243, 1974.
(8) 河合隼雄（一九七三）「浦島と乙姫」『母性社会日本の病理』中央公論社、一九七六
(9) 北山修「精神療法と時間的要因、その1」『精神分析研究』二三巻七一頁、一九七九
(10) 北山修「精神療法と時間的要因、その2」『精神分析研究』二三巻七八頁、一九七九
(11) Masterson, J.: Treatment of the Borderline Adolescent, 1972.『青年期境界例の治療』（成田善弘、笠原嘉訳）金剛出版、一九七九
(12) 松村武雄『日本神話の研究 第3巻』培風館、一九五五
(13) 水野祐『古代社会と浦島伝説 上』雄山閣出版、一九七五
(14) 小此木啓吾（一九六九）「人みしり」『笑い・人みしり・秘密』創元社、一九八〇
(15) 小此木啓吾「精神分析からみたうつ病」『躁うつ病の精神病理』（宮本忠雄編）、弘文堂、一九七七
(16) 折口信夫（一九二七）「信太妻の話」『折口信夫全集2』中公文庫
(17) 小沢俊夫『世界の民話』中央公論社、一九七九
(18) 関敬吾『昔話の歴史』至文堂、一九六六
(19) 関敬吾『日本昔話大成6』角川書店、一九七八
(20) 竹中信常『タブーの研究』山喜房佛書林、一九七七
(21) 鶴見和子『好奇心と日本人』講談社、一九七二
(22) 柳田国男（一九三三）「海神少童」『桃太郎の誕生』角川文庫、一九七八

第八章　患者の羞恥体験に対する治療者の〈受けとり方〉*

Ⅰ　はじめに

私的で主観的な体験を主に取り扱う精神分析的な精神療法が議論されるとき、患者の羞恥心は治療の流れを妨げる抵抗として取りあげられることが多い。例えば、シェーラー Scheler は次のように言う。

「もし羞恥が、リビドーのエネルギーを他の活動にふりむけるための、リビドーの機構的となった『抑圧』であるにすぎないとしたならば、羞恥はそのような抑圧のもたらす健康上の有害な諸結果のために、はじめから極度の不信用でもって見られたにちがいあるまい。この見方はじっさい精神分析家たちのグループの内で極端にまで行なわれているものであり、その結果彼らは羞恥を、上位意識と下位意識とのあいだの抑圧と『検閲』との主要源泉とみなして、羞恥を取り除こうとして羞恥と格闘するのである。」(27)（傍点は筆者）。

精神分析家のものではないが、この言葉は治療者が無理に取り除こうとすると抵抗はその力を増すという、技法的に困難な一局面をとらえていると思う。しかし、精神分析理論のこのような〈受けとり方〉は適切なものではな

*初出は、精神分析研究、第二五巻五号、一九八一、三一七—三二八。本章の前半部は『悲劇の発生論』（金剛出版、一九八二）第四章と重複している。

いと筆者は考えている。

精神分析的な治療が、暴露的で、恥をかかせるような治療であると理解されているとすれば、それは明らかに誤解を招くものであろう。しかし、抑圧されている無意識的な心の秘密の意識化という技法が前面に押しだされていた時代があり、それが「暴露的」という印象を与えたことも否定できない。今では、「乖離してしまっている種々の精神機能を互いに再び結びあわせることを目標とするものだ」[25]という見解も提出されているが、たしかに、精神療法と呼ばれているもののなかには心のなかを開かせて恥をかかせるだけの治療が存在しているに違いないし、誰にもその可能性を否定できないのである。

筆者は精神分析的精神療法を行うものであるが、心理的な治療を受ける人々のなかには、病態や治療法にかかわらず、私的な体験を語ろうとするときに強く恥じる人が多いと思う。そして、内的な不安や葛藤を恥じて心を閉ざす傾向を治療に対する「抵抗」のように感じると同時に、技法的にこの羞恥心をどう処理するかを治療初期の問題としなければならないと思う症例も稀ではない。しかし、患者が自分自身について「みっともない」「カッコが悪い」「恥ずかしい」と言いながら多くを語ろうとしない場合、それは決して人間関係や治療関係の拒否ではなく、それもひとつの人間関係であり、この恥の局面を外傷的なものにせずに治療を進展させる契機にするためには、治療者と被治療者（クライエント）との転移としての関係性（間柄）の分析を必要とする。

フロイト以降の分析家の議論においても、恥の体験は患者の受け入れ難い衝動、特に性欲に向けられた抑圧抵抗として議論されることが多いが、ふつう患者の羞恥は第一に治療者が患者をどう見ているのかに左右されるものとして訴えられる体験である。羞恥体験のこの他律的側面に注目する筆者は、患者の羞恥心を転移と逆転移の分析が必要であることを示す指標として考えるようになった。つまり、患者の羞恥心が際立つ治療関係において検討せねばならないのは、患者が何を恥じているのかの問題とともに、治療者の〈受けとり方〉と、治療者の〈受けとり方〉についての患者の空想である。

本論文は、この患者の羞恥体験を取り扱う治療者の〈受けとり方〉について議論しようとする技法論的な試みであり、治療者は決して患者の羞恥の不安を取り除こうとして羞恥と格闘するものではないことを示したい。(原注1)

II　羞恥体験の他律的な空想をとりあげる技法

1　神話——見る側の〈受けとり方〉

治療のなかでの患者の秘密の吐露や露呈が恥の体験となる可能性を左右する要因のひとつとして、治療者の〈受けとり方〉を挙げることができるだろう。この〈受けとり方〉を議論するとき、最初から筆者の逆転移を検討するよりも、まず読者と筆者の共有するもののなかから具体的な〈受けとり方〉をとり出して、それに伴う問題点についての認識に基づいて臨床体験の理解を深めるやり方のほうが説得力があるだろう。すでに筆者は、日本の昔話や神話の物語の分析をつうじて得られたものを臨床的理解の糧にしているが、今回もまた、日本の神話からイザナギ・イザナミ神話をとりあげてみたい。理由は、恥じる者を見るときの見る側の〈受けとり方〉が具体的に描かれているからである。おそらく、この物語は〈露呈→恥〉という露呈不安の現実化過程を考えるためのモデルとなり、その分析は治療的な関与の方法を具体的に示唆するものになると思う。

河合(13)が「実にわれわれの日本民族の恥の原体験を露わにしている」と評価したイザナギ・イザナミ神話の黄泉行説話は、火の神カグツチを生んだために、イザナミがホトを焼かれて病み臥し、世を去ったところから始まる。(注1)イ

(原注1)本論文は先に発表した『精神療法と時間的要因、その3—転移・逆転移における乙姫の禁止』(北山、一九八一)の議論において未解決なものとして残された課題にとりくもうとするものである。本論文を『その4』としなかったのは、主題が時間と直接的には関係しないからであるが、内容は連続している。また、議論の方法は『その3』と同じで、神話や昔話の分析によって筆者の視点を明らかにした上で、臨床的な検討を行いたい。

ザナギは妻に会いたくて黄泉の国まで追って行き「もう一度帰ってきておくれ」と呼びかけた。それに対してイザナミは、「我をな視たまいそ」と答えて、奥に入ったまま、いっこうに戻ってくる気配がない。イザナギはついに待ちきれず、火をともして「見るなの禁止」(14)(15)を犯して中に入ってみた。ところが、それはもはやかつて知っていた妻の姿とは全く違っていて、ウジムシがたかって、八柱の雷神が生れ出ていた。イザナギは恐れて逃げ出すが、イザナミは自分に「辱見せつ」と言ってこれに追手をさしむけるのである。(注2)

この物語を素材として精神分析的事実をとりだすことを試みた浦上(29)は、この後のイザナギの行動に不潔恐怖の症状を見出して、これを「森田神経質第一号」と呼んでいる。この他にも、イザナギが黄泉国で受けた「穢」を水で清めようとする「みそぎはらい」と不潔恐怖症状との類似に注目している議論はあるが(例えば、小野(22))、浦上は恥の発生をその相手の側の態度に結びつけて考えようとしている。その個所を引用するなら、「イザナギがひとつ火をともしてイザナミの姿を見たとき、女神は恥かしいとはいっていない。イザナギが abandon して逃げ出すときはじめて女神は恥を意識するかに見えるのである」。

ここで使われる abandon という単語は日本語で「見捨てる」と訳されているものであるが、たしかにイザナギの言動に、イザナミが露呈したものに対するこの種の拒否的な態度を発見できる。禁止を犯した侵入者の拒否的行動は彼の衝動や感情体験の表われであり、それが相手の〈露呈〉の不安を現実のものにしている要因のひとつである。この物語に限らず、〈恥〉の心理がとりあげられるとき、恥をかいた〈見られる側〉の心理だけが検討されることが多いが、それは、人々があまりに〈見る側〉に同一化して〈見られる側〉しか見ないからであろう。恥をかかせた側の態度についての浦上の指摘は重要である。それは、研究者や観察者に、見られる側を見るのではなく、見る側を見るという大きな視点の変換を要請する。

2 視線と期待の不一致

常識的にいっても、恥は想像上の他者の注視や、現実の他人の注視のもとで経験されるが、すべての注視が恥の反応をひきおこすのではなく、それは特別の注視である。この恥をかかせる側の視線の特殊な構造を明らかにしたのはシェーラーであろう。例えばモデルや患者の場合のように、普遍的な存在として見られることを志向する場合、他人が彼らをそのような存在として注視しても羞恥はおこらない。一方、恋人同士の場合のように、個人的な存在として見られることを期待している時、その期待に応じた注視が向けられるならば羞恥はおこらない、というのである。

社会学者・作田[26]はこのシェーラーの指摘にもとづいて、自己と他者が異なった立場に身をおいているという関係性から必然的に生まれる〈志向のくい違い〉を恥の発生基盤としてとり出した。つまり、見られるものが期待に応じた視線を受ける限り、恥は発生しないが、見るものがくい違った注視を向けるときに羞恥が生じるというのである。他者の注視のもとで、われわれが内密にしておきたい部分が露呈しても、相手の〈受けとり方〉によっては恥をかかずにすむのだが、相手の視線がこちらの期待を裏切るものであれば、〈露呈〉の体験は恥となる。[注3]

単純化してとらえればイザナミ・イザナギ神話における恥の発生も、見る側の視線と見られる側の期待の不一致

(注1) ホトとは女性性器のことであるが、母神の全盛と死は、この神話では彼女の国生みの神々の出産という性機能の発揮、そしてその性機能の停止と並行する。母の豊かな生産には身体的な傷つき、そして死が伴うという、後の『夕鶴』の悲劇にまで続く、母性の豊穣と陰惨の二面性がここにも出ている。

(注2) ここでイザナミがさしむける追手をヨモツシコメと呼ぶが、黄泉国の醜悪な女性であり、死のケガレの表象である。禁止を破られて恥をかく際に怒りをあらわにする女性像は、多くの「見るなの禁止」の物語中これだけである。また母神イザナミは、イザナギに撃退されて死の国を司る神となる。当然これが撃退できない物語もあり、このパラノイド型の物語については、『悲劇の発生論』を参考にしてもらいたい。

(注3) 簡単に具体例をあげて説明する。モデルが「裸」になってからも相手からこれがモデルとして眺められるなら、また恋人が「裸」になっても相手から恋人として見つめられるなら、恥は発生しにくいというわけである。しかし、彼女が恋人として「裸」になったのに彼が彼女をモデルとして眺める、というような場合に志向がくいちがって恥が発生しやすい基盤が整うのである。

致、すれ違い、くい違いが顕著な関係性によるものであるといえるだろう。先に筆者は[16]、この種の物語における見る側の「見たい・見たくない」「好奇心・嫌悪感」というどっちつかずの態度を指摘したが、この神話のイザナギの態度にも、見たいものを見ようとする好奇心と見たくないものを嫌悪して拒否する気持ちを読みとることができる。これに対しイザナミの側も露呈するものに向けられる視線についての期待と恐怖があって、両者の志向が一致して「見るなの禁止」が破られない場合は問題はなく、たとえ破られたとしても期待に応じた視線が向けられていれば羞恥の可能性は減じられる。

ところが、「見るなの禁止」が破られた上に、見る側が見られる側の期待を裏切る視線を向けるならば完全な志向の〈くい違い〉となる。見る側が見られる側の受容の期待に嫌悪の視線を向ける場合は、その典型例で、見る側は見たくないものを見てしまって見たいものは見れず、見られる側は見てほしくないところを見られた上に空想として恐れていた視線を実際に受けてしまう、ということがおこる。このときに、見られる側の見られたくないことを見ようとした見る側の侵入性と、見た内容に対する拒否的な態度が問題にならずに、見られた側の〈露呈〉だけが問題視されるならば、見られる側は深く恥じてその場から去っていくことになるのだが、事実ほとんどの「見るなの禁止」の物語が見られた側が恥じて去っていくという結末で終っている。

しかし、この神話の他に例を見ない点は、見られた側であるイザナミが、「見るなの禁止」を破ったイザナギを見て怒りを表現し抗議していることである。これを無視することなく、見る側であるイザナギの侵入的な視線と見たものについての〈受けとり方〉を問題にしなければ、正確な関係性の分析にはならないと筆者は考えるのである。

この対人関係論を、治療者―患者関係におきかえて展開するなら、治療者が患者を見て、患者が治療者に見られているような場合、覆いをとる方法 aufdeckende Methode[5] を技法として治療を行う治療者は、覆いをとることの必要性についての理論的な確信と露呈するものについての受容的な態度だけでは、〈恥〉の体験は処理できないことになる。そこでは、「恥部を露呈すると嫌悪される」という患者の空想の分析と処理を必要としている。日常の臨床でも、ふつうは口にされない内容が患者により語られることが必要になると、医師たちは意識的にはどんな秘密でも受けいれようとするだろう。しかしそれだけでは、患者の差恥の不安は処理できないと思う。治療者にできるのは、相手が見せたくないものを暴露しようとする好奇心と侵入性、さらに露呈させておいて嫌悪する自らの可能性に結びつけてそれに対する患者の空想を分析することであろう。そこで患者が見せたくないものについて恐れている注視とは、治療者が見せてはならないといわれている侵入性と嫌悪の視線なのである。

治療中に治療者が患者の内的な世界をこの目で垣間見ようとして、目のやり場に困るという心的な苦痛を経験するならば、そのとき治療者は見たいという好奇心ともってゆきどころのない嫌悪を予感しているはずである。そこでもし、患者が治療室で一方的に恥をかかされたと訴えることがあれば、それは多くの場合、治療者の技法的な失敗であり、治療者は「分析の隠れ身」が〈覗き見〉のための合理化になっていることに気がつくかもしれない。〈覗き見〉は自分を見られないようにしながら相手の隠された姿を暴露しようとする行為であり、侵入的な男性のものである。見られる側はほとんどの場合女性であるが、これを〈覗き〉によって見る自分を否認しようとするのは、見る側が「見るなの禁止」を犯すときの男性的な侵入性と好奇心、さらに嫌悪されるものを取り扱っていることや嫌悪感を抱いていることを恥じているからであろう。

小此木らが「治療者が〈分析の隠れ身〉とか〈医師としての分別〉とか〈禁欲規制〉を守るなどの紋切り型のことばで治療者の役割に立てこもるのではなしに、自己の逆転移を洞察すること」を強調した論文[21]のなかでも、「ふしだらな（女性）患者」に対する治療者の嫌悪感がとりあげられている。筆者も多くの治療者が洞察すべきものとしてこの嫌悪感の可能性をさらに検討したいと思う。[原注2]

3　生理的な嫌悪感

ここで、前回は「乙姫の禁止」や「見るなの禁止」の検討のためにとりあげた異類婚姻説話をもう一度検討しなおしたい。その理由は、この物語においても、見る - 見られるの関係を基盤にして、見る側の嫌悪感と見られる側の羞恥心が際立っているからであり、動物が娘の姿で嫁にくるが正体を見られて去る、という悲劇の結末の場面で見る側の拒否感情や嫌悪感に対して見られた側は「恥ずかしい」という感情で応じている。そのとき「見るなの禁止」が破られて顕わとなる秘密の行為とは女性の出産、授乳、排便、排尿などの生理的な人間行動であり、その姿は蛇や魚などの〈動物〉として描かれる。また、人間女性が動物男性と結婚する話の男の正体も蛇などであるが、これらの日本の昔話を他の諸民族のものと比較した小沢俊夫[23]は、そこに「動物の夫なり女房への強い拒否がある」ことを発見している。これは明らかに人間の〈生理〉についての嫌悪感の表われであり、排尿、排便や出産は自然の摂理に従った人間の行動であるにもかかわらず、それを異類の〈動物〉のものとして追放してしまうのは、物語の語り手や聞き手にも共有されている拒否感情の合理化であると筆者は思う。

女性の内的な生理学的事実や人間の生理的産物の〈露呈〉に対する私たちの感情を古典的な言葉で表現すれば、厭忌、汚穢、不浄などであり、日常的には「いやらしい」「けがらわしい」「汚ない」「見苦しい」「気持ちの悪い」であり、そのひとつひとつにはどこか動物と共通する肉体的な行為であるという印象をもちやすい。これらの人間の生理的な行為の〈露呈〉と〈露呈物〉に対する心的な苦痛は、「近親相姦の禁忌」とは異なって行為の禁止だけでは避けられない。近親相姦はその行動化を禁止して無意識的なものとして抑圧されるのだが、その他の主要な性行為、女性の月経や出産、排便と排尿、病気や死などの生理的行為の姿は、「見にくいもの」「汚いもの」として目をそむけられ、生活周辺の曖昧領域に隔離されて互いに意識的な「禁止」を課されねばならない。この禁止の干犯は、見る側と見られる側の期待や志向の〈くい違い〉を露呈させて、幻想的な「きれいごと」の関係は破綻し幻滅に至る。ゆえに、「醜いもの」を拒否する見る側の嫌悪感には、「美しいもの」についての幻想が幻滅するときの「見にくい」という困難や苦痛がその構成要素のひとつとして含まれているといえるだろう。しかしそれだけではなく、嫌悪感を表現するときの「吐きそう」「ムカムカする」などが吐き気を意味するように、身体的な不快感を伴う生理的な嫌悪感[14]が中核にあると思う。また、フロイトの論文（例えば一九〇五）[6]にもしばしば登場する"Ekel"は「嫌悪」と訳されることが多いが、これも英語では"disgust"であり、受けいれられないものに対する吐き気である。

汚物を「汚物」として位置づけようとするのは、その〈露呈〉を見る側の〈受けとり方〉である。それを産出した本人がすでに創造している本来的な象徴性を読みとるためには、治療者も患者の「見るなの禁止」に加担したり違反したりするものであることを自覚して、治療を設定する側（治療者）が治療状況へ「投げいれるもの」[20]についての分析を必要とする。

以上の物語の検討をつうじて生まれた理解は、臨床における治療者の転移解釈と逆転移処理の技法を内容的に豊かにしてくれるに違いない。事実、筆者は多くの局面をこれによって意味のあるものにしてきた。具体的に言えば、患者の「本来の姿を見せると嫌われる（捨てられる）」という不安をとりあげるときにも、その空想を治療場面で実現してしまう治療者の嫌悪感の可能性と、それに対する羞恥の理解が伴わねば、一方的な抵抗の解釈はおしつけがましくて不安を増大させるものになる。そして、〈露呈〉が〈恥〉となる不安が充分に分析されたならその状況で待っていれば、隠蔽されていた患者たちの衝動や不安が顧わになるはずである。そのときにこそ、たとえば「攻

（原注2）男の子の〈覗き〉や〈好奇心〉が、女の子の去勢についての関心から生まれ、〈覗き〉の「うしろめたさ」は性的な不安であるという、ドイツ語圏の精神分析的な内容の解釈はドイツ語のSchamの意味が「恥」と同時に（女性の）性器であるという直接的な結びつきによって、方向づけられていると思う。しかし、英語圏の研究では、羞恥不安shame anxietyにおいて無意識的に恐れられている危機とは、見捨てられることabandonment（Piers, G., 1953）や拒否rejection（Levin, S., 1967）である。また日本文化においてもすでに民俗学的な研究に基づいた考察（例えば、宮田、一九八〇）で指摘されているように、我が国の民俗事例では、男女の性行為や性器の露出が神事や儀礼の中心軸になっていることが多く、陰陽和合が成立している時間と空間においては不安や恐怖がまったく見られない。しかしそれは、参加者としての男女が互いを拒否することなく和合・一致・調和している限りにおいて「めでたい」のであり、相思相愛の調和が乱れて〈くい違い〉がはっきりすると参加者相互の幻滅の体験となる。この観点から見るなら、去勢の事実とは「男女の本質的なくい違い」が顕わになるという意味を担うのである。

撃」「去勢」「近親相姦」などの精神分析的な意味や投影されていた患者自身の嫌悪感が浮びあがってくるはずであり、それまでに治療者が患者の内部に秘められているものを想像できたとしてもまだよく見えていないものを言語化することはかえって相手を身構えさせてしまって分析を不可能にすることがある。（原注3）

4　空想の分析

日本には出産前後の産婦と新生児の守護神として、「産神」という神がいた。この神は、「産の穢れのあるものは、神参りを避けるのが普通だが、産神だけは特別で、むしろ進んで産屋の忌の中に入り、産婦を守るものと信じられていた」（『日本民俗事典』、弘文堂）。産神が産屋の産穢を拒否しなかったように、現代の医師や看護婦も診察室や治療室における患者の出血や裸体に対して嫌悪の情や羞恥心で反応しないことが社会的に期待されている。これらは、見られる側の羞恥心を刺激したり傷つけないようにする配慮が、その露呈に立ちあう者に求められていて、抑圧せねばならないのは見る側の拒否的な感情であることを示唆している。羞恥心に対する配慮はとくに婦人科医に求められているものであり、同様に、精神分析者も面接室におけるクライエントの心の秘密の吐露に対して嫌悪や拒否の視線を向けないようにすることが理想化とともに期待されることになる。そして、この期待の背景には、〈侵入→注視→嫌悪〉に対する陰性の空想があることについてはいうまでもない。

この問題について、フロイト（7）は「若い娘や婦人と、彼女らを傷つけずに疑惑をおこさせずに、性的なことについて話すことは可能である」と言い、そのときの治療者の態度を、「婦人たちにできるかぎり肉体の露出を命ずることができる」婦人科医の態度にたとえている。この態度には、専門用語を使用する語り口や、彼女たちが性的主題にふれることを納得できていることなどが伴わねばならないことを強調した上で、さらにフロイトは患者たちに向けられる医師の嫌悪感を非難し「われわれは、好悪の感情をも抑制して慣れてゆくことが望ましい」と語っている。

この理想的な婦人科医の態度をこれまでの用語で言いかえれば、「露呈させたものを嫌悪しない態度」であり、これを主張したときのフロイトは患者の「露出して治療者に傷つけられる」空想と分析者の「露出させて患者を傷つけてしまう」嫌悪感に気づいているようである。しかし筆者は、そのような治療関係が成立している場合には、心の婦人科医は肉体の婦人科医以上の仕事をせねばならないと考えている。それは、患者にその秘密を公開することを説得しようとするのでもなく、治療者が自分の嫌悪の可能性を無視するのでもない、そのときの関係性を分析する必要性である。患者の空想を実現してしまう自らの可能性を強く恥じる治療者は、いつまでも自らの侵入性をおさえることに精を出すだろうし、そのことを気づかずに覆いをとる方法を行なうならば、さらに危険なことにな

（原注3）フロイトは子どもの糞便の象徴性が「贈り物」（Freud, S., 1917）にあることを明らかにしたが、これがふつうの献身的なお母さん ordinary devoted mother（Winnicott, D.W., 1949）により「贈りもの」として受けとられているうちは、両者の志向は一致して「きれいごと」の幻想的な関係が成立する。しかし、母親がそれを汚物として嫌悪し、「しりぬぐい」を拒否して幼児に自律性を期待するようになると、互いの間に〈くい違い〉が生まれて、汚物を露出した子どもは恥を体験しはじめる。受容的な母親に幻滅して拒否的な母親に直面することが、乳児の側の幻滅であるが、この過程が転移として体験されることがあるのである。また、恥が子どもの小便の「おもらし」とそれに対する親の叱責により生まれるという、フェニヘル（Fenichel, O., 1946）の大便よりも小便の〈露呈〉のほうを強調する発生論も、恥体験の相互性を説いている。ただし、何が「汚物」とみなされるかについては、文化や社会によって異同がみられ、文化人類学者の研究によれば「月経血の汚染が死の恐怖のように恐れられているところもあれば、まったくそうでないところもある。死の汚染が毎日の心配事になっているところもあれば、まったくそうでないところもある。排泄物が危険視されるところもあれば、ほんの冗談のようにとり扱われているところもある」（M. Douglas, 1966）。日本の民俗学研究でも「汚物」は大小便だけではなく、例えば宮田（一九七九）は「汚物の対象は、人類に共通しているものであり、糞、尿、唾、肉体から剝落した皮膚、爪、毛髪、汗などもある。このうち、災厄に直接結びつくものを極端な恐怖でとらえるから、月経や出産の血穢が抜きんでるのである」と述べている。さらに、興味深いのは、死穢とか産穢、血穢などの発生についての最近の民俗学者の見解である。古い時代においては、「民間では意外に無頓着な面があったのに、貴族たちだけが神経質で、過度に敏感であった」（高取、一九七九）と考えられるならば、不浄なものに対する見る側の〈受けとり方〉が見られる側に羞恥心を生じさせていくという相互に影響しあう歴史的な過程を想像できる。このように近代人の意識にとっての生理的に「汚いもの」に対する嫌悪感に基づいて、古代人にとっての不浄なものに対する気持ちを理解することは、「聖なるもの」についての認識不足であると宗教学者により非難されるかもしれないが、ここで強調しておかねばならないのは、筆者は決して古代人の感情を理解しようとしているのではないことである。この研究はあくまでも患者の神経症的な傾向を個人的な過去の体験から理解することを目標としており、例えばフロイトが宗教感情の源泉とした乳児期の一体感（例えば「万物との一体」、Freud, S., 1930）が幻滅に至る発達の過程を正確に記述するために日本人に歴史的に繰り返し体験されているものを表わす古い言葉を用いているのである。

りやすい。

神話のイザナギは男神でありイザナミは女神である。その象徴的な意味を汲みとれば、「侵入する」「暴露する」「追放する」「辱める」は男性的な機能であり、「侵入される」「暴露される」「辱められる」は女性的である。治療者も人間であり、クライエントもまた人間であり、婦人科の診察室のように両者が完全にモノになってしまえない治療場面では、男性的な侵犯性と嫌悪感が、患者の期待に反して患者を傷つける可能性として、治療者の内部に用意されている。ゆえに、恥の体験につながるこの〈志向のくい違い〉の可能性が、まず治療者によって自覚されて、患者の受容される期待と拒否される恐怖が転移解釈のなかでとりあげられる必要がある。治療者―患者関係におけるこのような相互性が考慮されないならば、「見て見ぬふり」や「臭いものに蓋」の覆いをつける方法 zudeckende Methode のほうがより安全である。もちろん、自分の〈露出したモノ〉の「あとしまつ」をする自律性のない患者を治療しようという場合は、それが育つまで治療者やスタッフが「尻ぬぐい」をすることがまず課題になるだろう。

その場合でも治療者の嫌悪感が強すぎて「鼻をつまみながら」やるならば、それは結果的に外傷を与えるだけの治療になるかもしれない。受身的で被害者的な立場をとろうとする患者たちは、治療者の侵入性に敏感で、嫌悪感によって傷つきやすい。そのために、自らの受けいれられないものに対する嫌悪感を恥じて抑圧するのみという態度を治療者はとるのではなく、自らの許容範囲の限界の存在を自覚して、治療者の〈侵入↓嫌悪〉に対する患者の〈露呈↓恥〉の空想を分析すべきであると筆者は思う。

他律的内容の空想に対して筆者は、衝動、不安、防衛の三要素の認識に基づいて、「……すると、……するので、……するのですね」という解釈を行うことがよくあるが、差恥体験については「人前でオシッコをすると笑われるので隠れてやる」というような解釈でその技法を表わすことができるだろう。この三要素に特徴づけられる対象関係をイズリエル Ezriel, H.(3) はそれぞれ避けられる関係 avoided relationship、悲惨なできごと calamity、要求される関係 required relationship、と呼び分けている。「恥じる」にはこの三つの要素が総て含まれており、「見せる」「嫌悪される」「隠そうとする」の各々の側面の強調される程度が個別の文脈によって変化するのである。そして、この解釈は治療者に対してもあてはまるものであり、それは「(私は) 逆転移を見せると恥ずかしいから隠そうとするのか」、さらに「見ると嫌悪するから目をそむけるのか」という自分自身への問いかけとなる。

III　臨床的な応用

治療者には患者の内的世界をイザナギのような好奇心で覗き見ようとしているつもりはないとしても、患者が強く恥じるとすれば、治療者は患者の不安の処理がまだ充分でないことに気づくだろう。患者の羞恥を抑圧された衝動が意識されるときの防衛と理解して抑圧抵抗としてとりあげる前に、転移として問題になる治療者の〈受けとり方〉についての患者の空想から、とりあげて処理すべきだと筆者は思う。この操作は、恥を取り除くべきものとするのではなく、患者が治療者とともに患者個人の自律的な内的世界を見つめる機会とする道をひらくのである。

以下に、「恥」が問題となった治療中の局面から、治療者についての患者の不安を明らかに示している部分を引用してみたい。筆者の解釈として、「見るなの禁止」の物語の分析によって生まれた「(あなたは) 私に正体を見せると、私に嫌われるので、私から隠そうとしている」と私がいうことが、相手の「恥」の不安の軽減につながることを示した上で、それが「今、ここ」(here and now) の転移分析につながることも強調したい。(注4)

(注4) 以下の記述に見られる、オモテとウラ、建前と本音の二重構造を、ウィニコットの「偽りの自己」と「本当の自己」の病理学から考えてみるのは興味深い。ただし、ウィニコットの場合は、依存をめぐる幼児期早期の育児の問題から生まれる自己の二重構造であり、理論面では常識心理学よりは深層に入り込んでいるように見える。ゆえに、本音が言えるようになることを、彼の意味の「本当の自己」が外界に触れるようになった、と理解することは危険である。それには十分な治療的退行が必要であり、無意識と同じで、簡単に言葉になったり、「表」に出たりすることができないものだと考えておいた方がいいと思う。このへんが日常語による深層心理学の曖昧さであり、誤解を招きやすいところだと言えよう。

・症例A　「やせがまん」さん（二一歳女性、神経性食欲不振症）一般外来における診察

患　者：お父さんは女の子が嫌いだったらしい。私が生まれたとき、男の子が欲しかったので、病院にも来てくれなかったそうだ。それで男の子みたいにふるまったほうがいいと、思うようになった。……それに、妹たちも、お姉ちゃんにまかしておいたら大丈夫と、思っているらしくて、たのまれるとことわれないし、弱音を吐けない。私が弱いところをみせたら、何か悪いことでもしたかのように感じる。おじいちゃんも、お前は、ひとりでやれるから安心だと言っていた。そういう感じなので、私がつらいことを話しても、なにか、すれちがって、わかってもらえない。

治療者：本当の自分をなかなか出せない。出すと相手に嫌われたり、悪いことをしているように感じたり、わかってもらえなかったりするんですね。

患　者：そう、（泣きながら）みっともない、ねえ、そう思いませんか？

治療者：ボクにみっともないところを見せると嫌われるので、隠そうとするのですね。

患　者：（うなずいて）ええ、それが一番恐い。私が、苦しんでいても、わかってもらえないような気がして、話したってしかたがないと思い、すぐにツッパッテしまう。（略）

治療者：ボクはあなたの親と同じに見られていますね。

〔男の子のようにやせることにより女性としての生理学的特徴をいっさい拒否することが、家族力動のなかで与えられて彼女によって引き受けられた役割なのである。この面接の後、話せたぶんだけ食べられるようになった。彼女の「弱音」が露呈しかけて、そのときの露呈の不安が解釈された。生理的な涙の露呈は、彼女の恥の苦痛につながっていたし、月経という「生理的出血」も、生理的に受けいれられないものであった。〕

・症例B　「完全主義」君（二四歳男性、視線恐怖、対人恐怖）精神療法中の面接

患　者：自信がないので、いつも緊張しているんです。（首をひねって）うまく話せないなあ、なんて、言ったらいいか……

治療者：言ったら悪いとか、いいとかを、とても気にしていて、言っていいことだけを話そうとするのですね。

患　者：完全主義なんですね。

治療者：いつも、どこかに欠点があると思うのですね。

患　者：（しばらく考えて）誰にも言わなかった話なんですが、ボクが名門のA高校に入ったとき、ボクはA高校の学生だから、優秀でなければいけないと思っていた。しかし、小学校、中学校で一番だったボクの成績はどんどん落ちていった。中学のとき社交ベタで、友人とうちとけないという悩みがあってとにかくボクから勉強をとったら何ものこらないんだと思いこんでいた。両親の期待も大きかったのに、ひとつ下の妹が同じ高校に入って、ボクよりできるとわかったとたんに、急に冷たくなった。

治療者：勉強ができることが、親やみんなに愛される方法になっていた。

患　者：そう、一方で、できないやつは、ヒトに相手にされないんだと思いこんだんです。こんな話をすると、軽蔑されると思い、誰にも言えなかった。でも、言えてスッキリしました。ボク自身が、こんなにボクに対して、軽蔑の心を持っている。大学へ入って、ヒトの視線が気になり、学校へ行けなくなったとき、とてもみじめでした。

治療者：今もみじめに感じていませんか？

患　者：話しはじめたとき、一瞬はずかしいと思ったけれど、言ってよかった。

〔この面接の後、彼の状態は少しよくなった。しかし、その後も、治療者を喜ばせるために、なにか面白い話をつくろう、間をもたせよう、とする治療が続く。彼は、彼にはヒトに愛される魅力が何もない、という「人間失格」の不安をいつも抱いており、恐れていたのは「醜いペニス」の露呈による「仲間はずれ」であった。秘密の告白は劇的であるが、それが「たれながし」のようになることで、他の事実の〈露呈〉をより以上に見えにくくさせるための防衛となる。私たちは他者一般をヒトと呼ぶが、そのヒトから「見られている」「嫌われている」という不安をもつとき、私だけがヒト（＝人間）から「仲間はずれ」になるという〈おとしめられる不安〉が根底にあり、それが異類婚姻説話の見られる側の不安にも共通するのである。〕

・症例C　「すみません」さん（二八歳女性、醜貌恐怖）精神療法中の面接

患　者：すみません、先週はワガママばかり言ってしまって。先生が、気を悪くされたんじゃないかって、心配しました。

治療者：私が怒っているのが心配なんですね。

患　者：だってそうでしょう。お医者さんだって怒ることがあるでしょう。先生、怒っているんですか？

治療者：怒っているように見えるんですね。

患　者：あら、そんなことをいっていいんですか、精神科の先生なら怒ってはいけないはずですよ。（略）

治療者：どうやらあなたは小さいときから、相手が怒っているかどうかを、心配しながら生きてきたようですね。

患　者：自分を出すと嫌われると思っていたんです。妹はきついし、母は傷つきやすいし、いつもビクビクしていた……（中略）……それじゃ、先生、ここは、自分を出していい場所なんですね。あ、すみません、勝手なことばかり言ってしまって……気を悪くされたでしょう。私って恥ずかしいですね。

〔この症例は自分を出したぶんだけ嫌われると思うので、治療の中断を要求することが多かった。ここまでくると、「恥をかかせる目」というよりも、「迫害の目」とでもいえるような妄想的なもので、彼女は相手に嫌悪感をひきおこそうと試して、どんなにわずかなものでもそれを読みとろうとするのである。〕

・**症例D**　「イイコ」君（一九歳男性、不安神経症）外来における初診

患　者：イイコにしていなくちゃいけない。なにか文句をいうと、すぐにオヤジが、なぐったりけったりして、恐かった。それに、お母さんも、ボクがイイコにしていると喜こんでいるし、小さいときから、ニコニコしているのがいいんだと思いこんでいた。

治療者：ここでも、笑い事ではない話を、ニコニコしながら話しますね。(注5)

患　者：だって、こんな話、先生も聞きたくないでしょう。心のどこかで、笑っているような気がする。先生は、ボクが勝手なことをいうと、とてもイヤな顔をするんですよ。知っていますか？

治療者：（うなずくだけで、一瞬、無表情。心の中では治療者自身が侮辱されたと感じている）

〔これは初診の面接の記録であるが、彼は二回目の面接に戻ってこなかった。話さずにわかってもらいたいという気持ちが彼に強すぎたようであるが、それを解釈しても、彼は自分のことを話し続けては、私の「冷たい」態度を非難していた。約束の面接を欠席することでも、反省を促そうとしたらしい。ここでは「紺屋の白袴」「医者の不養生」という、治療者の「見るなの禁止」の問題を患者に指摘されている。取り扱いに失敗し、気持ちを受けとめられなかったところが、治療者の恥をかきたくない気持ちの表れであるが、この問題はあとで議論する。〕

・**症例E**　「サルになれないサル」さん（二九歳女性、乗物恐怖）精神療法中の面接

患　者：電車に乗ってみようと思ったけれど、乗れなかった。〔彼女は、電車のなかで発狂してみんなの前で醜態

（注5）前後の「やりとり」が書き込まれていないので誤解を招きやすい報告であり、この「今、ここ」の指摘はきついし、冷たいものに見える。当時の私は、不安は「今、ここ」の解釈でしか軽減されることはないという理論を十分な理解のないまま信じて、ときに治療の最初から「未熟で」「中途半端に」行うことがあった。この例で見られるように関係を泥仕合にすることがあるので、今では初診の段階では使用することはない。そして、このようなことになったのはすでに治療者の〈受けとり方〉に中立性を損なうものがあり、治療同盟の意義や治療関係を見極める力も、必要なユーモアも柔らかさもなかったのだと思う。

をさらけ出してしまう、という恐怖をもっている。」というのも、今朝、息子がポルノ雑誌を机の上に置いていた。吐気がしました。私は、どうしてこんなイノシシのような男どもにかこまれて生きていかなきゃならないのでしょう。見苦しいし汚いと思う。まだ頭痛がするし、そういうことがあることは知っているが、私には見せてほしくはない。

治療者：昔からそうなんですか？

患　者：いやでしたね。こんな思い出がある。両親が別々にオフロに入るのを見て、二人でいっしょに入ったらと言ったら、すごく怒られた。とにかく、家の中にはその種のことはひとかけらもなかった。……（中略）……私はサル山へ行くのがいやでした。人間に似ていて男と女のことをあからさまに表現して、本当に嫌いだった。

治療者：人間もサルのようなことをすることを認められないんですね。

患　者：そんなふうに言われると、とてもつらい。（笑う）少女のように生きていければなあと思う。見苦しいことをさらけ出したくないんです。でも、ミクロネシアの孤島では、まったく大胆になるんですよ。誰も見ていないし。

治療者：サル山でやっとサルになれるんだ。

患　者：そう、恥はかき捨てですね。（手をすりあわせて）先生、なんとか、サルをきり捨てて生き続ける方法はないでしょうか。

治療者：あると思いますか？

患　者：ないでしょうねぇ。でも、私も年をとれば図々しくなるかもしれませんね。すみません、こんな井戸端会議のような話につきあわせて、ばかばかしいでしょう。子どもみたい。

治療者：また、私に嫌われた、バカにされたと思うのですね。あなたはそういうところを私に見せないでなおりたいと思う。

患　者：（甘えるように両手をすりあわせて）そうです先生、お願いします。なんとかなりませんか。

〔この症例は、以前にも一度中断しており、三年の後に再開したものである。前回は、深い話に立入らずになおせる方法を患者が終始要求して、中断してしまった。今回の治療では、自分の一部を少しは見つめることができるようになって、症状は消失した。すると、「これ以上の治療はもうけっこうです」「ひとりでやってみます」と言いはじめた。私は、「あなたの生活態度を変えない限り、再発の可能性はある。自分の生き方を見つめることができるようになって、はじめてヒトに見られることを恐れなくなる」ということを強調して、一応の終結とした。これ以上続けることにより、彼女の「見るなの禁止」を犯したならば、再び治療は中断になっていただろう。これが、イザナギがイザナミを覗き見て、二人が訣別して以来繰り返されている「恥の体験」であり、むやみに治療者が覗きこむと、患者を他界へ追放することになるかもしれない。〕

以上の症例のそれぞれについて、治療者のものとして取り扱われる嫌悪感のどこまでが治療者のもので、どこまでが患者の投影であり、どれが誘発されたものであるかについて正確に答えることはほとんど不可能だろう。治療者が嫌悪するから患者が恥じるのか、患者が羞恥心を表わすから治療者に嫌悪感がひきおこされるのかの問に答えようとすれば、実際には完全な精神分析と完全な教育分析が必要となるに違いない。問題は、両者が対になって他律的に発生するという空想であり、治療者と患者の〈志向のくい違い〉の責任をどちらか一方だけに帰すことはできないという事情と、そこから生まれた不安の起源を誰かひとりにおしつけて解釈しようとする一元論的な完全主義は治療初期には有害なものになるという点を強調しておきたい。

さらに、「いかなる分析者も自己のコンプレックスや抵抗の許容範囲以上に治療を進めることはない(8)」という事実のために生じる可能性、つまり治療者が自分の許容範囲を越えて相手の内的な秘密を暴露するかもしれないという可能性に注目すべきである。治療者が受け容れられないものをおしつけられたときに感じる嫌悪感は、治療者の患者に対する抵抗としての逆転移の洞察をとおして、治療者自身の許容範囲をひろげる機会を提供するだろう。しかし、何もかも受け容れられる治療者像の現実性に疑問を感じる筆者は、そういう努力が、患者の側にある「相手（治療者）の許容範囲以上のものを露呈してしまうかもしれない」という治療初期の不安を、完全に解消することはないと思う。

従来の技法論における治療者の〈受けとり方〉についての議論は、古くは逆転移と教育分析、最近ではビオンBion, W.R.(1)の"contain"の機能と投影性同一視などの概念を利用した研究により、許容できないものの受容、受け容れ機能の改善、許容範囲の拡大、最後にどうしても受容できないものを相手方のものとする傾向などへと方向づけられてきたようである。(注6)筆者はこの方向づけは、多くの治療者に共有される「治療者としての不完全さ」についての羞恥心や罪悪感に動機づけられているときがあると思う。しかし、どんなに許容範囲が拡大しても、許容できる範囲と限界は存在するし、受け容れられないものの可能性は残るのである。

患者に対する治療者の〈受けとり方〉についての患者の不安を分析することとは、もちろん治療者の不完全さを認めることとそのものではない。しかし、それを混同する治療者は自らの不完全さを強く恥じて、完全な治療者になるための努力を惜しまないだろう。そして、自分についての完全主義は、不完全さや欠点についての嫌悪感を強めることになり、患者だけが恥ずべき存在として取り扱われることになるが、これも患者の羞恥体験の他律的側面なのである。

以上のような羞恥の認識に基づいて、治療者の〈受けとり方〉についての患者の羞恥心を転移分析をつうじて取り扱うためには、逆転移としての患者に対する治療者の〈受けとり方〉とともに、その〈受けとり方〉についての自らの羞恥についても洞察が必要になるのである。狭義の逆転移とは患者に対する〈受けとり方〉としての治療者の反応であるが、逆転移についての治療者の羞恥やこだわりのほうは逆転移そのものではなく、これは患者とは間接的にしか関係のない治療者自身の神経症的葛藤の産物である。ゆえに、患者に対する治療者の〈受けとり方〉についての患者の不安が転移として際立っているとき、その〈受けとり方〉についての治療者自身の羞恥心は治療場面外で問題にせねばならない。治療者自身の羞恥心は、受容されることを期待する患者に対する衝動や陰性感情についての医者としての羞恥の感情や、嫌悪されるかもしれないものを自覚するときに体験する対社会的な恥ずかしさなどから成るものであり、個人的な自己分析の対象である。

ところが、患者の羞恥心と治療者の羞恥心がどちらも他律的な内容であるために混同されやすく、ここに、治療者の〈受けとり方〉についての患者の不安の取り扱いの難しさが生じる。症例Dを例にとるなら、患者の転移は患者が露呈するものに対する治療者の〈受けとり方〉についての空想によって特徴づけられているが、患者の嫌悪感や攻撃性についての投影性同一視の観点からの分析を困難にするものとして、患者が露呈するものに対する治療者の〈受けとり方〉についての葛藤が治療者自身に生じていた。これは、患者に対する逆転移としての嫌悪感の可能性を患者に指摘されたことによって顕在化した羞恥の感情であり、治療者の個人的な神経症的葛藤の産物であるにもかかわらず、治療者の心の中では内容的に似ている点があるために、転移や逆転移と混同しやすくなっていた。つまり、治療者は患者の態度に好奇心や嫌悪感を覚えながらそういう自分を恥と感じて、その恥の苦痛のために自らの嫌悪感の可能性を否認しようとしていた。このために、患者の不安ばかりが相対的に際立って、患者に対する治療者の〈受けとり方〉についての患者の空想をとりあげる転移理解が正確に行えないようになっていたのである。(注7)この局面の解決は、自らの嫌悪の可能性についての治療者個人の羞恥の感覚と、治療者の暴露と嫌悪を空想する攻撃的な患者の羞恥心との混同に気づくことから生まれるものであろう。

(注6) これにウィニコットの「キャパシティ」を含めば、一般にこれらの能力が「包容力」と呼ばれる理由が分かる。しかし、何もかもを飲み込んで抱え込むばかりが治療者の仕事ではなく、「腹八分目」なのであり、包容力の限界を示すことも重要なのである。

(注7) まずは聞くこと、受けとめることに徹する必要があった。

羞恥心にはもちろん個人の心理学のみで完結する側面があるが、症例にみられたようにそれには発生論的にも相手の反応や態度に左右されるといわれる他律的側面がある。治療場面ではこの他律的な内容の空想が生まれる過程の分析が、患者の羞恥体験を取り扱うときには必ず必要になると筆者は考えている。（原注4）（原注5）

Ⅳ　さいごに

見られる側である患者の気持ちはそれを見る側の態度によって左右されるという羞恥体験を分析する技法が、本論文では論じられている。主体の心の動きをつねに対象の性格に結びつけて考えるという観点から筆者は次のことを強調した。

・羞恥の体験は、本人の内的衝動に対する防衛の表われであると議論できる側面と、相手の〈受けとり方〉に左右されるものとしてとりあげることのできる側面とがある。

・治療者の〈受けとり方〉についての患者の空想は転移として取り扱うべきものであるが、治療者が自らの〈受けとり方〉を恥じるならば、転移分析は困難になる。

・治療者の患者に対する反応や転移としての〈受けとり方〉が逆転移であるが、この逆転移についての不安は、治療者の個人的な神経症的な傾向の表われである。

・精神療法者は無意識的な秘密を露呈させようとして患者の抵抗と格闘するのではなく、むしろ治療者の〈受けとり方〉についての患者の空想を分析すべきだろう。

・羞恥は主に、隠しておきたいと思っていた側面が覗かれて拒否的な注視を向けられるときに生じる。治療者の嫌悪感が患者の羞恥不安を刺激してその空想を現実のものにする。

・「見るなの禁止」とその違反を主題とした日本神話においても、見る側の嫌悪が見られる側を辱しめている。

・恥ずべきものと嫌悪すべきものとの間には深い結びつきがあり、その〈露呈〉についての受容の期待と拒否の恐怖が、日本文化においても顕著である。

・このような相手の〈受けとり方〉についての患者の空想をとりあげる方法は、「あなたは私に正体をみせると嫌われるのではないかと恐れているので、隠そうとする」という解釈によって代表させることができる。

最後に、素朴な感想として、これだけ恥じる側の心理が日本文化のなかで際立っているのにもかかわらず、それに対応するはずの暴露して嫌悪する側の自覚やその「恥をかかせる目」の問題をとりあげている議論が多くないとすれば、少なくとも治療技法論としては不完全であると考えていた。イザナミ・イザナギ神話においても、「見るなの禁止」を破ったイザナギの罪は不問にされて、水に流されてしまう。そして、「見られるなの禁止」を破ったイザナミのみが、「恥ずかしい」と言って怒り、悪の象徴として隔離されるのである。このとき、恥をかかせた側に、自分のやったことについての否認が機能している。異類女房説話においても、女房たちは恥をかいて去ってゆき、覗いた者たちは無傷で生き残る。こうして、実際に「見るなの禁止」に違反した者の罪がとりあげられずに、見られて恥じる者だけがとりあげられるところが、日本的なのかもしれない。「見るなの禁止」を犯したことについては、その物語を読んだり聞いたりする読者も共犯であるにもかかわらず、その〈覗き見〉の可能性が問われな

(原注4) 本節の症例につけられた名前は治療者の〈受けとり方〉を表わしている。

(原注5) 特に恥の体験についてではないが、治療者の自らの不安についての否認が、患者へ不安を伝染させる可能性について、フロム‐ライヒマン(Fromm-Reichmann, F. 1955)が論じている。また、患者が投影した受け容れ難いものが治療者によってひきうけられる側面についての議論が最近あらわれているが(例えばGrinberg, L., 1962)、筆者は治療者に心あたりのない邪念をすべて患者のものとする傾向を大きな危険をはらむものとしてとらえている。また、ビオンの"contain"という概念は、本論文の議論を展開するときの大きな刺激になっているが、筆者が注目しているのは「受けいれ」そのものではなく、「受けいれられること」についての患者の不安と期待である。ただし、"contain"の訳語として「受けいれる」が適当であるとは、筆者は今はまだ考えていない。

いのは、それを見るだけで誰にも見られない立場に身をおく読者がその覗き見を否認するからであろう。

かつて筆者は、「乙姫の禁止」をとりあげた論文で次のように述べた。

「乙姫や女房たちは私たちの投影をひきうけたまま〈禁忌の干犯→正体の露呈→離別〉という公式を残して、一方的に追放されるのだが、これ以上の追求は主人公の『覗き見ようとする』好奇心や『恐いもの見たさ』の分析の後に行われるべきである。」これをさらに展開した筆者は本論文で、覗き見ようとする男性主人公の好奇心が決して無邪気なものではないことを示すことができたと思う。

見る者の責任は重い。私たちは、頻繁に「患者をみる」と言い、母親は「子どもをみる」と言う。みるときにどのような受けとり方をしているのかを問うとき、〈露呈したモノ〉をつきかえしたり、自らの嫌悪の情で反応している場合のあることに気づきはしないだろうか。[注8] 羞恥体験のこの日常性を示すために、「羞恥」や「恥」の心理学用語としての定義づけを行うことなく議論を展開したが、その明確化はもちろん今後に残された課題である。

（本論文の完成にあたって小此木啓吾先生より有益な助言と励ましをいただきました。ここに記して厚く感謝いたします。）

文献

（1）Bion, W. R.: Group Dynamics: a re-view. In Klein et al, New Directions in Psycho-Analysis, Tavistock Publications, London, 1955.
（2）Douglas, M. (1966): Purity and Danger. Routledge and Kegan Paul, London, 1978.
（3）Ezriel, H.: Experimentation within the Psycho-Analytic Session. Brit. J. Phil. Science, 7, 29, 1956.
（4）Fenichel, O. (1946): The Psychoanalytic Theory of Neurosis. Routledge and Kegan Paul, London, 1971.
（5）Freud, S. (1905): Über Psychotherapie.「精神療法について」（小此木訳）『フロイド選集15』日本教文社、一九六九
（6）Freud, S. (1905): Drei Abhandlungen zur Sexual-theorie.「性の理論に関する三つの論文」（安田ら訳）『性と愛情の心理』角川文庫、一九五五

（7）Freud, S. (1905): Bruchstück einer Hysterie-Analyse.「あるヒステリー患者の分析の断片」（細木、飯田訳）『フロイト著作集5』人文書院、一九六九
（8）Freud, S. (1910): Die zukünftigen Chancen der Psychoanalytischen Therapie.「精神分析療法の今後の可能性」（小此木訳）『フロイド選集15』日本教文社、一九六九
（9）Freud, S. (1917): Über Triebumsetzungen, insbesondere der Analerotik.「欲動転換とくに肛門愛の欲動転換について」（田中訳）『フロイト著作集5』人文書院、一九六九
（10）Freud, S. (1930): Das Unbehagen in der Kultur.「文化への不満」（浜川訳）『フロイト著作集3』人文書院、一九六九
（11）Fromm-Reichmann, F. (1955): Psychiatric Aspects of Anxiety. In Psychoanalysis and Psychotherapy. The University of Chicago Press, Chicago, 1959.
（12）Grinberg, L.: On a Specific Aspects of Countertransference due to the Patient's Proiective Identification, Int. J. Psycho-Anal., 43, 436, 1962.
（13）河合隼雄（一九七五）「自我・羞恥・恐怖」『現代のエスプリ』一二七号、一三一、一九七八
（14）北山修「同性愛的な強迫観念をもった女性症例」『季刊精神療法』六巻、一五四、一九八〇
（15）北山修「見るなの禁止」『青年心理』二二巻九月号、一九八〇
（16）北山修「精神療法と時間的要因、その3」『精神分析研究』二五巻一号、一九八一
（17）Levin, S.: Some Metapsychological Considerations on the Differentiation between Shame and Guilt. Int. J. Psycho-Anal. 48, 267, 1967.

（注8）治療者の嫌悪感、つまり治療者の許容範囲を超えるときに発生する「患者を傷つける可能性」について、もうひとつ挙げておかねばならないものがある。それは、定められた規則のなかで出会い続けるという治療設定の意義のことである。日常生活ならば時と場合に応じて発生する〈傷つける─傷つけられる〉という問題は、治療では定められた部屋で限られた時間でしか治療者が患者に会わないという、規則化された設定によって回避されていることが多い。日常では当てにならないときもある治療者が、治療では当てになるようになるのは、この治療面接の規則性に負うところが大きい。患者を治療者の「いい加減さ」から守るという役割、これを小此木のいう治療構造の積極的な機能に含めたいと思う。ときには治療者が治療の外に出て自身の葛藤や羞恥心を処理する必要があり、保持機能がゆるい患者に対するときほど、また包容力のない治療者ほど治療構造をしっかりさせたほうがいいというような、治療内容と治療構造の相関があるのではないか。

（18）宮田登『神の民俗誌』岩波新書、一九七九
（19）宮田登「『性』の文化」『青年心理』二二号、一八、一九八〇
（20）小此木啓吾「〈逆転移〉の操作構造論的研究」『精神分析研究』九号、一〇号、一九六二
（21）小此木啓吾、鈴木寿治（一九六八）「逆転移と治療者のパーソナリティのとりあげかた」『現代精神分析Ⅱ』（小此木啓吾）、誠信書房、一九七一
（22）小野従道「日本的風土におけるおんなの成長」『育つことのうちそと』（岡本、野村編）、ミネルヴァ書房、一九七九
（23）小沢俊夫『世界の民話』中公新書、一九七九
（24）Piers, G.: Shame and Guilt. In Piers and Singer, Shame and Guilt. Thomas, Springfield, 1953.
（25）Rycroft, C. (1968): Imagination and Reality.『想像と現実』（神田橋、石川訳）、岩崎学術出版社、一九七九
（26）作田啓一（一九六四）「恥の文化再考」『恥の文化再考』（作田啓一）、筑摩書房、一九六七
（27）Scheler, M. (1933): Über Scham und Schamgefühl.「羞恥と羞恥心」（浜田訳）『シェーラー著作集15』白水社、一九七八
（28）高取正男『神道の成立』平凡社、一九七九
（29）浦上帰一「対人恐怖と日本文化」『精神分析研究』一〇巻六号、一九六四
（30）Winnicott, D.W. (1949): The Ordinary Devoted Mother and Her Baby.In Winnicott, The Child and The Family, Tavistock Publications, London, 1957.

第九章　保持機能の観点からみたいわゆる「境界例」*

I　はじめに

古典的な発達理論においては、肛門期はそれ以前の口唇期とそれ以後の男根期の中間にあって、病者の退行と固着点を考える時の重要な移行期であり、その精神分析的精神病理学における価値は今も変りはないと思われる。しかしながら、現代精神分析理論においては、「味噌も糞もごっちゃにする」と思われている幼児の発達初期の研究がこの数十年の間に精力的に進められたために、肛門サディズム anal sadism が攻撃性 agression と区別されずに扱われることもあり、肛門期に固有のものとしてとりあげられることが稀になってきていると思う。さらに、筋肉や神経の発達に伴う括約筋支配の達成による身体内容物の保持と衝動コントロールの課題は、自我機能の衝動コントロール達成と自律性獲得の問題として考えられる傾向が強いようである。

また、強迫神経症の精神病理学を考えるとき、肛門期の観点からみた臨床理解は、フロイトの観察により欠かせ

---

*小論の原題は「肛門期の観点からみたいわゆる「境界例」——とくにその保持機能について」である。精神分析研究、第二七巻二号、一九八三、六七—七二。内容の大部分は、昭和五七年一〇月二四日の日本精神分析学会第二八回大会におけるシンポジウム「パーソナリティ障害と境界例」において発表された。

ないものとなっていた。しかし、最近の研究者たちはそれを病理の始まる時期と考えるにはあまりに遅すぎるとして、さらに早期の体験にさかのぼろうとしていることを、アンナ・フロイトFreud, A.[5]が指摘している。また、ハイマンHeimann, P.[11]も、幼児のより早期の体験に病理の始まりをもとめようとする研究者が増加するにつれて、それより後期の発達段階についての興味が次第にうすれてゆき、肛門期の研究そのものが減少していると述べている。一方、エリクソンErikson, E. H.[4]は、古典的な立場とネオフロイディアンの中間にたち、肛門という局所だけではなくその全身と全人格が保持と排泄を経験しながらその葛藤を解決して自律性を獲得するという考え方を提示している。確かに、肛門部や肛門機能が情緒的意味合いを賦与される過程は、文化や強迫的な母親の態度によって左右されるという事実は観察できるが、筆者にはそれが肛門期の重要性を無意味なものにするとは思えない。どのような民族においても、その文化は私たちの内的な精神過程を反映するものであり、清浄と不浄を区別する意味秩序と不浄なものの浄化装置としての儀礼を備えているだろう。そこでみられる、身体内容物や身体からの流出物が不浄なものとして取り扱われているという傾向は、身体内容の保持と解放の調律を身につける――訓練をうけて学習するという意味も含めて――時期を幼児がなんらかの形で経験せねばならぬことを示しているのである。

筆者は、いわゆる攻撃性から肛門サディズムを区別して、排泄と保持にまつわるさまざまな体験の意味について考えることは、強迫症状をもつ症例の治療においては欠かせないものであると思う。また、肛門サディズムが肛門的という形容とともに問題になるところでは、それは肛門期に固有の心的葛藤や満足に結びついて体験されるものであり、肛門性analityを伴わない肛門サディズムの議論そのものが成立するとは考えられない。[注1]

この論文の初めでは以上のような認識から出発して、「祟り」や「汚れ(けがれ)」を恐れたある強迫神経症者の精神病理について、肛門期の相からみた筆者の考えを要約してみたい。その上で、衝動コントロールが悪くて「しまりが悪い」ために、一見「肛門期以前の問題」のようにとらえられ、保持と放出の葛藤を経験できないように思われた症例を、肛門期の観点から検討してみたいと思う。この例は、米国精神医学でいえば「パーソナリティ障害」と診断できると思われたので、これと神経症を肛門期の水準において比較しながら、この問題の理解を深めてみたいと思う。そして、最後に、治療技法のための若干の理論的考察を行なう。

Ⅱ　肛門サディズムと「祟り」の恐怖

「祟り」とは、神仏の意志に反して、不法、不敬を働き、禁忌を犯したことを原因として懲罰的な制裁を受けることおよびその恐怖である。この「祟り」の恐怖を訴えて来院し、祈らずにはいられなくなって祈禱強迫の症状を示した神経症患者については、すでに治療経過を報告している。(15)(注2) ここでは、彼の肛門期的な特徴を、従来の肛門期理論と照らし合わせながらとりあげて、その精神病理を描き出してみたい。

(1)　服従と反抗　「神に服従しようとすると不敬の念がでてくる」「不敬の念が浮かぶと、死が私を罰するように感じて、祈りたくなる」というのが彼の主訴であった。この祈りが発作的に続くと、ウンウンうなって面接室に来れないくらいになった。また治療者に対しても、心の秘密を隠しながら、一方でそれが露呈して叱られることを恐れており、服従は保持に、反抗は放出に対応していた。

(2)　見えないところについての疑惑　治療者の母親、治療者と母親の面接者、治療者と看護婦などの間に成立しうる情報の交換について「何を言われているかわからないから恐い」といい、つねに疑惑の念を抱いていた。また、この見えない「ウラ」についての不安は、「治療者の心の中」に対する不信感や自分自身の背後にある「うしろめ

（注1）エーナリティとは、身体内容物の保持と放出の要素、とくに保持という運動イメージが伴うことを指す。肛門サディズムは、その保持放出の運動が関わった攻撃性であり、本論が示すように、これによって特殊な攻撃性として区別できることが多い。神話ではスサノヲのものとして描かれる。

（注2）『覆いをとること・つくること』第二章に症例Aとして掲載。

たさ」という具合にひろがって、覗きこんではみるが見極めることができないために、疑惑が晴れることはなかった。

(3) **超自我**　神として内在化された観念として結実しつつあるが、「気まぐれ」「気分がすぐに変る」「突然怒り出す」ということから、つねに母親との体験の記憶に結びついていた。理由もなく怒り出すために、恐くてしかたがないというのは、根底に妄想的で迫害的な不安があるためで、幼児期の「離乳食に毒が入っていた」という空想がそれを示していた。

(4) **万能感**　自らの罪の意識は祈りや「はらい」によってとりのぞくことができると思われており、罪が物質のようにとり扱われている点が、いわゆる内在化されている罪悪感とは異なるところである。さらに、賞賛されるとすぐに本気になり、なんでもひきうけてのみこんでしまい、一人でなんでもできるという気持ちがますます強くなるという傾向は「肛門期的なナルチシズム」と呼べる特徴であろう。そしてこの万能感は傷つけられるとすぐにおちこんでしまうが、またすぐに「神のようにまつりあげられるとその気になる」というのである。

(5) **露出傾向**　「ストレス」がたまると下痢をして、食べすぎると吐いて内容を露出してしまう。さらに、みんなに賞賛されて注目されるときも、たとえ批判されるときも、つねに全員の注目のマトになっていると感じていた。またこの露出願望が相手に向けられると、対象の内容を覗きこんで暴露しようとするという傾向につながる。この相手に対する暴露傾向と自己の内容についての露出傾向は同じ根をもっていると思われた。

(6) **矛盾の苦痛**　批判や祟りを恐れる自分と人々や神に讃えられたいという自分の矛盾、時間を「厳守したい」(注3)といいながら治療に遅れてくるという自己の矛盾、この他にも、両親や治療者に対する矛盾する感情の存在はどの局面においても際立っていた。そして、このことを治療者により指摘されると、非常に不愉快になり、「焼け糞」「どうでもいい」「放り出したくなる」ような苦痛を体験した。

(7) **保持機能不全と「受けいれてほしい」**　乳児の頃から、吐くことや下痢をすることが習慣になっていた。この下痢は、治療者がその内容を受けいれて、本人が自らの「のみこみすぎ」と肛門サディズムを意識して「しまりの悪さ」を比喩的に自覚したときに止まった。身体内容物や衝動を保持できない傾向は、「几帳面」であるにもかかわらず、いつも身辺が「ちらかっている」というところに現われたり、実際に準備を完全にしようとして注意していても、いつも「どこかぬけていて」恐くなってしまうのである。人々はそれに対しぜったい容赦してくれることはないと感じられてはいたが、その背後にある許してもらいたいと祈る気持ちも強かった。

(8) 肛門サディズムとトイレット・トレーニング　彼の「吐き気」や「下痢」は肛門サディズムの現れであったが、それは彼自身の「糞くらえ」という言葉で意識された。神を汚すことや不敬の念とはこの衝動から生まれる幻想に結びついた言葉であった。また、厳しくて苦痛に満ちたトイレット・トレーニングを想像させる体験が語られており、これまで一度も「気をぬく」ことができなかったようである。

以上のような特徴をもつ神経症患者の治療経験から、自らのサディスティックな衝動に敵対する超自我の下で祟りの恐怖が発生することが理解された。そして、対象を汚そうとする排泄傾向とその結果を恐れて保持しようとする傾向が、その結びつきを体験するときの矛盾の痛みのために乖離するという現象がみられた。この恐怖の発生については、口唇期的な要素は重要であり、治療の中でもその理解は生かされてとりあげられている。しかし、ある時期においては、肛門期の加虐性の意味を言葉によって意識化し内心に保持できるようになることが治療の眼目となった。そして、これをたんに、拒否 rejection や攻撃性 agression としてとらえるならば、肛門サディズムにまつわる「汚したい」「冒瀆したい」「辱めたい」「糞くらえ」といった意味をみのがすことになると思う。

（注3）矛盾の苦痛はうまく処理（消化）されないと、「不純」や「割り切れない」「未消化」の感覚となる。この苦痛が未消化物をして悪い汚物となすが、悪いものとして体験されて保持の意識を伴うときは恥と罪の意識につながりやすい。

Ⅲ　保持機能不全といわゆる「境界例」

次に、以上のような強迫神経症者の治療において観察される肛門期的な要素が、いわゆる境界パーソナリティや境界状態の精神病理学にどのようにつながるのかについて考えてみたい。一般に、境界例は衝動コントロールが悪く、欲求不満の苦痛に耐えられないことを特徴とするといわれており、この特徴が肛門期の観点から肛門サディズムの保持機能不全(注4)として理解できるという可能性がまず考えられるだろう。これを検討するために、次にとりあげる症例は、衝動コントロールが悪くそれを保持することの困難さを訴えて、受診した三三歳の男性である。

音楽教師である彼の具体的な訴えは、女子学生が恐ろしくて仕事ができないという困難、自分の肛門に便がついていることが不安でトイレット・ペーパーを一回で一巻以上つかってふいてしまうという強迫症状、また自己臭により相手に嫌われているのではないかという不安などであった。これらの症状に結びついて、彼にはやめられない衝動的な行為があり、一〇年以上にわたって電車の中で中年の女性の体に、ふれたり、自分の体をおしつけているという「チカン」の問題があった。この種の行為の後に彼は「恥ずかしさ」「うしろめたさ」などを感じて、抑うつ感や自己嫌悪がつのり、そして強迫症状も増加する傾向があった。

一方、この患者には、若い女性に対する不潔感や不信感があり、若い女性を見ると排泄物に汚れた臀部が浮かんで見えてくるという悩みがある。それにもかかわらず、電車の中で彼が女性に接近するときは、相手の女性と本人との間に境界線がなくなり、気がついたらさわってしまっているというのである。その上、「性欲の吐け口」「甘い一体感」を満足させるのだという言葉で説明はするのだが、まったく相手の女性の意志に反して接触しているという感覚はなく、相手の女性は患者と心から合意しているとしか思えないと断言する。

この他にも、身辺をかたづけることができない、出勤時間に間にあわない、頭にカサがかぶっているようでスッキリしない、などのさまざまな症状があり、診察室を訪れるときも、強迫行為のために約束時間にやってこれないことが、最初から問題になった。また、初診の面接の中でも、話の内容は豊富なのだがつかみどころがなく、たえず質問や疑惑が浮かんできて、それが治療の中でスッキリしないという不満がつのるようだった。

さて、先の神経症の治療で得られた肛門期の認識にもとづいてこの患者の問題をながめるなら、彼には保持すべきものを女性に受けいれてもらおうという感覚はなく、彼が「うしろめたい」というときも先の神経症患者の場合のように「神」というような内在化された観念に対するものではなく、自分についての不浄感や嫌悪感であった。(注5) 若い女性を見ると「相手の臀部が汚れているんじゃないか」と感じて不潔感や不信感を抱く過程と、自らの身体内容物が漏れているという不安の間には、本人としては結びつく体験もなく、それが結びつくときの苦痛もなく、まったく無関係のもののようだった。自らの欲求を保持することなく女性におしつけてゆく自分と、その結果として自己嫌悪に陥る自分との間にも、治療者の目には現象として結びつきはあるのだが、本人の言葉によれば、「まるで別人のよう」「他人事みたいだといわれている」「バラバラ」「分裂している」と表現されている。また、女性像も、自分の欲求をよろこんで受けいれてくれる電車の中の中年女性と、汚物に汚れた不潔な若い女性とに分裂しているといえるだろう（筆者は、「分裂」を乖離の極端なものと理解している）。

この患者の治療をひきうけるにあたって、すでに入院治療を経験していることもあり、本人が外来でやってもらいたいと熱心に希望したため、外来で少し様子をみることにした。これは、先の症例と比較するために出した症例

（注4）境界には中央でおさまりの悪いものが集まる。肛門期モデルからは、人間は誰もがおさまりの悪いものを抱えていて、これを保持しながら、しかるべき所で、また許された形で、回りに喜ばれるようにして出そうとするのが「健康」または神経症であるが、境界例では保持しきれずに表に出てしまい、生き方が「場違い」「おさまりが悪い」ということになってしまうようである。赤ん坊が社会で少しは「丸くおさまる」ようになるためには、環境に十分に抱えられる必要があり、そこからの自立はさまざまな意味で時間がかかるのであり、心の消化力、包容力、はけ口の確保などが、身につけるものとしてある程度求められる。

（注5）超自我に対応する。

で、詳しい治療経過は述べないが、外来だけで本当にやれるのかどうかを判断するためにも、その導入期に次のような治療方針をたてた。第一に、彼は、母親との問題を話しはじめると実生活で本当に母親をいじめはじめるので、母親に対する怒りやうらみはしばらくとりあげないことにする。第二に、やさしい母親との一体感をもちたいという気持ちを話しはじめると、すぐに一体感を回復せねばならないという確信になって電車の中のチカン行為を実行させてしまうことになるので、むしろ心の中のものをすべて話してしまいたいという体験の意味について考えることにする。第三に、数かぎりない疑問や質問をぶつけてきて治療者に答えを要求するので、同じく、話してみたい内容を詳しくきくよりも、ぶつけたいという気持ちの意味、つまり、「吐き出したい」「放出したい」という体験について考えること、などである。もちろんこれらはすぐに徹底できるものではなかった。しかし、結果的に、治療の内部では、ぶつけたいものをすべてうけいれてくれるはずの治療者像と、「それをぶつけるととても不機嫌になる先生」（患者の言葉）の両方に直面して、ぶつけたいものの保持と放出の葛藤を体験しかけて、すぐにそれを話してしまいたくなるという状況が生まれたわけである。それでも、治療者がすべての質問に答えてくれないので精神医学書を買いたくなったり、「どうしたらいいでしょう」という気持ちになってスッキリしないものを放り出してしまう自分を彼が体験するときは、その心身の内容物を話してしまいたい（「放したい」）という衝動の意味を解釈することにした。

とにかく六カ月ほどたって、「ぶつけたいものがたまってくること」や「これがたまると本当に病気になりそう」という、心身の内部にあるものの体験が語られるようになった。そして、「こばかにしたい気持ち」「からかいたい気持ち」などを言葉で認められるようになり、女性の晴着を汚したいというような少しは間接的な表現の連想も心の中に導き出せるようになっていった。(注6)

患者：私がこうなったのは母親の育て方のせいじゃないかという疑いがいつまでも晴れない。これをいちど先生にぶつけてきいてみたい。しかし、これを話すと、本当に母親をいじめてしまいそうなので、今はまだ恐いからやめます。

心の中にスッキリしないものがあるとすぐに出してしまう自分と、その結果を恐れている自分、との間に体験のつながりのなかった彼が、自分の内部にあるぶつけたいものとその放出の結果としての恐怖や不安の結びつきを治療者との関係のなかで少しずつ体験できるようになってきたのである。

Ⅳ　神経症と「境界例」の分界帯

以上の症例ふたつを比較してみるなら、神経症と診断された前者においては、冒瀆するような言葉を考えてしまう自分と、崇りをおそれて祈る自分との間は、苦痛に満ちたものではあったが、つながりのあるものとして体験されている。また、その衝動の内容も神を冒瀆するような言葉として頭の中に浮かんでいる。

一方、象徴的な意味で身体内容物を保持することがより以上に困難な後者の場合を、肛門期の観点からみるならば、「しまりが悪く」「臭いものに蓋ができない」他者に「尻ぬぐいをさせる」などと形容できる特徴を実際にもっている。その上、先の症例とは異なって、処理できないものを相手に受けとってもらおうとする自分と、その結果を恐れて被害的になっている自分とのつながりは、本人の言葉では「ピンとこない」と言われ、ふたつの自分は「バラバラだ」と描写されているのである。身体内容物を相手に受けいれてもらおうとする過程は、現象としてはあるのだが、現物の排泄物の動きとしてのみ頭の中に浮かんでくるために、言葉と結びついて経験されてはいなかった。

「衝動的」と形容できる彼の言動は、心身の保持機能不全を伴うものであり、これによる身体内容の流出につい

（注６）古い時代ではコトバの言（コト）と事（コト）との間には距離がなかったが、これは個人の歴史においてもそうであろう。つまりそれは、言葉と意味、記号と内容、象徴と象徴されるもの、これらのふたつの間に時間とともに距離ができるという意味である。

ては、保持すべきものの放出という意味が、治療者の心の中に浮かんでも、本人には「ピンとこない」ものであった。つまり、治療の初期においては治療室の中の彼の心から、対象に欲望をぶつけている自分の体験は、電車の中の「別人」として切りはなされおきざりにされていたのである。

心の中に冒瀆するような言葉が浮かんでくることを悩んでいる神経症者とくらべて、それが心の中の言葉になる前に外に放たれてしまう後者の治療では、その言葉が「ピンとくる」ようになるまで時間がかかるであろう。しかし、治療そのものは、乖離したものや分割されたものの結びつきを体験できる場を提供して、その体験の分析をとおして生まれた言葉によって、体験としては結びつきにくいが現象としてはつながりのあるものを結びつけることに向けられるものである。たとえ、身体内容物が流出する患者においても、それが保持傾向とともに経験されてこそ、肛門サディズム衝動は意味のあるものになるのである。

アブラハム Abraham, K.[1]が、psychosis と neurosis の固着点と退行現象を区別するために概念化した分界線 dividing line は、保持機能が達成される肛門期にあるとされているが、筆者にはその境界が線というイメージを与えない。肛門サディズムは保持傾向を伴うところではじめて肛門的なものとして体験されるものである。その完全な保持に向けて育つ期間は、時間のかかる過程であり、分界線というよりは分界帯 dividing area と呼ばれるべきものではないだろうか。[注7] たとえ、ラプランシェ Laplanche とポンタリス Pontalis[17]の言うように、分界線以前においては、「肛門愛は排泄に、サディズム的欲動は対象破壊に結びつく」ものであり、分界線以降は「肛門愛は貯溜にサディズム的欲動は所有的統制に結びつく」と要約できるとしても、その四つの要素は、強迫症状をもつどのような病態にもみられるのではなかろうか。なぜなら、放出することも保持傾向も発達の早期からみられるものであり、肛門的なものは、多かれ少なかれそのときから始まっているとみることもできるのであり、肛門性 anality の変遷の歴史はとても長い過程であると思われる。

おそらく、その時間的に長い期間の間に、身体内容物と身体についての管理を身につけるのであり、心的には

「汚したい」「ちらかしたい」という気持ちの処理の達成が課題となる。ゆえに、トイレット・トレーニングがとくにその過程を際立たせることがあっても、その訓練そのものに本来的な重要性があるわけではなく、幼児が文化を代表する母親の清浄・不浄システムと直面し、その処理を身につける時期が肛門期なのである。

V　とくに保持機能について

筆者の、身心内容物を保持する機能としての「保持する」という言葉は、もとより症例を治療する経験から得られたものであるが、理論的には次のような議論とつながりをもつ。

第一に、肛門期を、保持と排泄の葛藤を解決して自律性 autonomy を獲得する時期として、とらえたエリクソンの議論がある。この自律性獲得のためには、身体内容物を保持できるという機能を身につけることが必須であり、また、排泄の際の「汚すこと dirtying」が昇華されて環境側の清浄・不浄の意味秩序を体験するようになるためにも、内面に保持 retain する能力 capacity や機能が身につかねばならないと思う。

また、筆者は自我心理学に熟知していないが、すでに概念化されている自我機能とこの保持機能とをくらべると、

（注7）境界を超えようとして超えられないところに止まるために、境界線が膨れ上がるということもできよう。しかしこの部分が本書十三章などで問題になる、ギブ（与えられること）とテイク（奪われること）が別個のできごとであったものが、自他の間のやりとりとして交換の基本となる「ギブ&テイク」を達成するための境界でもあることを強調しておきたい。つまり、出て行くことと入って来ることというふたつの一方通行を臍帯循環のようなひとつの往復関係として達成することが、肛門期の移行的課題なのである。それは、『覆いをとること・つくること』第二章の症例Cで論じたケガレの観点から言うならば、「ケガレを知らない」赤ん坊の状態から、ケガレを知る、ケガレを処理できるようになることなのである。対象関係理論で言うなら、口から取り入れるおっぱいをくれる母親も、排泄物を取り扱う母親も同じ母であることを知ることであるが、これは良いものと悪いものとの分裂、分化と統合の問題ではない。方向が食い違うので摩擦が生じやすいが、けっして流入、保持が良いことで流出、放出が悪いことであるとは限らないのである。

後者は明らかに身体的過程、とくに神経支配と括約筋による身体の流出口の「しまりぐあい」や「ゆるみ」と相関している。そして、私たち自身も自らの保持していることをかなり意識できるが、これは心身の保持機能が意識に近いものであることを示している。これが、ハルトマン Hartmann, H.(10) のいう、自我自律性の前意識的な自動性 preconscious automatism に伴う現象に相当するものだとしても、筆者がそれを「保持すること」と呼ぶとき、肛門期的な精神過程を際立たせるとともに、体感的な意味をも意識させることをさらに可能にするだろう。とくに、肛門性格の精神病理についてはその肛門期固着のために、以上のような身体過程と結びついた言葉が治療において価値をもつ。

また、クライン Klein, M.(16) は、肛門サディズムを、みずからの排泄物を母親の体の中に投げいれる機制と結びつけており、筆者も身体内容物を母親に向けて放出する過程そのものは肛門的であると思う。しかし、乳児がすべての排泄物を「悪いもの」としていつも体験しているとは思えないし、それが保持されるべきという意味で「悪い」「汚い」というのであれば、超自我的な禁止のもとで子どもが保持しようとする傾向が伴うところでの経験であり、乳児の身体内容物の流出と母親による処理の過程をなにもかも肛門的と形容することは、議論の混乱を招くと考える。今の筆者には、彼女のような幼児の分析や、ローゼンフェルド Rosenfeld, H.(19) のような精神病性の錯乱状態の精神分析の経験がいまだにないが、筆者の経験からは、グルンバーガー Grunberger, B.(8) もいうように、肛門性 anality の体験は、口唇性のように無限に開放された広がりをもつものではないと思う。それは、むしろ閉じられている closed と形容される世界を指向する保持傾向とともに体験されるものではなかろうか。

とすれば、保持されない身体内容物の表出は、単純化すると、保持されるべきものとしての意味を伴っているものといないものとに区別されるわけで、特に後者は「汚い」という意味のない、内容物の流出 flowing out である。それをあえて消化器モデルの中に位置づけるのならば、やはりビオン Bion, R. W.(2) のいうような好悪の感情から解き放たれた未消化 undigested という形容が必要となるであろう。ただし、ビオンの理論を、肛門期の側からながめて位置づけることによって、よくわからないものに「早熟な」意味を賦与してしまうことに対し、メルツァ Meltzer, D.[18]が警告している。

以上のようにいろいろと検討してみたが、筆者の保持機能という概念や、「話すこと」に身体内容物を放出するという意味を読みとるという発想は、ビオンの "contain" やウィニコット Winnicott, D. W. の "holding" を日本語に翻訳するときに生まれたものではない。この種の考え方は精神分析本来のものであり、そこに筆者は治療のためのひとつの技法的な基礎を置いている。その技法の理論的な裏づけを要求されるなら、次のような、フロイト以来の考えである。

無意識的な衝動や葛藤は、つねに幼児期のある時期に、口唇や肛門などをつうじた対象とのやりとりの中で経験されたものであり、成人や子どもの使用する言葉に認められる身体的過程の象徴性を読みとることが、精神療法家の仕事のひとつとなるのである。アイザックス Isaacs, S.[12]が言うように、乳幼児の本能衝動は、身体的なものと深く結びつき、それはまず幻想 phantasy として体験され、そこでまだ言葉にはなっていないが体験されているはずの意味は、後に言葉が直接指し示す意味よりも古いと考えられる。彼女はその論文の中で、本能的で身体的な過程の表現としての無意識的幻想の存在にうらづけられた言葉表現の例を数多くあげている。たとえば、「貪りくうようにみる」とか「よくかみくだいて理解する」というような表現がそれである。

フロイトも[7]「言語の働きは自我の内容と、視覚的とくに聴覚的知覚の記憶痕跡をしっかりと結びつける」という。土居[3]はこの「自我の内容」を身体内感覚 interoceptive perception と情動 affect、および思考や表象を含むものと理解しているが、彼の「甘え」の理解もまた、乳房や母乳という外界の対象を求めながら身体内の満腹感も体験されるという、身体外の視覚的な記憶痕跡と身体的過程の結びつきを、言語が媒介するという現象に注目しているのである。

これらの考えからさらに筆者は、「話す」が「放す」の水準で語られ、「吐く」が心身の内容物の吐露を意味するとき、言語活動そのものが、身体内の身体に関わる出来事や内容の放出を意味すると考えている。(注8) そして実際に、これまで多くの研究者が、器官言語 Organsprache を語るとき、器官や身体が精神過程を意味する言葉を話す傾向とともに、言葉そのものが身体過程を伝えようとしていることをとりあげているのである(たとえば、Abraham, K. 1924)。(6)

肛門期は、身体の管理と全体対象関係の確立とが同時に要求され経験される時期であり、「うしろめたさ」の発生と現実検討機能の発達が相関して経験されるときである。ゆえに、「しまりが悪い」「臭いものに蓋をする」「尻ぬぐいをさせる」などの身体内容の保持機能の様子を示す言葉は、対象関係のあり様をも指示し示していることがあるのである。「保持すること」は、内在化されつつある超自我の下で対象統合の苦痛を経験しながら、対象からの愛情と賞賛を得るべくして自らの身体内容を保持しようという、身体的な体験とともに自我と対象の関係のあり方を示すものである。

岩崎(13)の注目しているところでもあるが、対象関係理論の立場からガントリップ Guntrip, H.(9) らが、エリクソンの人格発達論を評価している。それは、肛門という領域が、器官様態 organ modalities としての保持と排泄および、社会的様式 social modalities としての「つかまえておくこと」「放すこと」という対象とのかかわりを媒介する門としての役割を果たすものとしてとらえられる点で、「対象関係論的」なのである。筆者は、取り入れを行なう口唇期の「口」とは実際の口唇だけではなく、たとえば眼もそれとして働くことがあるという意味で、全身の「口」という役割を担う門であり、肛門的な対象関係における肛門のありかも、全身にひろがる「排泄と保持」のための門である。だがしかし、その対象関係のあり方は、肛門的な幻想から切り離されることはなく、生物学的・本能的なものに基礎づけられており、生物学的要素を拒否したフェアバーン Fairbairn, W. R. D. の対象関係理論に筆者は違和感を抱く。もちろん、身体過程と精神過程は必ずしも互いに敵対するものではなく、私たちの心身の内容の保持とその調律の機能が肛門的なものと相関している水準のあることを知るとき、ガントリップ(9)の言い方とは逆に対象関係から精神生物学への転回点そのものを経験するのではなかろうか。

Ⅵ　さいごに

筆者は境界例を他とは独立したものとしてとらえることに、臨床的意義を認めないわけではない。しかし筆者にとっての第一の積極的価値とは、境界状態の中間性と二面性について体験されやすい割り切れなさを治療者に自覚させ、それを恐れることなくこの境界上の出来事をみつめようとする学問的な運動movementにある。(注9) そして、肛門期の観点からみる限り、その間においてはつねに転回点の連続と移行の現象が観察されるというのが筆者の結論である。(14)

（学会当日の演題は一般演題「ある強迫神経症患者の吐き気について」であったが、運営委員会のすすめで、シンポジウム演題となったので、論題も内容に対応するものに改めた。また、本研究は学会当日発表された武田専先生の研究の流れと深くかかわるところがあるが、二十年前からの武田専先生の認識に敬意を表する。さらに、質疑応答で明らかとならなかった論文は、後に岩崎徹也先生よりご教示いただき、本論文中に記すことができた。筆者の不明を詫びるとともに、岩崎先生に感謝したい。）

（注8）「話す」が「放す」であったとしても、「放す」は「話す」とはならない。放すだけではなく、生臭いものにフィルターをかけて臭いをおさえ、「匂わすこと」が言葉の使用には求められる。ただし、「話す」が「放す」であるという言葉の同源説は文献的には支持されていないといわれる。

（注9）本論文は、境界例の議論が急に盛んになったという周囲の事情のもとに書かれている。いわゆる境界例には、そのとらえにくさのためか、対象関係理論などに基づいた機械的かつ構造的な議論が多いので、ここではその移行的で中間的な位置づけ、および身体的意味の重視を強調している。さらに、どんどん清潔になる環境を追いかけ、その清潔さについていけない身体のことを考えている。

文献

（1）Abraham, K. (1924): A Short Study of the Development of the Libido, Viewed in the Light of Mental Disorders. Selected Papers of Karl Abraham, Hogarth Press, London, 1973.
（2）Bion, W.R. (1962): Learning from Experience. Seven Servants, Jason Aronson, New York, 1977.
（3）土居健郎「精神医学と言語」『現代精神医学大系25』中山書店、一九八一
（4）Erikson, E.H. (1950)『幼児期と社会I』（仁科弥生訳）、みすず書房、一九七七
（5）Freud, A.: A Summary of Psycho-Analytic Views as Presented at the Congress. Int. J. Psycho-Anal., 47, 116, 1966.
（6）Freud, S. (1915)「無意識について」（井村恒郎訳）『フロイト著作集6』人文書院、一九七〇
（7）Freud, S. (1940)「精神分析学概説」（小此木啓吾訳）『フロイド選集15』日本教文社、一九七六
（8）Grunberger, B.: Study of Anal Object Relations, Int. Rev. Psycho-Anal., 3, 99, 1976.
（9）Guntrip, H. (1971)『対象関係論の展開』（小此木啓吾、柏瀬宏隆訳）、誠信書房、一九八一
（10）Hartmann, H.: Ego Psychology and Problem of Adaptation (Rapaport, D. trans.). Int. Univ. Press, New York, 1958.
（11）Heimann, P.: Notes on the Anal Stage. Int. J. Psycho-Anal, 42, 406, 1962.
（12）Isaacs, S.「幻想の性質と機能」（北山修訳）『現代のエスプリ』一四八（一一）、一〇一、一九七九
（13）岩崎徹也「対象関係論 Object Relations Theory の歴史と現況」『精神分析研究』第一八巻四一、一九七三
（14）北山修「位置づけの中間性と役割の両面性」『精神分析研究』第二五巻二五三、一九八一
（15）北山修「ある強迫神経症患者の吐き気について」『精神分析研究』第二六巻二六四、一九八二
（16）Klein, M. (1946): Notes on Some Schizoid Mechanisms. Envy and Gratitude and Other Works, Hogarth Press, London, 1975.
（17）Laplanche et Pontalis (1967)『精神分析用語辞典』（村上仁監訳）、みすず書房、一九七七
（18）Meltzer, D.: The Kleinian Development Part III. Clunie Press, Perthshire, 1978.
（19）Rosenfeld, H. (1950): Notes on the Psychopathology of Confusional States in Chronic Schizophrenias. Psychotic States, Hogarth Press, London, 1965.

第十章　治療的退行についての小さな展望*

Ⅰ　はじめに

フロイトS. Freudにとって退行は、どちらかと言うなら記述的なものであった。その退行がとくに治療的だと主張され、これを可能にする治療者の受容的役割が、フェレンツィS. Ferenczi、さらにウィニコットD. W. Winnicott、バリントM. Balint、リトルM. Littleらにより強調されるようになる。この治療的退行のすべてを詳細に紹介できないという限界を解決するために、ここ数年の間親しく接しているウィニコットの理論を中心に据え、これと他の理論との異同を示して、治療的退行のささやかな展望としたい。退行論ではどのような立場からの接近であれ、目指すところが互いに隔てをなくしてうちとけたものになりやすいが、強調点の明確化はそれぞれの治療に一貫性と連続性をもたせるためにも必要だと思われる。

＊小論は、日本精神分析学会第三六回大会抄録号に、シンポジウム「治療的退行と治療者の役割」のために掲載されたものである。北山修：治療的退行―その理論と実践。精神分析研究、第三四巻四号、一九九〇、二七一―二七三。

II　ウィニコット理論を中心に

(1)　フロイト：ウィニコットは、精神分析者としてのその基本的理解の多くをフロイトに負っている。退行に関しては、「外傷への固着」が退行を準備するという発想がフロイトにはあり、ウィニコットはこれを凍結されたものの解凍のために退行すると言いなおす。従来から言われている通り、二人の強調点の違いとしては、エディプス体験と前エディプス体験、三者関係と二者関係、分析される防衛的退行と受容される依存的退行、などがある。最近の関心事として挙げておきたいのは、フロイトの書き方の文学性、多義的で日常的な言葉の使用、比喩や言葉遊びの活用という側面であり（P. Mahony ら）、遊びのある書き方はウィニコットにおいても際立つ。これらの書き方や治療者の言い方、解釈のし方が治療的意義をもつとすれば、（注1）フロイトとウィニコットは長編歴史小説とノンセンス童話くらいに異なるにしても、（簡単には真似できない）創造的な書き方という共通点にも注目すべきだろう。

(2)　ハンガリー学派：退行自体がもつ治療的効果、患者に対する積極的適応、非解釈的交流などを重視する分析家として、フェレンツィ（注2）（カタルシス的退行）らのハンガリーと縁の深い分析家たちが挙げられる。ここでウィニコットとフェレンツィとの共通点と違いを文献的に見るなら、The Basic Fault におけるバリントの議論が詳しい。そこで強調されたのは、五〇年から六〇年にかけて登場した他の学派の言葉も活用するなら、患者ひとりの心理学よりも二者の心理学へ、悪性の退行（充足のための退行）よりも良性の退行（認識されるための退行）へ、欲求の局所的満足よりも依存の受容へ、アレキサンダー F. Alexander のいう外傷への葛藤的退行よりも外傷以前の葛藤から自由な退行へ、クリス E. Kris の言う自我が圧倒される退行よりも自我のための退行へ、と向かう実践的な指針であり、フェレンツィはこれらの吟味を行なっていないようである。また一部では、退行促進的という言葉が使用されるが、ウィニコットにとっての退行は治療設定やニードを読むことの結果という側面があり、意図的な退行促進よりも退行受容的態度としてとらえたほうがいい。適応と受容を強調する分析家の多い退行論のなかで、ウィニコットの二者関係心理学の独自性は、治療者の側のマネージメントとその適応失敗、退行する患者に対する憎しみという具合に「治療者側の役割」を幅広く視野にいれている点である。

(3) 自我心理学：「自我のための退行」という表現により象徴されるように、ここで強調される退行はイドのためだけではなく「自我のために」でもあり、ウィニコットとの共通点は、プログレスする部分と併存する退行として見るという両面的な視点である。ウィニコットの言葉を使うなら、イド・ニードの満足よりも自我ニードの支持を強調することになり、キャパシティという言葉でウィニコットが描くところはハルトマン H. Hartmann の言う自我自律性と重なる。ウィニコットの貢献は、そのキャパシティの開花が「平均的に期待できる環境」にいかに左右されるかを読み取り、その脆弱さの起源を発達早期の絶対依存段階に求めて、その時期の母親側の機能と病理の発生を細かく対応させて記載したことだろう。(注3) 治療対象が幼児と重症患者が中心だったことも理論構成に影響を与えて、単なる支持的治療や「覆いをつける治療」とも異なり、Holding, Handling, Personalization という具合に、発達理論を踏まえた環境側の細やかな応答と役割を記載している。また、乳児期における母親のパラドキシカルな役割

(注1) この領域においては、たんなる知識の寄せ集めよりもその書き方が評価されるのは、言語的な治療実践においても同様の力が発揮されるからであろう。

(注2) Sandor Ferenczi (1873–1933) ブダペストに生まれた精神分析家で、分析家の能動性、積極性、柔軟さを主張したが、不幸にもフロイトの拒否にあう。さらにフロイトの伝記において著者E・ジョーンズが自分の教育分析者であるフェレンツィが晩年精神病状態にあったように書いたことから、彼の主張は彼自身の問題に帰されて正統派から敬遠される時代が続いた。しかし、指導を受けたバリントらの弁護を得て、その治療指針が再検討され、さらに最近は臨床日記などが英訳され彼の生涯が細かに明らかにされて、再評価の動きが高まっている。

(注3) フロイトは、「寄る辺なさ (helplessness, Hilflosigkeit)」という表現を用いて、生物学的に未熟なまま生まれる人間の赤ん坊が、自らの飢えや渇きを満足させるのに他者や環境へ全面的に依存せねばならない状態を考察している。(フロイト：制止、症状、不安、一九二六)。一方ウィニコットらは、「生理的に早産」の赤ん坊の絶対依存 (absolute dependence) に対する育児の側の絶対的な必要性を説き、外界がほど良く適応して環境を提供することで乳児の無力や絶望は顕在化しないことが健康の条件であると見た。

の研究と病理の発生論は、現代の乳幼児精神医学における詳細な母子関係の研究につながる。

(4) クライン学派：ウィニコットはクライン M. Klein から多くを学んでおり、その共通点はあえて挙げるまでもなく、彼の早期乳児期の理解の基盤はクラインにある。ただし、幼児にも重症例にも転移分析に基づいて無意識的な意味を「正しく」解釈しようとするクラインとは、分析的理解に基づく取り扱いと適応、そしてスクイッグルゲームのような無意味（nonsense）な記号のやりとりを治療的なものとする点でその違いは際立つ。クライン理論では言語や象徴の発達段階論を踏まえて退行に応じるという問題意識が希薄なので、結果的に退行を考慮しない解釈が増えてしまう。退行した状態で治療者が解釈するのは、無意識の内容や幻想の意味を言葉にするためでなく、解釈者が生き生きと目覚めているためだとウィニコットは言う。

Ⅲ 実践に際して

どのような症例でも、出会いが繰り返される過程で転移が生じ、治療的設定における自然な退行の結果として多かれ少なかれ身構えることが減じられるとするなら、その程度の退行は分析治療における普遍的現象である。分析的設定内でおこる他の事柄から深い退行現象だけを取り出して積極的治療技法とするには、やはり「条件つき」だと考える。つまり、その必然性と、どのような退行なのかについての議論がなければならない。

(1) 部分的退行：人格に退行したほうがいい部分があるとすれば、それは例えばプログレスしすぎている部分である。早すぎる外的な環境の動きについていこうとする適応部分と、それについていけない本来的な部分とが分裂するという見方は、フェレンツィの病理学にもある。偽りの自己と本当の自己との分裂の発生を早期に求めるウィニコットの場合、進行しすぎた部分の休止は本来の自己の再生にとって必然であると思う。先取りしすぎる思考の起源が非本来的な反応であるとすれば、反応せずともよい状態の後退は当然視されよう。私の言う「自虐的世話役」の場合も、世話役をやめて世話される状態に退行しようとするのは自然な流れである。当面の目標は自由に連想できること、居場所を得て休むこと、安心して遊ぶこと、そして巡ってくる「お祭り」（バリント）を楽しむことだと私は思う。

(2) 無媒介的退行ではないこと、つまり誰かのいるところでの退行、何かを介しての退行：ウィニコットの“true self”という概念は、本来的な統一体がどこかに実在するという印象を生むので misleading であると思うことがある。(注4) 定義は違うが、位置づけとしては id と同じで、簡単には外界に直に触れることが許されないものである。退行は“true self”が外界に直接触れる機会というより、そのための錯覚とそれを媒介する事物の発見の機会であり、ウィニコット流に言うならば「誰かのいるところで一人でいる」というパラドックスが目指されるべきではないか。そのための媒介物は人的なものだけではなく、これまでの発表で事物交流として提示してきた nonhuman なモノである。よく「うちとける」と言うが実際に体が溶けることはなく、祭りの踊りに音楽が伴うように、錯覚生成のための媒介物、導入部を必要とする。

(3) マネージメント：治療的退行は相対的運動であり、患者が無時間を体験すれば分析家や治療構造が時間を管理し、患者が非現実的になれば環境側が現実的になる、という具合である。「一体感」や「共生」のような無媒介的退行は治療者ひとりで目指すものではなく、依存が引き受けられる場合、入院治療や、家族の協力を得た治療構造の管理の下での「抱えられた退行」である。さらに、治療者と患者がともに退行するのなら、第三者が、または「退行の場」が二人を抱えているはずである。

(4) ノンセンスの浮上と言語的理解：退行状態では言葉の機能が変化する、と思っておいたほうがいい。比喩、

(注4)「本当の自己」という表現は、人間がのびのびと自然に生きていけるような錯覚を与える。しかし、錯覚は錯覚であり、そうではないという部分を孕む。自然に生きていきたいと思っても結局不自然になってしまうのが実人生なのであり、私が強調したいのは、本来的に生きていけるんじゃないかという期待や、本物として生きていきたいなという希望、そしてのびのびと生きているなという錯覚が生まれることである。

冗談、言葉遊びが生まれ、言い方がものを言い、無意味な記号、多義的な言葉が生かされると、自然と楽しさが伴う。意味から解放されるという無意味さや、多くの意味で解釈できるので意味がありすぎるという事態（曖昧さ、多義性）が入り混じる。そのとき治療者の側に言語的理解が必要だというのは、第一に、母親が授乳の際に「ほらおっぱいよ」と言うときの理解に似て、自らの動きを確実なものにするためである。

(5)　楽しみと危険：バリントの著書に示されているが、多くの治療的な退行が楽しくてスリリングである。(注5) 彼の言葉を活用するなら、オクノフィリック（慎重）でフィロバチック（大胆）な対応の創造的統合が望まれる。また、治療的退行論の多くが、論者自らの退行体験に基づいて展開されている可能性があり（たとえばリトル）、そこから生まれた技をたんに模倣することは避けるべきだろう。

(6)　退行のあとの解釈：治療的退行を「お祭り」に喩えるなら、関心は「お祭り」までと「お祭り」の最中に集中しやすい。しかし、「お祭り」からの帰り道も治療のうちにあり、そこでものを言うのが、退行へ向かうときにも役にたった媒介物の有無、準備の確実さ、居場所の確保、言語的な理解（解釈）である。(注6)

Ⅳ　さいごに――理論と実践の間

ここでは理論の紹介が私の役割であった。理論は骨組や器であり、この肉づけや盛り込まれる中身に対する関係を、退行について言うなら、楽しい遊び（ハレ）とその準備（ケ）との関係に似ている。

文献

（1）Balint, M. (1959): Thrills and Regressions. London: Maresfield, 1987.

（2）Balint, M. (1968): The Basic Fault.『治療論から見た退行』（中井久夫訳）金剛出版、一九七八
（3）Little, M.I.: Psychotic Anxieties and Containment. New York: Aronson, 1990.
（4）Mahony, P.: Freud as a Writer. New York: Int. Univ. P., 1982
（5）Winnicott, D.W. (1958): Through Paediatrics to Psycho-Analysis.『児童分析から精神分析へ——ウィニコット臨床論文集Ⅱ』（北山修監訳）岩崎学術出版社、一九九〇

（注5）これを論じたM・バリントの『スリルと退行』（中井久夫ら訳、岩崎学術出版社、一九九一）が日本語になっているが、このオクノフィリックとフィロバチックという言葉が実に覚えにくいのが難点である。日常語派のウィニコットはこの術語を無視して書評を書いているくらいである。しかしバリントの本は、人間の退行というものが危険に際して臆病と大胆に別れるように、十人十色であることを教えてくれる。退行論者の多くがこの大胆さと臆病さを合わせ持つが、その配分がまた個性的なのであり、その個性を正当化する理論は、宗教家の正夢に似て、個別の臨床ではそのまま真似できない。たとえば、ウィニコットの「抱っこ」は多くの治療局面では比喩だが、ときに退行のクライマックスで腕を握りしめることを強調することがあるし、その彼の治療を受けたM・リトルもそのことを印象的に報告している。けっして腕を握ったから治療がうまくいったというわけではなく、ふだんの「抱えること」の延長上でそういうことが自然に起きたのだと理解したほうがいいと思う。ただ治療を受けた側は、この腕を握られたことだけを思い出すことが多い。治療とは、ずっと継続している部分が重要なのに、何をしたかがいつも印象的なものとして取り出され、前者は忘れられやすい。

（注6）「祭りのあと」のことは重要である。ここで、人々は放り出されて、取り返しのつかない幻滅や空しさを体験することがある。

自虐的世話役たち

第十一章　「世話役」人格の治療の一側面*——劇化

前回、(注1)言葉が文字通りの意味に近い形で劇化され、それを受けた言葉が心の動きを語る比喩として使用される、言葉と行為の相互移行現象を強迫神経症の例で論じた。患者は、まず自分が守らねばならないものの象徴として花畑を空想し、少女のときの夢としてこれを言葉にし、そして実際にバラの花を買って窓際に置いた。その後、夫婦で植物園に行った前後から、バラは女性性の象徴という意味を担い、治療で育てるものであり、同時に、彼女がずっと探し求めてきたものだと、語られるようにもなった。頻度の少ない精神療法ではよく起こる一側面、つまり行為、出来事と言語との相互乗り入れ現象の自然発生を、(注2)今回は別の症状群(注3)について観察したい。

＊小論は、日本精神分析学会第三四回大会抄録号に掲載されたものである。精神分析研究、第三二巻四号、一九八八、三〇五—三〇七。

（注1）北山修：比喩使用における文字通りの意味についての一考察、精神分析研究、第三一巻四号、一九八七、二〇〇—二〇二。

（注2）「言葉の意味は症状になったり、行動になったりするものであり、その揺れにつきあっていると言葉と行為の間には、中間的な劇化（プレイング・アウト）とでもいうべきものが生まれる。つまり、発見された言葉を断片的にちょこっと使ってみるなら、またそれが部分的に劇化されて、またそれが比喩化されると、深刻な症状や真剣な行動化の内部にも、遊びや劇の要素が発生してくる」北山修：創造と解釈。「言葉と精神療法」（北山修、妙木浩之編集）現代のエスプリ、二六四号、一九八九。

（注3）これを症状群とするのは、神経症から分裂病まで、この表現型で社会適応していることがあるからである。『夕鶴』など異類婚姻説話に描かれているのは、ひとつの社会的な理想像である。

I　素材「病的世話役」の現象記述

議論を単純にするために、鍵言葉として「面倒」を使用する。この言葉は厄介、手数、世話を意味し、面倒を見ることはいいことだが、見られることは「面倒な奴」となり、面倒なことを頼むのは「すみません」という否定的な意味となりやすい。

そこで、外に対して面倒見のいいことと、内に対して「面倒な人間だ」と自己を矮小化する傾向は、一対になって併存しやすい。とくに、社会適応をある程度果たしている患者たちの診療では、それを如実に示す例が一群を形成する。彼らは、絶対やめられない仕事に携わっており、課題に熱心に取り組み、面倒見のいい人たちであり、一方で面倒を見てもらえなくて、消耗、自己嫌悪、自責の念、落ち込みなどを繰り返している。時に、治療者までも面倒見てしまい、われわれを世話したり、喜ばせたりする（世話役転移）。しかし、その背後では自らの「骨を折って」「歯を食いしばって」いて、内向化された攻撃性や怒りが単なる自己卑下、自嘲、自責を心身症、抑うつ、文字通りの自傷行為にまで至らせる（masochistic caretaker）。

これが女性に多いのは、文化的にも、自らを傷つけながら献身的につくす女性の役割が固定しやすく、親からも面倒見がいいことを期待されるのだから当然だと言えよう。ただし、これを女性の本質的マゾヒズムというような概念に還元できないのは、健康な場合は、その面倒見の良さを自分の面倒を見ることにも生かせるものだし、自分の面倒を見切れないときは、他者に自分の面倒を見てもらおうとするものである。病的世話役の場合は、自分を大切にしないどころか、自分を殺しながら、その世話を人にまかせたがらない。過剰適応のために心身症状態を繰り返している男性も、この種の問題を抱えていることがあり、献身的労働だけでなく、運動、遊びまでが肉体を酷使して身を削るようになる。

今回は、性格神経症水準の患者から学びたいと思うが、その癖が劇化というような性質を帯びやすいのは、世話役の役という言葉が示すように、役を演じながら、その役からなかなかおりられないという事情のためであろう。

・**症例A**　五五歳女性で、よく面倒を見てくれない継母に育てられ、幼い頃はかなりわがままだったというが、戦後の混乱期のなかで、「一に辛抱、二に辛抱、三、四がなくて、五に辛抱」という生き方になってしまったと言う。結婚するが夫と死別し、小さな食堂を営みながら、三人の子どもを「骨身を惜しまず」育てあげたが、この三人の子どもが成長して、自分の言うことをきかなくなったところで、抑うつ状態となって、来院した。

治療者は、家族に会い、彼女の環境への注文を伝え、個人面接ではわがままにやりたい自分に肯定的に焦点づけていくうちに、患者は次のように笑いながら語るようになった。「(再婚した夫に) 思い切り言いたいことを言いました。すっきりしました。あんな喧嘩したの、初めてじゃないかなあ。夕鶴だって、きっと腹を立てていたんだと思うのですよ。そして、思い通りに相手を動かしてみたかったのですよ。」そして彼女は、私との治療でも言うことを聞かない患者になったが、これこそ治療者が出会う必要のあるものであった。頑固な彼女は、「私って頑固ですねえ」と笑いながら言う。

・**症例B**　自由連想法で治療中の男性患者 (三〇歳) は、いわゆるモーレツ型の親分的事業家で、真面目で酒はやらず、仕事以外の楽しみは子どもの面倒をみることだった。不在がちで離婚した父の代わりに、弟や母の面倒をみてきた彼は、自分を律するために「ニンジンをぶらさげて、ただ走り続けてきた」。この患者が初めて治療者にわがままが言えたのは、すみませんを連発しながらの「医者って予約変更をいやがるでしょ」という、遠回しの注文だった。このあと何回か、仕事を理由に予約をキャンセルして、少しずつ厳しい父親像に変化が始まった。やがて、子どもの面倒は妻にまかせるようになり、楽になったが、それだけではなく、自分が極端で、全く放り出して手を引くか、口を出してでしゃばるかのどちらかでしかない、問題はこの調和だという課題に取り組み始めた。

・症例C　さらに、深刻な抑うつを抱えながら、看護婦として働き続ける三三歳の女性は、わがままは悪いことであり、自分のことで他者にものを頼むことができない。治療では、症状が悪くなると先生に悪いと感じるとか、予約を申しわけなさそうに変更するという転移関係の分析と並行して、初めて恋人に二日酔いの世話をさせ、それで「初めて面倒みてもらっちゃった」と語った。そのとき、「あ、体に症状がないと、やっぱり面倒みてもらえないのね、私って」と、言語化する。

以上の治療過程から学ぶのは、世話役、面倒見の良さ、自己卑下の背後には、怒りと依存したい気持ちが渦巻いていて、それを出したら楽だったというようなことだけではない。興味深いのは、「人を動かす傾向がある」「極端である」「体の症状がないと甘えられない」という事実が、周囲から、また自分から、ときに治療者から言語化されながら、なかなかピンとこなかったのに、試しに怒ってみたり、甘えてみるという、文字通りの意味に近い劇化を通して、言葉が裏付けを得るという、行為と言語の間における移行現象である。

Ⅲ　劇化の契機

面倒を見る・見られるの問題を生かすための治療的劇化の契機は、やはり治療にあると考えたい。中立的な治療者の仕事は、過去の問題が転移として再演される劇に臨みながらこれを言語で取り扱い、言っていることがやっていることになり、やっていることが言っていることになる移行現象の移行点に立ち合う。Winnicott の“caretaker self”の概念(注4)を参考にして、様々な事情で育児が good enough でないと幼児は本当の自分とは乖離した世話役的自己を発達させるという観点から、転移神経症の劇化の契機を書くなら、

（1）治療への迎合的参加：治療構造に合わせるように導入される態度振る舞いの分析から、その自己防衛と、世話役転移の理解に基づいて治療方針を考える必要がある。

（2）「育児の失敗」の劇化：治療者の些細な（または大きな）失敗や、治療構造上の不都合が、治療者の面倒見の悪さとして問題化しやすい。面倒見のいい治療者が自分の失敗と転移を混同して、失敗を否認したり、自己嫌悪に陥ると、劇化されたものが読めない。「世界で一番面倒見がいい」という世話役人格に対しては、どんなに good enough な治療者も不完全な世話役なのである。

（3）「身代わり」の劇化：症例Aでは、父が死に継母にもらわれたときの不満は彼女の薬や治療に依存したくないという態度に示され、次の面接予約についてなるべく時間を置きたがるのが彼女の癖であり、私はよく自分が「このおばさんに面倒見てもらっているみたいだな」と感じていた。Bでは、父が不在がちで、弟に母を奪われていたことが、自由連想の場で治療者の姿が患者の目から見えないことにより再演されたが、これについて本人は最初少し批判しただけで、あとは遠慮され、一切触れられなくなった。Cでは、両親が傷つきやすく薬嫌いで娘がどれほど痛がっても薬すら与えなかったことが、私の投薬をめぐってのやりとりで自分で自分の面倒を見ようとする態度として示された。象徴的にCは、親の面倒を見るために看護婦になったが、治療場面でも、自分の病気の悪化を治療者に代わって心配していた。

（4）役からおりる：言葉と行為が移行するところが、役からおりられるところかもしれない。また、退行は本当は自分の発露につながるが、前記の治療で起こった退行は深くはなく、少しわがままな子どもになったという程度のものである。世話役は、自己実現、適応、自立といった価値のあることが多いので、当面の目的は、その役を演じたり役からおりたりが、より自由になればいいと思う。そのとき、治療関係では世話役という役割の背後にある

（注4）Winnicott の“caretaker self”については、『情緒発達の精神分析理論』（牛島定信訳、岩崎学術出版社、一九七七）の一七三頁で偽りの自己の観点から詳しく述べられている。

各々の葛藤や同一化が主題になるだろう。

Ⅳ　環　境

理論的には、横臥による自由連想の適用だが、面倒見のいい患者たちは忙しく、「横になっている暇」がない。また、面倒見のいい人の周りには、面倒を見てもらいたがる人が数多く取り巻き、自己犠牲が強要されているような場合もあり、環境調整が必要になる。当然、劇化は、単に治療者だけを相手にするものでなく、外にももちこされるが、これを行動化と言うと言語化されないという側面が強調され、言語化と言うと行動化を伴わないと考えられやすい。劇化と呼ぶと、行為で提示されながら言語的にも読み取るべき台本のあるものとして概念化できる。しかし、退行の最中だけは抱えられた環境のもとでの遊びの要素があるにしても、積極的に奨励されるべきものではなく、自然に観察されるものであり、今のところは、欧米語の行動化という概念の「行動」の両義性には劇の意があるという程度の劇化であることを強調しておきたい。(注5)

(注5)　実はフロイトの使用した〝agieren〟も、英語の〝acting out〟の〝act〟の場合も、演劇の意味合いを含んでいる。しかしこれまでは、外国語文献でも日本語の「行動化」の議論でも、この劇の要素は強調されず、むしろ言語的に思い出す代わりに行為や行動で、それも治療室の外で、「意味」を表してしまう側面が取り上げられることが多かった。ところが、多くの治療で重要なのは行動化における劇や遊びの要素であり、これが貴重な情報源であり、とくに治療者を相手役にして展開されるときやがては筋書きが読めるようになる可能性のあることが重要になってきたのである。治療者は、相手になること、相手をすることを通して、またそれと並行して筋を読むことになり、読まれた筋が反復されると次第に役からおりることを可能にするかもしれない。この劇化を英語で、〝playing out〟と訳すならば、（かなり英語の意味を無視しているが）少しはそのニュアンスが伝わるかもしれない。〝play out〟は、ウィニコットの治療論を我田引水で紹介した『錯覚と脱錯覚』で使用したことがあるが、成田善弘もまた『青年期境界例』（金剛出版、一九八九）でこの表現を使って、とくにアクト・アウトをプレイ・アウトに変える過程に注目している。彼の言葉を引用しておきたい。「しだいに面接室が外界と内界の移行の領域となり、一つの現実であると同時に多重な意味を帯びた象徴的な〝遊び〟となる」。

第十二章　傷ついた世話役たちと罪*（注1）

Ⅰ　はじめに

本論文で取り上げる素材は日本文化を反映しているかもしれないが、文化現象そのものは間違いなく普遍的なものである。ここで私は、われわれの世話をするために自分自身を捧げこれを犠牲にしてくれる人間を理想化するわれわれの傾向を指している。歴史を通して数多くの英雄たちが、われわれを助けるために、彼や彼女の命を捧げ、殉死し、自分自身をいけにえにしたり犠牲になったりしているのである。

そのため、われわれは他者の自己犠牲なしでは存在することはないだろう、と深いところでは感じているのかもしれない。傷ついた世話役 wounded caretaker とその子どもたちの問題は特定の文化に特有の問題ではないと推察する。ちょうどそれは、もしまったく異なった水準に並行移動させて考えるならば、われわれがこの慈悲深い母なる

*本論文は次の論文を日本語に訳したものであり、引用も英語から翻訳されたものである。KITAYAMA, O.: The Wounded Caretaker and Guilt. International Review of Psycho-Analysis. Vol.18, No.1 (1991), pp. 229-240.

（注1）ここでは英文で"guilt"と書いたので、「罪」と記しているが、一部は「恩」でもよかった。そのほうが「鶴の恩返し」の「恩返し」の意味が分かりやすい。

地球の傷つきやすさに直面していることが世界的な現象であるのと同じなのである。(注2)

II　献身的な母親の傷あと

日本神話は、われわれの神々や国が、これらを誕生させた後に死んだ女神から生まれたものであることを物語っている（北山、一九八二）。そして、父神である男性主人公が、生前の生産的な母親像と傷ついて死にかけている母親像との間の二分法 dichotomy を取り扱うことができず、これが「醜くて汚い」(注3)と感じていることを、私は報告した。最後に、男性主人公は彼女と離婚し、その醜い汚物を強迫的な洗浄によって洗い流そうとするのである。

世話する姿と傷ついた姿とを全体に向かわせる過程において、これほど痛みに満ちて気持ちの悪い体験とは、クライン M. Klein が早期発達段階についての彼女の分析的な公式化のなかで抑うつポジション depressive position と呼んだものの諸要素のひとつだといっていい。汚いというこの感覚が、他者の命を犠牲にして自分が生き残ることに伴う、未消化な罪の感情を生じさせているようである。実に、赤ん坊はその母親を糧にして、彼女の体をひどく傷つけながらすくすくと育つことがある。前の論文で私は、日本の民俗的な悲劇を引用し、それぞれの主人公たちが傷ついた母親像(注4)を受け入れることがいかに困難であるかを示した。その傷つきとは、主人公の際限ない要求に応える母親の根気強い献身によって生じたものなのである。

異類婚姻説話におけるもっとも一般的な筋は、次のように要約することができる。

鶴などの傷ついた動物を若者が助ける。その後鶴は自ら美女に変身して彼を訪れ、彼が彼女を助けてくれたお礼にその身を捧げる。(注5)彼女は非常に生産的で愛情深いが、彼女が出産したり、布や食べ物などを生み出すところを覗き見ることを禁じる。しかしながら、彼のほうは「見るなの禁止」を破り、彼女を密かに覗いて傷ついた動物を見る。若者は恐れ、彼女のほうは恥じ入り、二人は別れることになる。

ウィニコットD. W. Winnicott（一九七一）は、母親が赤ん坊の攻撃を容認してその攻撃から生き残るものだ、と主張している。彼によれば、幼児が思いやりをもち自分自身の本能的な衝動について責任をとることができるようになるまでは、彼女は生き残ることになる。「思いやり concern」のような彼のポジティブな言葉は、抑うつ的な罪 depressive guilt（注6）の償いの自発的な側面を強調しているのである。もし乳幼児の罪の感情が自分の破壊的であることと母親の生き残ることのできる能力との緊張関係から生じることをここで受け入れるならば、脆弱な母親に育てられる乳幼児に生じることのある「押しつけられた罪 forced guilt」の可能性を論じることができる。脆弱な母親は、

（注2）「自虐的世話役」をいくつかの他の概念と比較する必要があるだろう。一番言葉の上で近いのが「燃え付き症候群」である。『燃え付き症候群』（土居健郎監修、宗像恒次ほか著、金剛出版、一九八八）によれば、人の世話をする保険医療専門職の精神衛生の研究を中心にして生まれて来た概念のようであった。また、「タイプA行動」の人達として取り上げられる一群がある。さらに、テレンバッハ H. Tellenbach が提示した内因性のメランコリーへの親和傾向をもつ「メランコリー親和型 Typus melancholicus」という存在様式があり、他者への献身はその大きな特徴である（H・テレンバッハ『メランコリー』木村敏訳、みすず書房、一九七六）。また性格像においては下田光進の「執着性気質」がこれと類似する。

臨床像においてこれらと重複するところは多いが、「自虐的世話役」という概念の基盤は何よりも、「燃えつき」という現象に「燃えつきたい」という慢性的な自虐傾向を読み込み、「世話」という育児体験と治療関係にかかわる言葉を取り込んでいることと、文化的遺産である神話、昔話、伝説の分析と臨床体験の深化とを並行させていることが特徴である。さらにこれが女性自身に意識されてきた背景には、豊かな「母なる海」が同時に汚れていることをなんとかせねばならないことを強く人間が意識するようになってきたという、時代変化もある。

（注3）イザナギは次のように言う。「いなしこめしこめき穢（キタナ）き国」（いやな醜いみにくい汚い）。

（注4）傷ついた母親 wounded mother。

（注5）多くの異類婚姻説話の歴史をひもとくと、この男性主人公が助けた動物が「恩返し」として男のところに嫁に来る、という筋は後から生まれたものらしい。つまり、突然動物が人間の姿で嫁にくるという「押しかけ女房」という形で始まるのが古い形であり、恥じて去る動物を見送るという筋書きを繰り返すうちに、やがて「すまない」という感情が芽生え、この罪悪感が冒頭の動物を助ける筋を付け加えさせた、というのが私の心理学的解釈である。浦島伝説でも亀が突然現れるのが古い形であり、冒頭の「いじめられている亀を助ける」というエピソードは後から付け加えられ、「あれは私が助けた亀だったんだ」ということで読者は納得するのである。内容的に、ギブ&テイクの関係、または因果応報の感覚は後から生まれているのである。

（注6）脆弱な母親 fragile mother。

あまりに傷つきやすくて彼女の乳児の攻撃から生き延びることができないかもしれない。

ここで脆弱な母親を研究することは、母親殺しに関する罪の感情を理解するとき普遍的な重要性を有するかもしれないので、価値があるものとなるだろう。これを念頭に置けば、「押しつけられた罪」の感覚は乳幼児の破壊性と脆弱な母親の傷の程度との間にある相対性(注7)の結果であるという可能性が分かる。こうして、ウィニコットの言う意味で乳幼児が「有罪である guilty」と考えることはできないが、その破壊に対する母親の傷つきやすさ(注8)が罪を引き出しやすい背景をいかにしてつくりあげるかを、私は論じることにしたい。読者にこれから分かってもらいたいことだが、このような押しつけられた罪の感覚は防衛的で適応的な性格を生み出すことがあり、このいわゆる「自虐的世話役 masochistic caretaker」は日本の悲劇の男性主人公たちのように、自分が傷つけた母親の傷を直し repair 続けねばならないのである。

Ⅲ　自虐性と押しつけられた罪

一九三一年、日本のパイオニア的な分析家である古澤平作は「罪悪意識の二種——阿闍世コンプレックス」という表題の論文を発表したが、これは母親殺しの願望に由来する懺悔の罪 repentant guilt と、父親殺しによってもたらされる処罰の罪 punitive guilt とを区別するものであった。古澤が指摘するのは、阿闍世（サンスクリットの Ajātaśatru の日本語）という王子の古代仏典において、阿闍世の母が自分を殺そうとした息子を罰しないで看護するとき、彼女の深い許しが彼のなかに懺悔という罪の意識を喚起していることである。古澤の仕事のあとを引き継ぐ小此木啓吾は、テキストと古澤の直観的な発想を慎重に調査して、この息子の懺悔の罪は献身的な母親によって導かれ共有されていると結論した。

小此木（一九七八）は次のように書いている。「一九三二年七月、古澤はジクムント・フロイトを、ウィーンのベルクガッセ一九番にある自宅に訪問して彼の独創である阿闍世コンプレックスの理論に関する論文を提出した。しかしこの四〇年以上の間国際的な関心を得ることはなかった」(九一頁)。

かつてほとんど日本全国に行き渡っていた元の仏典は今でも手に入るが、そこで阿闍世が殺したのは母親ではなく父親なのである。別のところで私は、このテキストと古澤の解釈との間の矛盾を解明しようとしている(北山、一九八八a)。しかしながら、この問題はこれ以上詳細には取り扱わないことにしたい。というのは、古澤が母親殺しの考えを明らかにすることで引き出され先鋭化した罪意識こそが、本論文における主たる関心事なのである。

阿闍世は彼の母親を殺さなかったかもしれないが、彼女のほうは非常に献身的であり彼女の子どものために自分を殺しかねないのである。日常的な日本語における「自分を殺す」という表現は自己犠牲を指すメタファーであり、その文字通りの意味は分析する価値がある。子どもの罪の感情は、幼児的な「人を殺しかねない」欲求 demand だけではなく、自己犠牲を行う母親を通じてもまた生まれているように私には思われる。このような母親は、彼女がそれほど深く愛している子どもに対してすまないと感じて、彼女自身を殺したり痛めつけたりする傾向がある。(原注1) 彼女は、「自分を殺すこと」は消耗させるものだが、楽しいものであるために、それをやめることができない。このような自分を傷つける行動、自己卑下やその背後に横たわる空想について、彼女は普通は意識しており、実に誇りに思っている。しかし、彼女が世話しているものたちから、これらを彼女は隠しているかもしれないのである。

多くの分析家が自虐性 masochism という概念を使って種々の臨床現象を意味させようとしているが、世話される人物にもたらされる深刻な罪つくり guilt inducing の効果は、主にサド - マゾキスティックなやりとりの観点から

(注7) ここでいう破壊と傷の相対性とは、たとえ幼児の攻撃が標準的なものでも、母親が脆弱だと傷つきは深いという、傷の深さが相対的な関係によって決まるという点をとらえている。

(注8) 傷つきやすさ vulnerability。

(原注1) 日本における母親の「自虐的な許し」の主たる機能は、小此木によって詳しく論じられている(一九七九、一〇九頁)。

理解されてきたようである。フロイトが「自虐性は一次的本能の表現ではなく、加虐性 sadism が自己に向け替えられたものに端を発する」（一九一九、一九三頁）と述べて以来、多くの著者たちが、自虐性の効果とは他人のほうが誤っているように見せるものであると説明してきている。つまり、自虐性は実に加虐的であり、相手に無実の罪 false accusation という正当化されない感覚を生み出すことがある。ライヒ Reich（一九三二）は、「自虐的挑発 masochistic provocation」を正当化しようとする試みを次のように見なした。つまりそこには、罪を感じることなく加虐性を表現しようとする願望が背後に横たわるのであり、さらに他者に自分を愛させるように強要する試みと見なした。

ブレンマン Brenman（一九五二）は、マゾヒストの際限のない「与えること giving」の背景にあるものを次のようにはっきり見抜いている。「まず、最初にわれわれは、あらゆる人々が彼と同じように切実に窮しているというマゾヒストの仮定に、飽くことを知らない欲求 demand を見出すのであり……この〝与えること〟は支配しようとする試みであり、加虐的で人を窒息させるものである。つまり、贈り物としてよりも奴隷にしようとするものとして対象には体験される」（二七三頁）。

バーリナー Berliner（一九四七）はこれを「愛情に対して支払われていない古い請求書」の提示として考えており、ローエンスタイン Loewenstein（一九五七）は加虐者を誘惑するという自虐性を記述し、パーキン Parkin（一九八〇）は「幻想において失われた万能感を回復しようとする試み」（三〇九頁）を強調している。

数えきれない解釈の中の僅かな微妙な違いにもかかわらず、ほとんどの著者たちが他者に対するマゾヒストのもつ効果についての解釈に同意しており、愛していないことについての罪の感覚を彼や彼女に生み出すことで他者の愛や世話を獲得する試みと見なしている。(注9) また加虐の探求としての自虐から愛の希求としての自虐へとアクセントが移動していることは、自虐的な性倒錯から道徳的な自虐性 moral masochism へとわれわれの関心が移動していることを反映しているようである。さらに、最近の著者たちが性的な側面を強調しなくなってきているので、私も

「自虐性」や「道徳的な自虐性」という術語を広義で使用し、苦しむことの意識的な追求を意味させて、病的な自虐性と痛みの正常な我慢との間の不明瞭な境界を強調しておきたいと思う。(注10)

Ⅳ 脆弱な環境の罪つくり効果

もしマゾヒストによってこのように引き起こされる罪というものを「押しつけられた罪、または偽りの（無実の）罪」だとわれわれが理解するならば、そのときそれが自虐的な世話役だけではなく自虐的ではない世話役によってもたらされるかもしれないことが理解される。たとえば、ウィニコット（一九五四）は「植えつけられた罪 implanted guilt」について述べているが、これは抑うつ的な母親とともにいる乳幼児に生じるようである。すなわち植えつけられた罪とは、心理的に傷つきやすく抑うつ的な母親において明らかに示される損傷に対して、偽りの償い false reparation を行うよう乳幼児を追い込むものであり、(注11)「この偽りの罪は、母親との患者の同一化を通して現れるものであり、ここで優勢になる要因は患者自身の罪ではなく、抑うつや無意識の罪に対して母親が組織した防衛なのである」（一九四八、九一頁）。

治療的な観点からフロイト（一九二三）もまた、陰性治療反応を取り扱うことの難しさや「借り物の罪の感覚」(Lampl, 1927）について書いている。「無意識の罪の感覚という障壁に対する闘いは分析家にとっても簡単にはなら

（注9）欧米の研究で確認できるのは、このマゾヒストたちのまわりにいると押し付けられる罪の意識を、著者たちが不当なものとして強く感じている論調のあることである。
（注10）道徳的マゾヒズム、性的マゾヒズム、女性的マゾヒズムの分類が、実際には不可能になって来たのであり、極端な性倒錯は別にして、多くの症例がその三つの要素を合わせ持っている。
（注11）ゆえに彼は、「思いやり concern」は自然に発生するという、道徳感情の自然発生論にたっている。しかし、あらゆる道徳が多かれ少なかれ「外から与えられたもの」ではないのか、という疑問が生じよう。

ない…この無意識の罪の感覚が〝借りられた〟ものであるときは、それに影響を与えるための特別な機会が得られる――つまりそれが、かつてエロティックなカセキシスの対象であった誰か他の人との同一化の産物であるときそうなのである」(Freud, 1923, p.50)。

ここで理論的かつ体験的に、発達中の乳幼児に「偽りの罪」を外から導き出すとか、またこれを押しつけるとかするような、家族の中に生じる外的状況をわれわれは挙げることができるのである。

(1) 残酷な超自我をもたらすサディスティックな両親からの罰。このような残酷な超自我が、憎しみの対象を自分に向け替えて、やがて自己非難をもたらすのである。
(2) 世話役の突然の病気に対する不当な非難が、自己を責める感情をもたらす。(注12)
(3) 乳幼児の償いのキャパシティを超えてまで、環境の損害について無実の罪を押しつけられること。
(4) 脆弱な環境、一般的には身体的に、また心理的に傷つきやすい脆弱な母親。
(5) 罪意識に駆られた思いやりを乳幼児に導き出そうと意図する自虐的な育児。(注13)これにより、互いの同一化や取り入れを通して「借り物の罪の感情」「植えつけられた罪」が促進される。
(6) 両者の間に入り両者を支持したり保護する父親や第三者の不在。そのとき、母親に対する幼児のアンビバレントな感情により彼女はいっそう傷つきやすくなり、一方幼児は母親の侵入や支配にまたいっそうさらされることになる。

分析的な著者によって以上の可能性のすべてが取り上げられ論じられているが、偽りの罪の臨床症例においても、ほとんどすべての要素が一緒に、または互いに入れ替わって働いている。とりわけ彼女自身の罪の感情を背負いこんだ自虐的で脆弱な母親こそが、子どもに、特に相互の同一化のおかげで娘に、鋭い罪の感覚を導き出すもっとも強力な要素なのである。

「同様に罪深く感じているものと思われるもう一人の人間との同一化によってつくられる〝借り物〟の罪の感情

は、自分自身の罪の感情の軽減のために使われるかもしれないのである」(Fenichel, 1945, p.166)。

ここで、世話することにおける自虐的な傷つきやすさにわれわれの注意をしぼりこむところへとやってきた。それは、世話される人間に「偽りの罪」を引き出すことがあるのだ。

V　自虐的世話役——二重の概念

加虐性の観点からだけではなく、愛と世話の観点からも自虐的な性格を理解するために、自己犠牲を通して愛されようとする道徳的なマゾヒストの積極的な試みに注目しなければならない。それはすなわち愛他主義 altruism であり、投影と同一化のメカニズムが中核的なものであることが見出されたのである。

アンナ・フロイトは次のように書いている。「彼女は愛情への彼女自身の願望や称賛への渇望を彼女のライバルへと投影していたのであり、彼女の羨望の対象と自分自身を同一化している彼女は、彼女の願望を満足させてこれを楽しんだのである」(一九七三、一二七頁)。

「同じ目標に向かうもうひとつの簡単な道筋は、自虐性の様々な形式を方法にするものである」と、彼女はその章の最後の脚注で述べている(一三四頁)。臨床体験や日常的な出会いによって、自虐性と愛他主義との同じ人物における共存が明らかになっている。たとえば、愛と愛他主義の名の下に自分を非難にさらすという方法は、宗教によって使われる自虐的な技術であり、よく知られたものなのである。

(注12) 親の病気の責任が子供に帰せられる場合。

(注13) 「恩着せがましい育児」と言ったほうが分かりやすいかもしれない。あえて言葉にするなら「私がおなかを傷めて生んだ子どもよ、お前が私を傷つけた」と償いを求める母親の態度を指す。前の発表(本書第五章)の後の討論で、ガンザレイン氏はそういう母親は西洋にもいるが、子どもは皆それを笑い飛ばすものだ、と言っておられた。

ガンザレイン R. Ganzarain は、一九八七年の日本精神分析学会における発表のなかで次のような比較を行った。「キリスト教についての評論家たちの中には、次のように言う者がいる。キリストは彼の弟子たちに、打たれたならばもう一方の頬を差し出すように言ったとき、彼は寛大さに許しを結びつけて自虐性の力に賭けていたのであり、そうすることで他者に借りがあるという感覚とともに罪を引き出すことで世界を支配することを試みていたのである。これらの日本の伝説のすべてにおいて、母親たちは同様の役割を与えられているようである」（一九八八、九七頁）。

ガンザレインが言及している伝説においては、母親的な女性主人公は、私が以前の論文で示したように、ふたつの矛盾する側面を有している（北山、一九八五）。ひとつは慈悲深く世話を与える者であり、男性主人公の際限のない欲求に応えようとするものである。もうひとつは、これらの欲求に合わせようとして彼女の体を犠牲にする傷ついた動物であり、彼女は自分の痛みに満ちた犠牲を「見るなの禁止」によって隠そうとするのである。このような自虐的に世話することは文化的に伝達され、これが、自虐的な愛他主義をわれわれがその文化的な女性の理想として受けとめている背景を形成しているようである。ちょうど西洋文化において多くの分析の書き手たちが記述しているように、この社会的な理想がまた日本女性の防衛的な適応機能に影響を与えてきたということは、非常にありうることなのである（Horney, 1935, Brenner, 1959, Blum, 1977）。

おのおのの話にはっきりと描き出されている女性主人公の二元的な性質は、次のような二分法に現れている。それは彼女の明白な愛他主義、つまり愛と世話を与える者としての彼女と、彼女の愛の出所である隠された自虐性との間の二分法である。自虐的世話役たちにおけるこのような二面性を明らかにするために、そして自己と対象に向けられた彼女たちの態度の全体を把握するために、どうして彼女たちが他者の世話をしようとして自己犠牲を行うのかを説明する愛他主義／自虐主義という二重の概念をわれわれは必要とするのである。（注14）

Ⅵ　臨床像

自虐性を取り扱ってきた著者たちのほとんどがこの状態を記載してきているが、多かれ少なかれ二分法のどちらかの側を目立たせるために全体像を把握することに失敗している。明らかにこれらの患者は性的な倒錯者ではなく道徳的なマゾヒストであり、私の臨床体験では、普通は背景に横たわる抑うつに帰すことができると思われる様々な症状について訴えながらわれわれのところにやってくる。私が示唆したように、彼らの生き方は適応的で表面的であり、彼らを診断し効果的に治療するためには、われわれはこれを三つのカテゴリーに分類せねばならなくなる。

第一に、われわれには「正常な献身的世話役」と呼べるかもしれないものがあり、彼らは必要なときには休むことができて、自分自身の面倒を見るために他人を世話することを止めることができる。彼らは、愛のために世話役の役割を果たすことができたり、社会に貢献したりして、ときにはかろうじて自分の限界を超える痛みと不快に耐えることができる。(注15) しかし彼らは、ある程度はこの二分法の両面を全体へとまとめようとしているのである。

第二に、自虐的世話役の特徴を呈する性格神経症という臨床群を有する。私の体験に従って、私は彼らの特徴を大雑把に三つの主要な側面に分けるようになった。つまり、他者を世話することを止められないこと、それが可能なときで実にそれが必要なときでも自分の面倒が見られないこと、さらに自虐的な傾向や自己破壊的な癖が存在

(注14) 愛他主義と自虐は別個に存在しうるのか。愛他主義だが自虐的ではない、という場合や、自虐的だが愛他主義ではないという場合も、理論的にはありうるが、たいていが両方を合わせ持っている。

(注15) こういう正常な自虐は「人徳」であり長所なのである。さらにここで付け加えたい状況依存的な自虐として、青年期の自虐というものがある。清潔な人間関係に憧れ、理想主義に燃え、貧困や疾病の渦巻く土地へ、苦しい競争と闘争のグラウンドへ、探求心と野心だけが支えとなる地図のない海へと身を投じて自分を捧げようとするのは、守らねばならないものが何もない青年の特権なのである。われわれまわりのものは、休めるときは休むよう助言するのが役目である。

することである（北山、一九八九）。これらのもののなかには、精神分析の文献では「道徳的マゾヒズム」の記述に対応するものがあり、とくに最近の研究を引用するならカンバーグ Kernberg（一九八八）の「抑うつ―自虐的障害」のそれに相当するところがある。われわれは、彼らのパーソナルな願望と自然なニードは押さえられ、文化的に取り入れられ産業社会に応じている彼らのアイデンティティの背後に隠されている、と仮定することができるのである。

日本の民俗的な悲劇のなかでは、他者の貪欲な欲求に応じ蛇の母親は主人公に彼女の両眼を与えており、そのおかげで盲いてしまう。また鶴女房は、最後の限界を超えてまでぬき続ける彼女自身の羽根から「二反目」を織り上げる。もしもこの蛇が差し出した目がひとつであったり、この鶴が布を一反だけ織り上げるものならば、彼女たちは正常の社会的な適応群に属するものと考えることができるだろう（北山、一九八五を参照）。

もしわれわれが治療のなかで彼らを助けることができ、彼らが休んで緊張に満ちた役割から降りることができるならば、おそらくわれわれの目の前で彼らの本当の自分が徐々に現れ、その二分法の両面――即ち愛他主義／自虐主義――が全体へとまとめられるほうに向かうかもしれない。提示されるべき症例は、精神療法において起きるその統合過程を描き出している。

私の体験では、彼らからこの二分法的なペルソナが万一取りあげられるならば、ばらばらになり、おそらくは精神病的になってしまう第三の患者たちのカテゴリーがある。自虐的世話役としてのライフスタイルを通してしか、これらの人々は社会のなかで居場所を発見できない。こうして分析においてわれわれは、正確な診断を行ってもうひとつの生き方を提供できないうちは、彼らの自虐的な生き様の覆いを取らないよう非常に注意せねばならない。またここで必要となるかもしれないのは、彼らの依存の恐怖を取り扱うことと、これらの患者たちは彼らの環境を操作し環境が彼らの被害妄想的な不安を育てるよう患者自身でし向けるので、環境をわれわれが調整することなのである。

Ⅶ　その問題点と治療

このような患者たちは、本来様々な理由を抱えて相談にやってくる。不眠、疲れやすさ、抑うつ気分、慢性的な心身医学的な症状などの訴えを携えて、彼らはわれわれのところへやってくるだろう。中には、青年期になった彼らの子どもたちが非行に走り、性関係がでたらめになるとか、またはただ学校へ行こうとしないというので、そのことでわれわれに電話をかけてくるのかもしれない。われわれがその心配そうな抑うつ状態の母親に会うとき、彼女たちの子どもたちが、彼らの罪つくりな環境から必死になって逃げ出そうとしている境界例か、それとも逃げ出せないでいるうつ病者たちだろう、と想像するのは簡単である。

最近の主流は、子どもたちの支配的な世話役よりも、つまり普通の場合は両親またはそのうち一人よりも、むしろ家庭に囚われているこの不幸な子どもたちを治療する傾向にある。それでもわれわれには緊急にこれらの世話役たちを治療しなければならないときがある。というのは、彼らが抑うつ的で絶望的になって自殺でもしかねない状態になるからである。たとえ他人の世話をうまくこなしていて元気そうに見えていても、表面下に横たわるうつ病や精神病をわれわれが理解することは重要なのである。

幸いにも、何人かの精神分析家が幾つかの角度から自虐的―抑うつ的世話役の精神病理を探ることを試みてきたが、その病理をここに要約してみよう。

⑴　愛情対象の喪失：よく知られていることだが、愛情対象の外傷的な剝奪は、ナルシシスティックに取り入れ

(原注2) 読者の注意が、Winnicott の「世話役自己 caretaker self」についての記述に向けられねばならない(一九六〇、一四二頁)。

(注16) 原論文で提示された症例報告は、『覆いをとること・つくること』第二章の症例Fで出された例とほとんど同じものなので、ここでは割愛する。

られた対象が迫害的になるために、自責のメカニズムの形式においては重要な役割を果たす（Freud, 1917）。さらに、自虐的な自己卑下とは[注17]「母親に対して存在するどんなきずなも永久のものにしようとする手段」なのである（Menaker, 1953, p.209）。

（2）彼らが面倒を見ている人々に対しての万能の支配を維持することができなくて憤怒を感じている。[注18]

（3）加虐性や怒りの自分自身への向け替えと、加虐的な相手との同一化は、組合わさって厳しくて耐えられない超自我を生み出す。

（4）おそらく劣等感や受身的女性性に伴って、女性的自虐性というものがある（Deutsch, 1930）。

（5）自分自身が世話されたいという渇望を世話する対象に投影し、これと同一化を通して満足を引き出す。

（6）ナルシシスティックな傷つきやすさ：他人からの想像上の非難を前にして「良い」自己を保護し維持するために、これらのナルシシスティックな傷や恥ずべき弱さを隠す必要がある。[注19]

母親的世話役についてのこれらの内的なメカニズムに加えて、もしも彼女が身体的にかつ環境面で傷つきやすく脆弱であるなら、彼女の娘（または息子）にとって、簡単に引き出される罪の感情が自分自身の本当の罪に加算されるために、自分の攻撃性を直接表現することが非常に難しくなる。本当の罪について一般に受け入れられている定義はないが、われわれはこれを（クラインやウィニコットが考えたように）抑うつポジションを徹底的に嚙みしめるときの最終的な産物として定義することができる。言い換えるならば、「自分自身の」攻撃性と破壊性に徐々に気づくことから結果として生まれる罪なのである。そして普通は人間は、彼や彼女がつくってしまった傷あとの幾つかを直すキャパシティをもっているものである。それも自虐的にではなく。

もしも私が比喩に用いるために消化機能をもう一度使ってよければ、母親や環境に発生した本当の傷つきとの突然で不意の直面は消化できない体験の原因となることがあり、「赤ん坊にはそれを置くところがない」のである（北山、一九八七、五〇七頁）。日本神話の中の男神は、死にかけている女神との直面の後「醜くて汚い」と言っていた。母親の傷つきや不幸が、子どもがまだあまりに無邪気 innocent で消化できない場合、彼や彼女がそのことで責められると、「押しつけられた罪」はもっとも導き出されやすいものとなる。こうして本当の罪とは「消化された罪」だと定義できるのである。だから、汚れや不潔なものは、のみ込んだり保持することが難しい何物かを象徴化するのでときに罪の徴《しるし》と見なされることを、われわれは理解できるかもしれない。日本では、汚れと罪を意味する言葉ケガレを有しているが、これは全体として物質的な罪を指し示すものである（北山、一九八八b）。その物質的な性格ゆえに、われわれはそれを汚いもののように取り扱ってお互いに押しつけることができ、そして内でも外でもないところにある曖昧領域 ambiguous area に置く傾向があり、それがすなわち中間にある罪 guilt-in-between（注20）だということになる。

幼児は自分に向けて押しつけられた罪を保持して、誰か他の人、一般的には自分自身の子どもたちに押しつけ返すかもしれない。これが、「押しつけられた罪」が世代から世代へとどのようにして伝達されていくかを説明するだろう。（注21）彼や彼女のパーソナリティのさまざまな要素を全体へとまとめ上げられないので、傷つきやすい世話役は

（注17）膨れ上がった自己というものがナルシシスティックな患者について言われることがあるが、矮小化を受けた自分というものもある。しかし、生き方の矮小化と誇大化とは、互いの裏返しであることがある。
（注18）自虐が対象支配の方法であるとき、思い通りにならないと、怒りが積もり積もって突然の激怒が爆発する。
（注19）矮小化された自分は、その奥にある傷つきやすい自己を守るために作られることがある。すすんで罪を背負う自虐は、それ以上の攻撃を回避できる、という弱者の防衛手段としてはもっとも有効なものとなりやすい。
（注20）中間的な罪の処理には、たとえば「水に流す」という方法がある。過去のいやなことをなかったことにして白紙に戻すことを「水に流す」と言うが、われわれは万事水に流して解決できると思っているらしい。一方でそれは願かけであり、流し雛や灯籠流しではロマンチックな習俗に見えるかもしれないが、べたべたとついてまわるケガレをはらう形代として人形を流していたという心理歴史学的背景がある。さらに、あまり良い意味ではないが、「もみけす」「不問に付す」、そして「置いておく」というのもある。
（注21）最初に、イザナミ・イザナギ神話のように母が我が子の出産の後死んだのであろう。その責任を深く恩と感じ取りながら生き残った子が、その借りを返すためにまたその子に献身する。こうして、過剰な献身を通して「返せない恩」「払えない借り」が伝えられる。これが武士道や人柱伝説の伝達の背景にあったのではないか。

自分の幼児的な破壊性を自虐性へと内側に向け替え、一方では空しく愛他主義的な行動により償いを行おうとすることになる。

母親であることにおける本当の傷つきとは、幼児の破壊性と母親の傷つきやすさとの間の相対的な関係にある相互作用の結果なので、責めはどこに負わされるべきかを決めるためには、三角関係の構造における第三者の客観的な判断をわれわれは必要とする。これこそ父親の古典的な機能のひとつとして見なされるものであり、中間にある罪を取り扱う「家庭裁判所」を司るために、そして母子のためにこれを抱える環境の一部となるために、父親は必要なのである。(注22)

治療者の役割が父親のそれと似ているというのは、攻撃的に要求してくる子どもと傷つきやすい自虐的世話役とが患者のなかに共存しており、この間に入って仲裁しなければならないという点においてである。しかし治療者としては、それ以上のことをなさねばならないかもしれない。患者が彼や彼女の罪を消化するのを助け、そのパーソナリティの二分法的な側面が全体へと向かうのを手助けせねばならない。そうして初めて、偽りの罪が次の世代に押しつけられるという悪循環を断ち切ることができるのだろう。

私はこの議論を終えるに当たり、臨床において使うのに便利であることを願って、精神療法的な要素の要約を行っておきたい。

(1) 「世話役転移」の分析と、それが治療において劇化され、患者が治療者の世話役となる。

(2) 治療者が患者の世話をすることに失敗する可能性があることに関連して、彼や彼女の怒りの感情と表現。

(3) 患者が抱える環境のなかで本当に存在して休めるという治療的退行に伴って、世話役という役割から患者が降りること。

(4) 患者が世話している人々の調整や、退行する患者の世話をすることになっている人々の管理を、治療者が環境の面から行う必要性が生じる可能性がある。

(5)　消化できない罪を吐き出して、その起源を治療のなかで理解すること。

(6)　自分のアンビヴァレントな感情を徹底的に噛みしめて、傷あとの幾つかを直すようになり、自分の環境について思いやるようになること。

(7)　陽性のエディプス的な関係に向けて患者が発達すること。母親転移から父親転移へとゆっくりと移行する。

これらは確かに単純化されすぎているが、これらのさまざまな要素の解決が傷ついた世話役の二分法的なパーソナリティを徐々に統合することにつながるだろう。

Ⅷ　あとがき

実に興味深いことであるが、ユング学派の精神科医であるグッゲンブェール - クレイグ Guggenbühl-Craig（一九七一）が、マイアー Meier（一九四九）によって示唆された神話的な主題である傷ついた癒し手 wounded healer のイメージを探っている。彼は、病気になって医者に見てもらうとき、いかに癒し手―患者という元型が作用するかを示しているのである。再びここでも、イエス・キリストは、彼が人類を救うために殺されたために、傷ついた癒し手の典型的な代表として言及されている。そして私には、彼は同時に消化せねばならないものとしてわれわれのもとに原罪を残したように思われる。

サミュエルズ Samuels（一九八五）はユング学派の文献を展望して、次のように内なる癒し手 inner healer という考えについて要約している。つまり、精神分析における基本的な過程とは、「その人にとっての癒しの機能を果た

（注22）たとえば「あずかる」「あずける」が人間関係で使われるとき、もめごとや勝負の勝ち負けをそのままにして任せるという意味や、委任する、ゆだねるという意味が際立つ。これが多くの「裁判」の機能のひとつである。喧嘩する人間たちの中に入って仲裁したり、勝負する二人の間に割って入ったりする第三者的な人間は、まずはその勝負をあずかり保管せねばならない。

す、患者の内なる癒し手の活性化として」記述されるかもしれない（一九一頁）。この過程の始めにおいては、患者の内なる癒し手を医者へ投影するということがあり、一方で医者の側の傷口は「患者との共感を促進するものだが、危険なのは同一化なのである」（一八九頁）。

「元型」という言葉をユング学派が使用しているということは、傷ついた世話役という共有された強力なイメージが存在していることを証言しており、これは人を助ける職業に広まりうるものなのである。この状態の普遍性を示唆するために、この論文の最後に私は、英国における現代看護学の有名な創設者であるフローレンス・ナイチンゲール(注23)の人生から引用したいと思う。しかし幾つかの反論は、とくに彼女の献身的な信奉者からのものは、覚悟せねばならないだろう。

読者はご存じかもしれないが、彼女はクリミア戦争における自己献身に満ちた有名な仕事の後で病気になり、その病気からけっして回復することはなかった。彼女は人生の後半――五三年間――をほとんど寝椅子や車椅子の上で過ごした。彼女の執拗な身体的訴えにもかかわらず、彼女の周りにいた医者は誰も、彼女が器質的な病気を患っていたとは言っていないようだし、彼女に十分な休みをとるよう説得することに成功してはいないのである。

彼女は「これほど多くの友人たちから彼女に与えられた判断の確かな助言を、彼女の死んだペットであるふくろうの体をカナリアがくちばしでつっつきまわしているという光景に」喩えたのである（Cope, 1958, p.36）。彼女の友人であった医者ジョン・サザーランドは、彼女が休むべきであることを主張し続けていたが、彼にあてた手紙のなかで彼女は次のように言っている。「私はあまりに忙しいので、死ぬ時間もないのです」（Cope, 1958, p.127 に引用されている）。

背後に横たわる彼女の無意識の動機が十分には分かっていないので、私には彼女がその仕事のなかでただ自虐的だったと描くつもりは毛頭ない。つまり、「彼女の驚くべき頭脳――彼女の貫徹しようという力、痛みを受け取る計り知れないキャパシティ、忍耐力、働こうとする鉄の意志、フェアプレイという良心の感覚」というような多くの良い面を彼女は持ち合わせていたのである（Woodham-Smith, 1950, p.259）。

その一方で、ひとりの著者は次のように書いている。「私生活では、自己卑下、他人に対する軽蔑、そして名声への情熱と彼女の味方を破壊的に使うこととに対しての罪、このようなものの発作に彼女は陥っていた」（Smith, 1982, p.22）。しかし、外的な要請に対しての生産的な献身と、病気にもかかわらず休むことができないという、このライフスタイルの全体は、われわれが彼女のことを「傷ついた癒し手」と呼ぶことを可能にするものかもしれない。病める看護婦というイメージは非常に印象的で痛々しく、自分を傷つけながら世話する彼女に対して、人々は深く感動し、実に政治的にも動かされていたようである。

「休んでさえくれたなら、と彼女の家族、友人、全世界が国際的なコーラスになって彼女が休むことを嘆願したのである」（Woodham-Smith, 1950, p.261）。

最近では、若い看護婦たちは彼女を「フロッシー」と呼んでしまい、遺物として追放するように見える（Christy,

（注23）ナイチンゲール本人の姿と、人々がそこに見出した元型 archetype との間には相当な隔たりがある。彼女ほど誤解された人物はいないだろうし、彼女自身だけではなく、多くの人々が自分のために「元型」を使ったのだと言え、結果的には後者が社会的規模で膨れ上がっている。また興味深いのは、こうしたナイチンゲールの日本への受容の過程であり、当然予想されるように、「白衣の天使」とか「献身」とかの言葉で求める理想像をそこにつくりあげていったようである。今また、彼女たちをそういう元型に押し込もうとするなら、もう誰もやってこなくなるだろう。そして、ナイチンゲールの実像に近づこうとする運動はすでに始まっており、それは大きな運動になるかもしれない。とくに医師たちには次の書物をすすめたい。Z・コープ著『ナイチンゲールと医師たち』（小池明子、田村真訳）日本看護協会、一九七九。また、ウィニコットも読んでいたと信じられる彼女自身の文章も面白い。とくに日本語版の『看護覚え書』（F・ナイチンゲール著、薄井坦子ら訳、現代社、一九六八）におさめられた「赤ん坊の世話」は、百年以上も前のものだが、基本的にはウィニコットの「抱える環境」につながる発想に満ちている。最後に少し引用しておきたい。「私が赤ん坊を大切に扱わなければいけないといっているのは、なにもいつも抱っこしていなさい、という意味ではありません。もう大きくなった赤ん坊ならば、お天気が暖かで赤ん坊のからだも温まるようなときには、小さな子守りの腕にいつも抱かれているよりは、そのへんを這いまわっているほうが、はるかに良いのです。赤ん坊にとっては自分であそぶことのほうが、絶えずかまわれているよりも、はるかに良いのです。」

ここには、子守りに際して自虐的世話役をすすめるようなところはない。

1981, p.123)。一九世紀でもっとも影響力のあった人物のひとりをこのように拒否するのは、傷ついた世話役のイメージの罪つくりな支配から、おそらく彼女を批判する者たちが逃げ出そうとするからだろうが、これは間違いないのである。

ナイチンゲールこそが何よりもまず看護と世話を必要としていた、というのが私の印象である。秘密厳守のために、医療従事者が患者として治療される実際例を私は引用しなかったが、人を世話する職業にこの現象はよく見られるものだということを申し上げて本論文を終えることは公平なことだろう、と私は思うのである。

文献

(1) Berliner, B. (1947) On some psychodynamics of masochism. Psychoana1. Q., 16: 459-471.
(2) Berliner, B. (1958) The role of object relations in moral masochism. Psychoana1. Q., 27: 38-56.
(3) Blum, H.P. (1977) Masochism, the ego ideal, and the psychology of woman. In Female Psychology–Contemporary Psychoanalytic Views. NewYork: Int. Univ. Press, pp. 157-191.
(4) Brenman, M. (1952) On teasing and being teased; and the problem of moral masochism. Psychoanal. Study Child, 7: 264-285.
(5) Brenner, C. (1959) The masochistic character: genesis and treatment. J. Amer. Psychoana1. Assn., 7: 197-226.
(6) Christy, T.E. (1981) Can we learn from history? In Current Issues in Nursing, ed. J.C. McCloskey & H.K. Grace. Oxford: Blackwell Scientific Publications, pp. 122-128.
(7) Cope, Z. (1958) Florence Nightingale and the Doctors. Philadelphia: Lippincott.
(8) Deutsch, H. (1930) The significance of masochism in the mental life of woman. In The Psychoanalytic Reader, ed. R. Fliess. London: Hogarth Press, 1950, pp.195-207.
(9) Fenichel, O. (1945) The psychoanalytic theory of neurosis. New York: Norton, 1972.

（10） Freud, A. (1937) The ego and the mechanisms of defence. London: Hogarth Press, 1968.
（11） Freud, S. (1917) Mourning and melancholia. S.E. 14.
（12） Freud, S. (1919) ‘A child is being beaten’: a contribution to the study of the origin of sexual perversions. S.E. 17.
（13） Freud, S. (1923) The ego and the id. S.E. 19.
（14） Ganzarain, R. (1988) Various guilts within the Ajase complex. Japanese J. Psychoana1., 32: 93-102.
（15） Guggenbühl-Craig, A. (1971) Power in the helping professions, trans. K. Higuchi & S. Ankei. Osaka: Sogensha, 1981.
（16） Horney, K. (1935) The problem of feminine masochism. In Psychoanalysis and Women, ed. J.B. Miller. Harmondsworth: Penguin, 1973, pp. 21-31.
（17） Kernberg, O.F. (1988) Clinical dimensions of masochism. In Masochism—Current Psychoanalytic Perspectives, ed. R.A. Glick & D.I. Meyers. Hillsdale: Analytic Press, pp.61-79.
（18） Kitayama, O. (1982) Higeki no Hasseiron. Tokyo: Kongoshuppan.
（19） Kitayama, O. (1985) Pre-oedipal ‘taboo’ in Japanese folk tragedies. Int. Rev. Psychoana1., 12: 173-186.
（20） Kitayama, O. (1987) Metaphorization—making terms. Int. J. Psychoana1., 68: 499-509.
（21） Kitayama, O. (1988a) Forced guilt—problems of ‘Ajase’. Japanese J. Psychoana1., 32: 117-123.
（22） Kitayama, O. (1988b) Kokoro no Shoka to Haishutsu (In a Digestive Frame of Mind) . Osaka: Sogensha.
（23） Kitayama, O. (1989) A note on the masochistic caretaker. Japanese J. Psychoana1., 33: 93-101. KOSAWA, H. (1931) . Two kinds of guilt feelings—the Ajase complex. Japanese J. Psychoanal., 1(1), 1954.
（24） Lampl, H. (1927) Contributions to case history—a case of borrowed sense of guilt. Int. J. Psychoana1., 8: 143-158.
（25） Loewenstein, R. (1957) A contribution to the psychoanalytic theory of masochism. J. Amer. Psychoana1. Assn., 5: 197-234.
（26） Meier, C. (1949) Ancient Incubation and Modern Psychotherapy, trans. S. Akiyama. Tokyo: Chikuma-Shobo. 1986.
（27） Menaker, E. (1953) Masochism—A defense reaction of the ego. Psychoana1. Q., 22: 205-220.
（28） Okonogi, K. (1978) The Ajase complex of the Japanese (1)—The depth psychology of the moratorium people. Japan Echo, 5: 88-105.

(29) Okonogi, K. (1979) The Ajase complex of the Japanese (2)—The depth psychology of the moratorium people. Japan Echo, 6: 104-118.

(30) Parkin, A. (1980) On masochistic enthralment: a contribution to the study of moral masochism. Int. J. Psychoana1., 61: 307-314.

(31) Reich, W. (1932) Character Analysis. London: Vision Press. (Tokyo: Iwasaki-gakujutsushuppansha, 1966.)

(32) Samuels, A. (1985) Jung and the Post-Jungians. London: Routledge & Kegan Paul.

(33) Smith, F.B. (1982) Florence Nightingale: Reputation and Power. New York: St Martin's Press.

(34) Stolorow, R.D. (1975) The narcissistic function of masochism (and sadism). Int. J. Psychoana1., 56: 441-448.

(35) Winnicott, D.W. (1948) Reparation in respect of mother's organized defence against depression. In through paediatrics to psycho-analysis. New York: Basic Books, 1975, pp. 91-96.

(36) Winnicott, D.W. (1954) The depressive position in normal development. In Through paediatrics to psycho-analysis. New York: Basic Books, 1975, pp.262-277.

(37) Winnicott, D.W. (1960) Ego distortion in terms of true and false self. In The maturational processes and the facilitating environment. New York: Int. Univ. Press, 1965, pp. 140-152.

(38) Winnicott, D.W. (1971) Playing and reality. London: Tavistock Publications.

(39) Woodham-Smith, C. (1950) Florence Nightingale. London: Constable.

第十三章　ありがたいもの——恩と支払い*

本論文を、生涯開業医であった亡き父にささげる。また、母は長く北山医院の経理を担当していた。彼女に心からの感謝の意を表したい。

I　はじめに

精神分析の外では、精神の治療論が金銭問題とともに語られることは稀である。その一方で、経済が人の心を、とくに現代人の心、本音を動かしている、と言われている。そして、多くの人々がこの経済で動く社会を憎んでいて、それを割り切ることができないし、人の心が金銭で動かされているという事実について知っていながら、ときにはそれを脇においている。

我が国で精神療法が市民権をもちつつあることにも、社会の経済的余裕や人々の金銭的な余裕が結び付いている。精神療法の料金が保険でどのようにカヴァーされるかが、精神療法家の日常的な関心の的であり、精神療法家の国際交流では料金問題が学会ロビーで口にされやすい話題のひとつである。それは仕事としての精神療法とそれを運

*本論文の初出は、精神療法、第一八巻一〇八—一一六頁、一九九二。原題は、「精神分析からみた治療経済学」であった。

営するための経済学とはきってもきれない関係にあって、精神科医療で精神療法部門が充実しないのは予算がないことが主たる理由とされ、欧米でも精神病院で予算に余裕がないときはいつも精神療法部門からカットされることが多い[1]。

「金の切れ目は縁の切れ目」となる可能性のある開業精神療法[2][3]においては経営の破綻は精神療法のたんなる中断を意味するだけではなく、患者やクライエントに取り返しのつかない外傷体験を与えることがあるだろう。ときには初診の段階で患者の支払い能力のアセスメントが必要で、その滞りない運営のための経済的保証は長くかかる精神療法の成立に欠かすことはできない。そしてウィニコット D.W. Winnicott の「抱えること」という概念を持ち出すまでもなく、治療関係と治療環境の維持こそが精神療法の基盤であり、治療設定の経営的「やりくり」が治療としての意義をもちやすい場合もある。

さて、私はこれまでの十年間、「北山医院」（以下Kと略す）における開業医で院長兼精神療法家であった。このKクリニックの開業設定の特徴は外来中心であること、精神分析的精神療法を専門とすること、そして有料であること（自由診療）であった。料金は治療者が受け取り、領収書も治療者が発行した。そして今、大学に就職して時間もでき、一区切りついた過去の体験に距離をおけるようになったので、有料の開業精神療法の経済学について語ることも前よりもたやすいものとなったと思う。

ただし、「金は天下のまわりもの」「なるようになる」「どんぶり勘定」が常のことであるため、この医院の経営面は現在形ではなかなか対象化できないものであり、治療経済のことはいつも深く意識しないまま自動的に進行していたのである。こういう言い方はけっして経済を無視していたというのではなく、提供するサービスの質を金銭で変えることはないし「金では動かない」という態度を治療者として示すものなのである。そこで小論では、開業精神療法クリニックの院長という過去の体験を生かして、またそこから生まれた問題意識を踏まえ、精神療法の経済学を敢えて意識し、それについての治療経済の深層心理学を語っていきたい。

Ⅱ　ギブ&テイクの原則

「時間に関しては、私は専ら一定時間を患者に賃貸するという原則に従っている」とフロイトは言う。文明人が金銭に対して分裂した態度をとりやすいので、分析家は率直な態度でこれを取り扱うべきであることが強調され、治療の有料化が必要であると主張されている。

「精神分析医は、人々を救うことのできる正当な治療を行っているのであるから、外科医と同じような立場に立って率直に費用がかかることを示すべきである。(4)」

彼の精神分析では、商品としての精神療法とその時空を断固とした態度で売るのであり、与えて取るというギブ&テイクの原則が守られる。ここにおけるギブ&テイクの原則とは、治療と貨幣の交換だけに見られるものではない。精神分析家は資格・権威・技術・意志を保有し、患者は病気にかかって医者を求め、精神分析家は中立性を保ち判断を控え、患者は自分の観察を報告しやがて転移を治療者に向けて、それを分析する精神分析家は解釈を言葉で伝え、患者は料金をはらう、という治療の「やりとり」の全過程を貫くものなのである。

こうしてK・メニンガーの比喩を使うなら、「私が説明したいのは、精神分析療法にも、他のすべての精神療法と同じに、皮膚科医や床屋にかかったり、街頭でリンゴを買ったりする場合と同じような、与えることと得ることの一定の均衡（a certain balance of giving and taking）があるという事実である。そしてこれらのすべての取り引きと同じように、精神分析療法にも、無意識的な交換がある。ほかの日常の取り引きの場合には、その無形のつかみ難いものは、研究の対象にならないのが常である。ところが精神分析療法ではまさに、この無形のものこそ、研究されなければならないのである。」

こうした有料の精神療法に対して無料の治療を提供すべきであるという主張があるが、無料の分析はうまくいかないことがフロイト以来多くの分析家によって報告されている。たとえば、キャンセルされた治療について患者が支払わなくともいいことになると、とたんに患者は治療をすっぽかし始めることに誘惑されやすいという問題が生じると言われている。

以上の料金問題に関して、ハーク N. Haak(6)が要領よくまとめている。そこから料金をとることの意義の一部を紹介すると、治療関係が対等化する、患者の攻撃性を引き受けられる、健全で現実的な自我理想となることができる、治療の価値を形で示すことができる、分析家がこの仕事に伴う苦痛や消耗を償える、(注1)などである。フロイトが示したように、料金をとらない治療は患者の回復を遅らせる可能性を具体的に提示して、かえって金銭で人の心が動かされやすくなるため、経済が治療関係を大きく左右することを警戒する分析家たちはギブ&テイクの原則を守ろうとするのである。

Ⅲ 自虐的世話役の無関心

しかし病める患者の側からの「持ち出し」の大きさや、物心両面の余裕のなさ、「食い物にされる」「しぼりとられる」という被害的不安を考えながら、当然のごとく、このような断固とした「料金をとる」という態度、それも週に四〜五回の治療面接を行って相当に高い料金をとることには抵抗が生じるだろう。そしてとくに仁術としての治療では、それは人徳をほどこす術であり、この人徳とは「思いやり」「愛」「世話」を「与える」だけで「与えて取る」(ギブ&テイク)という交換の発想は否定しやすい。

「与える」だけではなく、この人徳はさらに進んで「身を削って与える」という方向で徹底されることがある。たとえば、自己犠牲が伴わねば世話や思いやりは本物ではないとされるところでは、純化された精神と商売としての精神療法とがまったく相いれないものとなり、「算術」が恥ずべきことで隠さねばならないことになる。

この「愛」「自己犠牲」「世話」「親切」「友情」と金銭的なものとが両立しない思考の根強さを、まったく視野を別に移して示してみよう。たとえば私が『悲劇の発生論』(7)以来分析してきた木下順二の『夕鶴』を読むなら、〈与ひょう〉が布を売って金に換える話を〈つう〉に語って金が欲しいと言うとき〈つう〉が「私には分らない」と言う場面がある。少し原文を引用してみよう。

つう「(うつろに) おかね……おかね……どうしてそんなにほしいのかしら……」

与ひょう「そら、金があれば、何でもええもんを買うだ。」

つう「かう? 〈かう〉ってなに? いいもんってなに? あたしのほかに何がほしいの? いや。いや。あたしのほかになんにもほしがっちゃいや。(注2)おかねもいや。かうのもいや。あたしだけをかわいがってくれなきゃいや。(略)」

『夕鶴』(原注1)(注3)の〈与ひょう〉は〈つう〉との「二人だけの世界」から抜け出て、外部の金銭的なものへの関心をつのらせるとき人格が変わったように見える。そして彼女もまた、〈与ひょう〉が布と「お金」の交換のことを言い出したときの彼の態度の変化についていけなくなっている。金銭的なものが入り込むと二人の関係の質が急激に変わり、「おかねもいや。かうのもいや」と言う〈つう〉の側に金銭的なものに対する拒否または生理的な嫌悪感が発

(注1) われわれはよく「患者がよくなることでむくわれる」と言うが、そのことでむくわれることをあまりに期待することは、患者にとって負担である。

(注2) 彼女は愛と献身と引き換えに〈与ひょう〉を所有していたと言えよう。意識的には「むくいを求めない愛」を主張する〈つう〉であるが、「わたしのほかになんにもほしがっちゃいや」というのは、すでに献身のむくいとして相手から「とること」「奪うこと」であろう。つまり、ここでは思わず露出する「負(マイナス)のつながり」が「正(プラス)のつながり」の周辺に隠されていたわけである。

(原注1)「夕鶴」の「かけ言葉」または語呂連想は、〈つう〉が「通じる」で、〈与ひょう〉が「与える」で、「夕鶴」が「譲る」である。その面でも、『夕鶴』は経済以前の「ギブ」の段階の終焉と懐旧を描いていることが明らかである。

(注3)〈つう〉と言うと女性像としては宮本武蔵の「お通さん」を思い出す読者もいるだろうが、彼女もまた献身的女性であった。また「通(つう)」とは、柳田国男の研究によれば、出色の容姿才能をもちがちながら孤独で遊行する女性の名という伝統をもつ。

生し、とくに彼女の側においては愛情と経済はぜったい両立しないのである。

与ひょう「あのなあ、今度はなあ、前の二枚分も三枚分もの金で……」

つう「(叫ぶ)分らない。あんたのいうことがなんにも分らない。さっきの人たちとおんなじだわ。口の動くのが見えるだけ。声が聞えるだけ。だけど何をいってるんだか……ああ、あんたは、あんたが、とうとうあんたがあの人たちの言葉を、あたしに分らない世界の言葉を話し出した……ああ、どうしよう。どうしよう。どうしよう。」

治療者だけがそうだというわけではないが、我が国では金銭の話になると「私には分からない」という人が多い。とくに〈つう〉のように愛情と自己犠牲によって人が動くことに治療的な手応えを感じている場合、この金銭で人の心が動くという側面について「分からない」と答える可能性がある。この〈つう〉のような性格を私はまとめて「自虐的世話役」と呼んだが、その特徴は、他人の面倒見がよく、自分の面倒はあまり見ないで、自分を傷つけるようなところがある、としている。これに経済のことをつけ加えて考えるなら、お金のことは「分からない」ことがもうひとつの特徴だと言えるだろう。

そして「ある程度の自己犠牲がなければ、本物の愛とは言えない」と言われ、それは「ある程度」であるはずなのに、献身が徹底されると純粋な自己犠牲が愛の条件になってしまう。自己犠牲は愛他主義という愛のための方法であるはずなのに、自己犠牲が人生の目的と化してしまい、そのとき利己的な経済感覚や計算高い金銭感覚は、純粋な愛を汚す不純物のように受け止められてしまう。

このような「愛のためか金のためか」という愛情と経済の二律背反は、人間の古典的な葛藤なのであり、けっして現代人だけのものではないだろう。献身の愛は「与える(ギブ)」を原則とし、これに対する経済は「ギブ&テイク」を原則とするものであり、この両者が両立しにくいのである。

こうした〈つう〉と〈与ひょう〉の悲劇とは、この「与えること」から「与えかつとる」「与えられかつとられる」への移行をうまく果たせない人々の悲劇であると言うことができよう。しかし、「自分の身を削って与える」という形で要求に応える〈つう〉は、「与える」に終始しているわけではない。ただ、「とる」の部分は「相手からとる」のではなく、自らの羽根をぬいて織物を織り上げることで「自分からとって」いながら、この自虐的な「とる」の部分を「見るなの禁止」で隠すのである。(注4)経済を受け入れられない〈つう〉は、〈与ひょう〉の金銭的な話題から目をそむけるだけではなく、自らを消費して商品を作りだしているというギブ&テイクの仕組みにも蓋をしてこれを隔離するのである。

Ⅳ　経済以前へ

「あんたはあたしの命を助けてくれた。何のむくいも望まないで、ただあたしをかわいそうに思って矢を抜いてくれた。それがほんとに嬉しかったから、あたしはあんたのところにきたのよ」と語る〈つう〉は、「あたしのほ

(注4) 与えるだけで、その源を全部自分から持ち出し、相手から見返りを求めないこと、これが理想化された母、そして愛の姿である。このような女性が自分を与えて新たなものを生み出す、という自己犠牲や献身の形式の背後に、巫女(ミコ)が生け贄になって神と結婚し子を産むという信仰のあることを柳田国男は見いだしている(『妹の力』)。この何か大きな影響をあとにもたらすという結果が目的と化し、「国をすくうため」(特攻隊)「橋をかけるため」(人柱伝説)や「名を残すため」の自己犠牲が全面に出るようになるとき、すでに神との一体化があるので何に対して身を捧げているのかがよく見えなくなるだろう。子を産むために身を削るという母親の献身は、神(父親)との一体化というよりも、第三者的な父のことなど目に入らなくなるような対象との一体を示すものである。ゆえに、神—母—子の三者関係よりも、母が身を削って子供の中に自分をつくるように、対象と一体化し死んで対象の中に「名を残す」「影響を残す」という母親的犠牲の形式のほうが、より元型的ではないかと思う。多くの自己犠牲は、対象を支配する、相手に影響を与える、感動を与える、美しい思い出を残す、などの対象を動かすという手応えのためにその対象に向けて行われる。NHKテレビドラマ「おしん」でも、どれだけ働いても報われない献身的女性が感動を呼んだ。武士道や特攻隊、人柱などの自己犠牲伝統の民俗学研究では、「子を残すため」というこの母の自己犠牲と「残された子」の母への負い目(indebtedeness)や恩の観点からの理解が欠落している。

かになんにもほしがっちゃいや」と言いながらも、むくわれることを期待するギブ&テイク経済を理解できない。このようなむくいを望まない愛は経済以前の愛であり、この〈つう〉の物語を愛するわれわれもまた経済以前の、返さなくとも良い段階があると信じている。とくに幼い者の発達過程でも経済的なことに無関心である時代があるし、母親や父親も、無垢で無邪気な子供が「金銭的なこと」について何も知らないほうがいい期間があると考えている。この無知が青年期にまで及ぶと「モラトリアム（支払猶予期間）」となるのだろう。もちろん子供でも金銭に強い興味を示すことがあるが、それは象徴的な意味合いからの好奇心であり、遊びの「人生ゲーム」や「買い物ゲーム」の場合では「とること」には熱心だが、切実な「返すこと」の経済が問題になっているわけではないだろう。

1　切実な現実からの逃避

心が現実逃避を行うことは以前から知られているが、現実が金銭的なもので動くのであれば、なおさら心は金銭的なものを語りたがらないだろう。今や経済は現実の構成要素であるのだから、現実から逃避しようとする心は経済を無視するし、経済に無関心となるわけである。経済について語るためには、現実を見るのと同等の覚悟が必要であり、多くの患者やクライエントには、そして「浮世離れ」した治療者には、それを忘れるために治療に参加していることが多い。

しかしまた、逆のことも言える。金銭は現実的なものである一方、金銭は「ダイヤモンド」がそうであるように、人間の目をくもらせて考えを非現実的にしてしまうとも言う。それは生臭い欲望や本音を露呈させ、人間を動かし支配することもある。

こうしてさまざまなもののなかでも、金銭は一番取り扱いにくいものとなり、経済観念というものが生まれると一応「一人前」なのである。理由のひとつを挙げるなら、「いつまでもあると思うな親と金」と言うように、親と

「お金」の「ありがたさ」（あることの困難）[注5]が「分かる」というのは実に難しい課題だからである。親がいつまでもいると思うことが退行で現実逃避であるように、「お金」の存在を当然視するのを経済からの逃避とすることができる。

2　依存と余裕

また、病人が家計のことを心配すると、そんなことは気にする必要はない、と言う関係者は多い。病人は働けない場合が多いが、「働くこと」はただ仕事をすることだけを意味しない。それは組織に参加することであり、上に述べたギブ&テイクの「損得」や貨幣の「ありがたさ」を考えて取り扱うことができるということであり、余裕のある人には自動的にこなされ当然視されやすい経済も、実は多くの病者にとっては分かりにくい（または、分からなくてもいい）事柄なのである。

とくに深く依存せねばならない人々にとって、経済以前の問題が当面は取り組むべき事柄であり、経済問題に切実な形で関心をもつ余裕はない。「経済的自立」という言葉があるように、経済は自立と深い関係があり、ギブ&テイク経済への参加には、物心両面である程度の余裕と自立または自律が求められるのである。

多くの病者が、経営や経理をまかされ金銭的に追い詰められて発病している。また同時に、経営や金銭管理をまかされることを余裕をもつための機会にして社会に参加している。ゆえに、身体医学でも精神医学でも医師は、患

（注5）何かが存在することを求めても、なかなかそれが実現することは稀で、この、ある（有る）ことを欲してもそれが稀で珍しいというのが、「有難し（ありがたし）」の文字通りの意味である。有ることが少なく、むしろ無いので、その稀なことが喜ばれ、尊ばれて、今日の感謝の意味に移るというのが一般の解説である。実際に珍しいものが大事にされ、尊ばれ、感謝の対象になり、ときには手を合わせて「ありがたや、ありがたや」「ありがたい、ありがたい」と宗教的な感情にもつながる。心理的治療で売る「ありがたいもの」とは、『覆いをとること・つくること』第二章の症例Hで述べた「或るもの」、つまり「血のつながり」からの果てしない置き換えでほとんど原型をとどめていないチという価値のことである。ここには何かあるが、もはや求めているものはない。つまり、「知のつながり」はあっても、「乳のつながり」や「血のつながり」はない。

者が仕事をすること、働くこと、経営をまかされることについての判断について慎重であらねばならないと考えている。

経営に参加する「前に」達成せねばならないことがある、というのが多くの関係者の「常識」である。同時に、経営をまかせないことは、場合によっては自立と余裕のための貴重な機会を奪い取ることになる。主治医は、そして治療者は、病者が「家族が経営をまかせてくれない。もっと信用してほしい」という執劫な訴えを聞くことがある。また、経営をまかされて急激に状態が悪化することを何度も見聞きしている。

なまけ病、賠償神経症、さらには生活保障というような言葉が精神科医療にはついて回る。(注6)また、精神病者のケアと金銭管理は重大な関係があって、症例に応じて医師はいつも「経済以前」を自動的に判断しているが、精神科医やソーシャル・ワーカーはいつもその判断に長けていなければならない。そこに、「経済以前」と「経済」との違いについての認識があり、ケアにも「無償のケア」と「有償のケア」とでは体験に違いがあることを苦い思いとともに知っているのである。また、有料のクリニックでは、治療費を患者に支払ってもらうか、家族に支払わせるか、また別の出所からとってくるか、さらに経済を棚あげするか、の判断を「見立て」や初診の段階で行わねばならない。ゆえに治療の支払いの取り扱いにはいつも治療的な意義があり、その意義は多くの場合が発達論的で精神療法的(psychotherapeutic)なのである。(注7)

V　金銭の意味

経済生活は性生活と並ぶくらいに人間臭い部分であり、嫉妬やひがみ、喜びと満足、恐怖、不安と安心などの源泉であり、大人になるならば多くの人々がこれをこなす方法を「前意識的な自動性(preconscious automatism)」(H. Hartmann)として身につけねばならないのである。これを「先のばし」「棚あげ」にすることに関して普通考える理由は、上に挙げた依存や逃避の問題であろうが、これではまだ「お金のこと」は「分らない」と言う〈つう〉の困難が見えない。

考えておかねばならないのは、金銭には「汚い」「現金な」「生臭い」という嫌悪感がついて回るという問題であり、この「汚い」という意味が貨幣の取り扱いを困難にしている。とくに我が国では、お金は誰にでも触れられるので「汚い」と言い、同時にお祝い事には祝儀としての金銭は欠かせないが、この「汚い金」が商品券や新しいお札に置き換えられることが、言動が金銭についての「汚い意味」で動かされることがあってもその中身はたえず隠されることを証言している。そして、精神分析の象徴論から学ぶように、またフロイトが明らかにした〈金銭＝糞便〉の公式を持ち出すまでもなく、金銭の汚さには単なる拒否感情だけでなく無意識の意味がある。この嫌悪感は、否定感情や拒否として割り切れるものではなく、強い関心や好奇心が混じりあっていて、むしろ割り切れない態度から生まれているのである。

金銭への嫌悪感には金銭への強烈な関心が伴う場合があるが、精神分析ではこの二重性を、反動形成やアンビヴァレンツの理論で説明する。しかし、「現金な」という形容が「急に態度が変わること」を意味しやすいのは、金にとりつかれた先の〈与ひょう〉のような矛盾する態度の変化を指しているからであろうが、〈つう〉にはこれが割り切れない。このような「ありがたい」と「汚い」という矛盾する意味は、生き方に本音と建前という二重構造

(注6) 多くの患者が、障害が目に見えないことに悩み、これを目に見えるものとするために、自傷、自虐を行う。これに「支払い」の意味があることがある。

(注7) 「今日われわれは、しばしば不適応児のことについて話題にしますが、不適応児とはその子の人生の開始時や発達早期の段階で、世界のほうがその子に対して適切に適応できなかった子どものことなのです。乳幼児の迎合とはひどいことなのです。それはつまり両親が、高い代償を支払って便利なものを買い求めているということであり、後で両親はこれを何度も支払わねばならないことになるでしょう。それとも両親が支払えないと、社会がそうせねばならなくなるでしょう。」(D. W. Winnicott. The Child, Family, and the Outside World. 1964, Penguin Books: Harmondsworth.)

を生み出しやすいのである。こうして、治療者たちが金銭的なことから距離をとろうとする理由が浮かび上がり、病院組織のなかでもお金を取り扱う人とお金を取り扱わない人とが分かれていることと、その間の対立とがさらに理解しやすくなるであろう。

　私が別のところで行った、われわれの生理的な嫌悪感の分析による結論を再び繰り返すと、嫌悪感の発生には、食い違うものが両立しないところ、つまり割り切れない不純さが関与しているのである。[9] それは〈つう〉や〈与ひょう〉の困難でもあり、「与える愛」の背後に「テイク」の「つながり」のあることが露呈するとき、醜い、汚いと言うのは、人々が「ギブ（与える／与えられる）」の関係と「テイク（とる／とられる）」の関係の二重性をうまく「こなす」ことができないからだろう。[注8] お金そのものが汚いというよりも、同じ人物がお金のあるところと、お金のないところとであまりに食い違う印象を「現金な態度」として与えるので、その二重の全体が受容できず割り切れないので生理的に嫌悪してしまうのである。さらに消化の比喩で言うならば、それは飲み込みにくく、腑におちなくて、消化しにくい二面性であり、精神的なものの取り扱われる現場では、隠されていた金銭問題が急激に露呈するとき、この未消化感覚は強く体験されやすいのである。

　経済原則というものがあるとすると、まず経済原則はフロイトの言う快感原則に対する現実原則のように愛情原則と対立することになる。また逆に、金銭感覚が快感原則によって左右され、愛情関係が現実原則によって支配されてしまうこともあろう。そして、このように「場当たり的」な「金で動く心」と「愛で動く心」との間の乖離は深刻であるかもしれないし、両立、統合の工夫は実際急務となる場合もある。それは、「割り切れないもの」としてまるで未消化物のように体験され、それは排泄物という代表的な未消化物と同一視されやすいものである。つまり、フロイトにおける〈金銭＝糞便〉という等式は、それが所有と放出を動機づける金色の「未消化物」であるという共通項をもっているからこそ成立することに注目したい。それで、以下のようなことを肛門期モデル、または糞便の比喩で、金銭をめぐる問題を語ることができる。

（1）ギブ&テイク：精神分析の肛門期モデルでは幼児のトイレット・トレーニング(注9)の時期を肛門期として重視して、母親の世話を受けることに対して決められた場所で糞便を差し出さねばならない、というギブ&テイクの交換を達成せねばならない時期だと考えている。それで、受けた恩は返さねばならないものという貸し借りの感覚が生まれるのである。そしてK. Abrahamがこの時期の達成を、精神病と神経症の「分水嶺」としたことも忘れてはならないと思う。

（2）「しまり」という性格特徴：「しまりがいい」「しまりが悪い」などの表現が身体の開口部のことともに、「財布の紐」を指しているのである。

こうして、金銭が語りにくいのはその汚物のシンボリズムのせいでもあることが示唆された。他にもさまざまなことを肛門期については言わねばならないが、詳しくは『心の消化と排出』(9)を参考にしてもらいたい。

Ⅵ 「恩」と「借り」

次いで、言葉の両義性を活用して、「ギブ&テイク」の「テイク（支払い）」と、罪意識に似た「恩」との関係を考えておきたい。つまり、「借りは返す」という感覚によって初めて支払いの必要性が実感されるが、その「借り」の意識とは同時に返さねばならない「恩」をかみしめることなのである。独語の"Schuld"、英語の"debt""charge"日本語の「借り」と、心理的な「恩」「負い目」が返さねばならない借金であるという両義性は多くの国語においても…

（注8）「とられる」（テイク）と「与えられる」（ギブ）とが同じものの二面性であることの比喩的な起源は、臍動脈と臍静脈とを合わせ持つ「血のつながり」の関係にある。それが、出産後しばし棚あげされるのである。

（注9）文化生活への参加のための訓練だが、最近の論文では一般化されて清潔訓練と言われる。「お金の取り扱いをめぐるトレーニング」も、一種の清潔訓練として重要なのである。

て発見できるが、この「返さねばならない」という負債意識によって初めてギブ&テイクの経済への参加と「分かち合い」が可能となる。

この「恩」や「借り」が、ありがたさ、感謝という良い意味だけではなく、被害的な罪感情や負い目、そして「すまない」などとして強く感じられることがある。それで、与えられるだけで返さなくとも良い「ギブ」の愛情関係から急激に、返さねばならない「テイク」を押し付けられてギブ&テイク関係に突入するなら、「押し付けられた罪悪感」(10)という返し切れない恩に圧倒されることになる。つまり、負債は金銭的に返済可能であるが、恩とは感謝の対象であり、恩返しですべてを返しきれるものではなく、与えてしまった損害を見せつけられその支払いと償いを急に要求されるなら、多くの人々は〈与ひょう〉のように茫然と立ちつくしてしまうだろう。

また〈つう〉にとっては、むくいを望まず、また恩返しであることを深く意識することなく、恩には恩返しで応えることが大切であるのに、彼女はこれが布を媒介にして、あからさまなギブ&テイクの象徴である金に交換されてしまったことを怒っているのではなかろうか。この物語の進行に伴って成立した〈恩=布=金〉の等式で、〈つう〉は〈恩=布〉という「かけがえのないもの」の等式をつくりあげたが、彼女は〈与ひょう〉のつくった〈布=金〉の等価交換についていけない。(注10)

「鶴の恩返し」の原話は「鶴女房」だが、それよりも古い形式である「蛇女房」において献身は女房の眼球を差し出すことによってなされる。「蛇女房」の眼球が二個とも失われるように、「夕鶴」では織り上げられる反物は二つである。これらの目玉や布は女房たちの体の一部であり、「むくいを求めない」「かけがえのないもの」という意味で交換不能であって、限界をこえて献身が進むと彼女たちは傷つくのである。ところが、「お金」は現実的に言うなら、誰も傷つかず、誰とも交換可能となる方向づけをもっている。二個の目が乳の代りとして子どもを育てたという昔話の象徴性を活用するなら〈乳=布〉となるが、〈乳=布=金〉の等式では「お金」は乳から遠くはなれているはずである。

だからこそ、毎回料金を支払ってもらうことにより患者は恩を返済することで、彼や彼女に不必要な罪意識がつのるのを回避すること、そして必要に応じてこの関係について語り合えることが有料の精神療法で最初から目論まれていることは重要なのである（このことは、最近の「鼠男」[(11)(注11)]論で展開しているので、興味ある読者は参考にしてもらいたい）。

ギブ&テイクの経済の心理学における「分りにくさ」「取り扱いにくさ」という困難については、以上のような嫌悪感や恩の意味を理解することが重要である。同種の困難や苦痛を回避するために、女性像も「昼間は淑女のごとく、夜は娼婦のごとく」よりもさらに分かれて「慈母」（ありがたい女性）と「売春婦」（汚い女性）とに分裂し

（注10）異類婚姻説話の女房たちはもともと「押しかけ女房」で、その献身が恩返しであるとは思っていなかった。物語が歴史の中で発展する途上で「鶴の恩返し」、つまり〈恩＝布〉が意識されるようになり、戦後の日本の大転換を目の当たりにした木下順二は、その「恩返し」に金銭交換を付け加えた。しかし、終始一貫して「与えること／もらうこと」と「とること／返すこと」が両立しにくいという困難から悲劇は生まれている。たとえば、浦島もまた、もらった時間はやがて返さねばならないので、混乱するのである。また、この『夕鶴』の悲劇の展開に示された〈愛＝恩＝布＝金〉という等式の最初と最後は直接交換が可能のように見えるかもしれないが、「ありがたさ」の程度が違う。

（注11）フロイトの「鼠男」に関する支払いと恩についてのわれわれの議論をここに要約しておく。周知のごとく、鼠男の強迫観念の話は、治療報告の冒頭からメガネの支払いに関するものが中心を占めていて、最初から支払いの話題に読者は圧倒されるのである。「中尉に金を返さねばならない」という命令が、彼に不合理な行動をさまざまな形で強いるのだが、これが何の解決ももたらさないのは、患者が支払わねばならない代金を支払ったのは、彼が返さねばならないと意識しているA中尉でもB中尉でもないからである。実は、代金を立て替えたのは郵便局の受付嬢なのだが、この事実を患者は自分にも分析家にも隠していた、とフロイトは書いている。つまり、患者が意識するのを何とか避けようとしていたのは、この受付嬢という女性に借りがあるという事実である。

一方、C. Schwartz（A Discussion of Freud's Treatment of the Rat Man. 国際精神分析学会ブエノスアイレス大会にて発表、一九九一）は、患者の罪意識やうつ感情、自殺衝動などの起源として、患者が三歳のときに死んだ五歳上の姉との「不完全な喪の仕事（incomplete mourning）」に注目している。患者の記憶に従えば、幼い頃この姉キャサリンは弟に向かって「お前が死んだら、私は自殺するわ」と言っているが、この裏の意味は「私が死んだらお前も死ぬだろう」ということである。つまりこの二人は、どちらかが死んだら片方が死なねばならないという約束をしていたことになり、実際にこの姉は患者が幼い頃死んでしまったのである。そして、こういう事実の発見と理解を積み重ねることによって、患者がメガネの未支払い代金に敏感にならざるをえない背景が、少し見えてくる。つまり、彼女たちとの「死の約束」が不履行のままであり、それが患者の「返さねばならない借り」の起源を形づくっている可能性がある。

やすい。無料の精神療法が福祉に組み入れられやすく、一方で有料で精神療法を行う開業精神療法家が「水商売」の比喩で取り上げられるのは、この商売が「金で愛を売る」と類似のイメージを引き受けるからであり、先の愛情原則と経済原則の対立と二重性を身をもって患者に提示するからである。

Ⅶ　商品の価値

さらに「水商売」としての開業精神療法の印象が複雑である理由は、この「現金であること」だけではない。そこでは薬や検査のような見えるものを売っているわけではなく、われわれは一般に見えないもの、とらえどころのない無形の価値を売っている。多くの精神療法家は心理技術や権威や知恵を売っていると言うかもしれないが、一般の人々にとっては、精神療法家はそれほど手応えのあるものを売っているとは理解されていない。

同業者仲間では、学派的、理論的な対立点があって、それぞれ商品としての精神療法の価値を主張しており、対社会的には特定の「良いもの」が売られていることが宣伝されるかもしれない。また、ゆっくりと話しができる時間や相手を得ることも貴重である。ただし、多くの精神療法家の手元には、一見はっきりした価値のある商品が何もないという焦りに似た感情がある。そして、実はこの何もないことも精神療法の技法のひとつなのであり、料金の支払いがあろうとなかろうと、有料であろうとなかろうと、この技法は変わらないものなのである。

われわれの精神療法の商品としての価値の大部分は、むしろ来談者が決定する。とくに「治癒」というものを前面に押し出すことなく、転移の「鏡」「受け皿」「器」を用意する精神分析の場合、精神療法として売られているものの価値の大部分は、来談者の幻想と錯覚とが決定することになる。そして、商品としての精神療法の実践でこれを商品たらしめているものを分析するのが精神分析なのであり、分析を通して転移が解消し商品の価値がなくなるところで治療は終わるのが理想なのである。そのため、なかなか「すまない」ものとしての恩を毎回の金銭的支払いで「すます」ことも、転移の解消へと向けられていると言えよう。つまり精神分析はあまり恩は売らないのであり、スーパーヴィジョンが有料であることも、学恩や師弟関係で互いを過度にしばらないことに向けて設定されているわけである。

治療中におけるこの商品の価値は、これまで述べて来た複雑な意味の多重決定と置き換えによって、また空想と錯覚によって、用意された器の上に盛り込まれていく。それはときに複雑怪奇であり、意味は多重で多義であり、この象徴的なものの「やりとり」と「こなし」が求められるがゆえに、この金銭によって精神療法の価値や意味が複雑化することが邪魔である場合がある。そこに無償の愛、無償の世話、無料の精神療法が求められる根拠のひとつがある。そして、金銭の意味の消化能力と物心両面の余裕に応じて、複雑なものよりも単純なもの、筋の通ったもの、分かりやすいもの、と「こなれやすい」ものを「現金な感じのしない」形で安く提供することを治療者は考えねばならないのである。

具体的な設定の話をするならば、Kでは治療料金については自由診療の枠組みで設定された。そして、Kのスタッフへの金銭的報酬は当初から契約で給料制は導入せず、ほぼ一貫して歩合制が導入された。これにより、患者、クライエント、来談者から受け取る料金の7割以上が治療者の収入となり、残りの3割以下がKの収入となった。（現在K医院は発展的に解消し、K研究所となっているが、そこでは患者が来院してもしなくても、部屋代を研究所に支払うという契約になっている。）

これによりどの治療者も、患者からの支払いがないと無収入となるよう設定され、医院経済はスタッフ全員に共有された。そして、治療料金を具体的に設定し、これを患者から受け取り、その契約に基づいて一部をK医院に支払うことがスタッフの責任となって、この設定では心だけではなくお金を扱う治療者の姿が浮かび上がりやすくなっていると言える。そして、この現金な設定をどのようにに提示するかは、「見立て」に応じる治療者の自由裁量の範囲となったのである。

そういう状況で商品としての精神療法を売ることは、これを商品たらしめている「ありがたい意味」「汚い意味」「すまない意味」を分析できる機会を得る。だから、治療における料金設定も治療のうちなのである。治療管理学、治療運営学は治療経済学を含み込み、「マネージメント」は治療の成り行きを左右する。無料と有料、そしてその間のさまざまなバリエーションがありうるのであり、一律に有料と言うのも、一律に無料の治療と同様に、料金設定の治療的意義を見落とすことになる。ただし、経済以前から経済以降への移行には、言語以前と言語以降、秩序以前と秩序以降、そしてエディプス以前とエディプス以降と、さまざまな間の移行と同様の移行論が必要だが、その精神療法の経済面での具体的議論に必要な体験を、われわれは今集め始めたばかりなのである。

Ⅷ　さいごに

治療者の設定する物的条件が治療内容と深く関わることを示す視点を提供してきたのは、我が国では小此木啓吾の治療構造論(12)であろう。しかし、この構造論やわれわれの言う設定論も、多くの治療者によって当然視されやすくて、治療内容にのめりこもうとする者が多い。

開業という設定で精神療法を行わない限り、なかなか治療者自ら治療を設定するという意識が生まれにくいものであろう。だから、クライエントから現金を直接受け取る治療を行ったことのない治療者には、ここに書かれていることが分からないかもしれない(注12)。それは、幸せでもあり、不幸なことでもある。ここに書かれたような経済学を曲がりなりにも達成しているクリニックが全国にどれだけあるのかと言うと、まったく数えるほどである。そして、それぞれが経営的に苦しく、まだまだ持ち出しが多い。

ゆえに、治療条件を設定する主体であることを忘れ、また治療者の自己犠牲を最小限にするためにも、「親方日の丸」の設定をもっと活用した方がいいのかもしれない。それではしかし、我が国の精神療法はいつまでもプロフェッショナルとしての「経済的自立」を果たせないかもしれない。

私は将来どのような設定で働くことになっても、若い精神療法家は、病院臨床と開業臨床の両方を基礎的な研修として経験しておくべきだと思っている。前者には医師が、後者にはサイコロジストがまだまだ進出せねばならない領域があり、両者がその経済に関してもっと知恵を出し合わねばならないのである。

文献

(1) 北山修「Maudsley 病院外来精神療法ユニット」『精神医学』二〇巻一〇三、一九七八
(2) 北山修「開業精神療法――とくにその即物的交流について」『精神分析研究』二九巻一八三、一九八五
(3) 北山修「開業精神療法――治療の最小単位として」『精神分析研究』三〇巻二一、一九八六
(4) Freud, S.「分析治療の開始について」(小此木啓吾訳)『フロイド選集15』日本教文社、一九七六
(5) Menninger, K.『精神分析技法論』(小此木啓吾、岩崎徹也訳)、岩崎学術出版社、一九六九
(6) N. Haak: Comments on the Analytical Situation. Int. J. Psycho-Anal., 38, 183, 1957.
(7) 北山修『増補・悲劇の発生論』金剛出版、一九八八
(8) 北山修「自虐的世話役について」『精神分析研究』三三巻九三、一九八九

(注12) 本論では、初心者が自信がなくて「料金がとれない」「代金をもらうと悪いような気がする」という、よくある問題に触れていない。これは、従来"medical student syndrome"として記載されてきたものに含まれるべきもので、不治の病であっても治せないと罪の深さを感じ、患者と同一化して心気的になって医者をやめたくなるという傾向のひとつであるかもしれない。ただ、精神科や心理臨床では、もっているものが目に見えにくいことと、その技法的意義を身をもって納得していないことが多いので、この「初心者の不安」が際立ちやすい。さらに、この種の「初心者の不安」は、支払いを受けても受けなくても、実は料金に関係なく発生しているのである。そして、たとえ僅かな金額であっても料金をもらって「お前は何をしたのか」と問われることは、どのような職業においても避けられないことだし、それも修行の一過程である。もしこれが初心者でなくとも発生するとき、そのとき自虐的世話役の金銭的な無関心と自己犠牲の問題が無関係ではなくなるだろう。

(9) 北山修『心の消化と排出――文字通りの体験が比喩になる過程』創元社、一九八八
(10) 北山修「押しつけられた罪悪感――『阿闍世』の矛盾」『精神分析研究』三二巻一一七、一九八八
(11) 北山修「フロイトと〝鼠男〟について」平成三年一二月八日の日本精神分析協会東京大会学術集会における発表(「精神分析研究」に投稿予定)
(12) 岩崎徹也他編集『治療構造論』岩崎学術出版社、一九九〇

さいごに

第十四章　「ともに眺めること」と「浮かんで消える」*
――浮世絵の中の日本の母と子

Ⅰ　はじめに

精神分析から見た日本神話の理解は、私が今から十三年前に発表した『悲劇の発生論』（一九八二）で詳しく展開している。今回私は、現在の私の興味から出発し、最後に十三年前の興味に結びつけたいと考える。現在の私の興味といっても、せっかく日本描画テスト・描画療法学会で発表するのであるから、ヴィジュアルなことを中心に据えてお話しさせていただきたいと思う。

材料としては浮世絵を見ていただきたい。そこには母子関係が描かれている。この種の浮世絵に興味をもったきっかけは、数年前に『浮世絵のなかの子供たち』（一九九四）が出版されたことにある。この本に接するまでは、

＊本論文は、日本語臨床研究会（平成七年四月二八日）で発表された「浮世絵の中の母と子」、及び第三九回国際精神分析学会（平成七年八月一日）における発表 "Symbolic Transitionality and Maternal Disillusionment" に修正加筆して合体したものである。平成七年九月三日の第五回日本描画テスト・描画療法学会におけるシンポジウム「家族画としてみた日本の神話」で発表された。臨床描画研究Ⅺ、一九三－一八二頁、一九九六年。その後、『増補新装版 悲劇の発生論』（金剛出版、一九九七）に掲載された。

浮世絵の中に子どもが描かれているとはまったく意識したことがなかったが、そこに夥《おびただ》しい数の母子関係が描かれていることを知り非常に驚いたものである。

もちろん浮世絵には、母子関係だけではなく、さまざまな人間関係が描かれていて、資料としてどれも興味深いのだが、とくに私が母子関係に興味をもつ理由もまた無数にある。第一に、私が専門とする精神分析が、われわれのこころを決定するものとして、過去、つまり幼児期あるいは「育ち」というものを重視しているからである。対話による治療を行っていると、次第に話題が問題の過去へ、そしてその起源へと遡ることは多いが、精神分析はこの過去が現在のこころの在り方を決定するという立場を堅持して来た。そのため、精神分析を実践しようとする治療者は、過去を考えるときのモデルとしてさまざまな発達理論を勉強するようになっている。フロイト学派の口唇期、肛門期、男根期、エディプス期という**発達段階論**はその代表的なモデルであるが、その他に、E・エリクソン、M・クラインらのものがあり、人間の言動をその起源の観点から解釈するときに用いられている。

さらに、過去の体験の中でもどうして母子関係なのか、という問いについては言うまでもないことだろう。父―母―子のエディプス・コンプレックスを中心とする三角関係に対し、前エディプス的な体験として「二人だけの関係」をなす母子関係は、フロイトの死後になって急激に興味をもたれて来た。とくに最近では、重症患者の理解や治療においては、母子関係の観点からの理解は欠かせないと考えられ、私のこの面での理解ではD・W・ウィニコットの発達理論から多くを学んだ。しかしまたそれだけではなく、日本の研究者の関心はもともと、父―母―子の**三角関係**、あるいは**三者関係**よりも、母子関係という**二者関係**に向けられ、これが人間関係の基盤を形成していると言われ、それと並行して土居健郎や河合隼雄らの母性重視の発達理解が日本では受け入れられやすいのである。しかしながら、これらの論では濃厚な母子関係を強調することが多くても、それがどのような運命をたどるのか、つまり、最終的には母子関係がどのように終わるのか、明らかにしていない。そこで、これから掲げる浮世絵、神話、昔話の中の母子関係に関する研究が、濃厚な**母子関係の終わり方**について一つの回答を与えてくれるだろう。

Ⅱ　ともに眺めること

ここで浮世絵を一枚見てもらおう（図1）。これまで約一万枚近くの浮世絵を調べて、そのなかで五百枚くらいに子供が描かれていることが分かった。そして、母子関係を描いているのが約三百枚だったが、これを整理して行くうちに、その母子関係や人間関係にひとつの型が繰り返されていることに気がついた。それが、このような母子の姿なのである。

また浮世絵の中には、同じ対象をともに眺める母子、あるいはカップルが再三登場することに私は気がついた。最初、これは絵の中に登場する人物の顔を全部見せようとする作画上の理由が主たるものかと思ったが、その〈見られること／見ること〉を意識させる二人の在り方に、絵の中だけのことではない、きわめて日常的な人間関係の在り方に通じるもののあることに、私は興味を抱くようになった。そこでこの、同じ対象を眺める二人の姿に「**ともに眺めること** Viewing Together」という名前を付けて見た。そしてこれについて、まず以下のようないくつかの知的な関心が生まれた。

図1　「風流七ツ目絵合」舟調

1　二者関係をひらく

精神分析学では、強い絆（きずな）で結び付く母子が分離していくところが、興味を引き付けている。そして、早期の母子関係は**近親相姦的**で、その密通のような関係に割って入りひらかれたものにするために、第三者として父親が求められる。早期母子関係を「**幻想的一体感**」で特徴づけるなら、この間に距離を置かせて幻滅させるのは父親の「切る」という機能なのである。このような「父親の幻滅 paternal disillusionment」と比較して際立つのは、これらの浮世絵の中で、母子の間をひらいて間接化し、間を取り持っているのは父親ではなく、夥しい数と種類のモノなのである。

2　移行を取り持つもの

われわれは、無条件に甘えられる母子関係から、なかなか甘えられない関係への移行に関心がある。ウィニコットの移行対象論によれば、分離する母子の間を媒介するものとして毛布の切れ端などのモノが重要になるとされるが、この移行対象を、二者関係を取り結びながら、それが社会に向けてひらかれる移行過程を媒介・促進するものとして広義の意味でとらえなおすことができる。

3　象徴の使用

さらに言語の獲得の面では、この移行を発達心理学の立場から描く視点のひとつが、母子の相互性における行為の図式から言語の図式への移行に注目するものである。この視点からJ・ブルーナーは、“joint attention”の重要性を強調している。子は母の視線を追い、母の見ている対象をともに見ながら母の発話を聞くのだが、これらの共同行為を通し、前言語的行為の中で得られた特徴が言語活動へと転移することに注目する。絵を見ても分かるが、この同じものを見ながら、二人は、心の外で、また心の中で、あれこれ語り合うのである。絵を見ていると、**声が聞**

こえてきそうであるが、このような母と子供、そして対象とで形成される**媒介的関係**こそ、無数に繰り返される、象徴を共有し、象徴を使用するための基盤となるのである。

Ⅲ　浮世絵の中の母子

次いで、この浮世絵の中身に詳しく入る前に、日本の浮世絵の中に描かれた母子関係を学問的な研究材料とすることができるのか、内容に不自然な偏りはないのか、という疑問について答えておかねばならない。なぜなら、これらの絵には従来相当な歪曲があると言われて来たからである。絵は真実を歪めているかもしれないわけだが、象徴形成の過程に興味をもつわれわれにとって、この「歪曲」こそ興味深いので、指摘されるべき箇所をいくつか挙げて考えておこう。

1　直接観察ではない

これらは、実際の関係が直接観察されているわけではない。これは観察された過去ではなく、むしろ、語られたもの、描かれたものなのである。そのことが、当然、実際の過去とは異なる内容をもたらすのであるが、実は臨床でわれわれが過去を取り扱う場合も、取り扱いの対象は主に直接観察された過去ではなく、語られた幼児期であり、描かれた幼児期なのである。ゆえに、これらの絵は、まだ西洋から「科学的」心理学が輸入される前に、どのように人間関係が把握され心に記録されたかを示すものとして、むしろ実際のビデオや写真よりも貴重だと思うのである。

図２　「東姿源氏合乙女」英山

２　本当の母子関係か

浮世絵に美人画が多いことは知られていても、この美人とともに多くの子供たちが描かれていることを知る人は少ない。このことは、浮世絵を見るとき、誰も子供なんか見てないということを示す。つまり母子像であっても、やはり美人画であり、皆母親を見ているのである（図２）。母親として描かれた女性がいつも若く美しく、エロチックで肌もあらわなことが多いことが特徴的で、子供はいわゆる「出し」に使われている例もある。これが加速されたのは、人気が美人画にあまりに集中したため当局から圧力がかかり、カモフラージュ的な意味合いで子供を添えて、表向き家族画の装いをまとわせたことによると言われている。ただし、この絵でも媒介物として花びらが母の手に描かれていることに注目しておきたい。

３　男の子が多い

ここには男女関係、とくに遊女と客の性的関係が織り込まれていて、その結果、登場する子供がほとんど男の子になる。そのため従来から、母子関係としての解釈は慎重であらねばならない、と浮世絵研究者たちにより強調されてきたのである。そして女の子の不在は、ある種の男女差別があると言えよう。しかし、「稚児」の場合のように、幼い男の子ほど中性的になり、これらの男の子が女の子の存在も代表したという側面もある。

図3 「ポッピンを吹いて子供をあやす女」春信

4 書き手が男性である

また、作者たちが男性である、という事実が内容を歪めている、ということも大いにありうる。これが、描かれた子供を男の子に偏らせたとも言えるだろう。また、このジャンルの代表的作家である歌麿自身の母親への執着などは、従来より指摘されていることである。

5 父親の不在

どの絵にも、父親はほとんど登場しない。これは、よく言われる、日本人の心的世界における父性の欠如とか、日本人家庭における父親の不在を反映するものかも知れないが、購買者がほとんど男性であったことも忘れてはならない。むしろ父親たちはこの絵の外にいて、カメラやホームビデオで家族を記録する現代日本の父親のように、これを見ていると言える。また、母親の背後に隠れている場合もある（図3）。そして、父親たちは、この絵の中の男の子と同一化していて、絵の外の父親と絵の中の男の子とは心理的に融合しているという可能性もある。

6　母親か

以上に加えてもうひとつ重要な事実は、これらの母親的人物のなかに、乳母、女中、下女、姉、伯母たちが紛れ込んでいることである。これを区別することは、専門家でもなかなか難しい場合がある。ただし、すべて母親的に描かれていることは間違いないようで、その推測の根拠はこれから述べる二人の関係性にある。

Ⅳ　調査結果

以上のような可能性ゆえ、これらの絵の中の性的要素に注目して深く解釈することを、今は差し控えたい。私は、この大人の女性と子供との関係を媒介する対象や距離にのみ焦点をあわせ、主に分類と理解の手掛かりを登場人物の姿勢と配置という、表面的に読み取れるもの、見えるものに限ることにした。それでも絵であることには変わりがないので、関係性を論じるとき解釈的にならざるをえないが、まずは絵画的研究に絵画的ではない視点を確保するために、分類した上で数字を出してみたいと思う。

1　分　類

絵に登場した婦人と子供の関係を分類した七つのカテゴリィとは、以下のようなものである。

- 密着
- 身体接触のある共視（接触・共視）
- 身体接触のない共視（分離・共視）
- 対面（直視）
- 平行と支持

・無関係
・その他

分類につけた名前を見て、ほとんどの内容が分かってもらえると思うが、解説を少し追加しよう。「共に眺める」または「共視」で身体接触がある場合とない場合との区別は、母子の間に接触があるかないかである。対面とは、フェイス・トゥ・フェイスで対話しているような場合である。平行は、両者が違う対象に向かいながら平行して関わっている場合で、支持とは対象に関わる乳幼児を母親が支えている場合で、どちらも「共に眺める」のヴァリエーションと考えてよいと思う。平行では、母は仕事をしているが、それと平行線を引くような形で子供は、同じ姿勢で別の対象と遊んでいる。一方、逆平行と私が呼ぶ、きわめて様式性の高い組み合わせがあるが、母子が互いにまったく逆を向いているのに、その姿勢が平行関係にあるというものも平行に含む（図４）。

図４　「針仕事」歌麿

もちろん分類できないさまざまな例があり、例えば母は木から姉を落とし下では子供が柿を拾うという場合は姿勢は平行ではないが、媒介物のことを考慮して平行の分類に入れた。支持では、子を支えている母親は、対象を見てはいないが、対象との関係を共有している。最後に無関係と言っても「すねる」感じのものもあり、気持ちを解釈するなら、それなりに関係がありそうであるが、一応無関係とした。

このような分類の下で、集計段階では正確

には二一三枚の母子関係を描いた浮世絵を調査した。今回の調査研究の結果では（表1）、母子関係を描く浮世絵における、われわれのいう「共に眺める」の出現率は三割強であった。もしこれに平行や支持を入れると、この中に登場する母親と子供の約半数が何かを媒介にして関係を保っていると言える。これは非常に高率であると思う。

ちなみに、西洋絵画では聖母子像が多く、また浮世絵版画という分野がないので比較にならないが、こういう媒介物を介した母子が描かれることはめったにない。また、父親像が出てくるのも目につく。

さらに、平行という特徴的分類が示すように、これらの絵に登場する二人が、見つめあっているのではなく、主に**サイド・バイ・サイド**の関係であることも重要である。やまだようこは、このような母子関係や人間関係の在り方を「**横並びの関係**」と呼んでいる。これは、例えば日本映画の中で小津安二郎らによって描かれる人間関係の在り方に関し、指摘されて来たことでもある。

表1　集計表

	乳児	幼児	年長児	
密着	10.8	6.1	0.0	16.9
接触・共視	3.8	11.7	0.0	15.5
分離・共視	2.8	11.7	3.8	18.3
対面	1.9	8.0	2.8	12.7
平行＋支持	2.8	10.8	4.2	17.8
無関係	0.0	3.3	8.0	11.3
その他	1.9	3.8	1.9	7.5
	23.9	55.4	20.7	100.0

2　浮かんで消える

次いで、共に眺める対象の性質についてであるが、ふらっと消えていく、浮かんでいる、揺れて消えて行くという、「はかない」（不安定で頼りない）という形容が当てはまりそうなものが非常に多く登場している。揺れる金魚、すぐに止まる風車、飛んで行く鳥、水に映った顔、消えて光って飛び交う螢（図5）などは、浮かんでいるし、そしてやがて消えてゆきそうである。さらに、ユーモラスに日常性を描く傘の絵ではとるにたらぬ穴を見つけている

図５　「螢狩り」歌麿

図６　「風流七小町　雨乞」歌麿

し（図６）、時間がくれば溶けて消える雪兎などは確実に消えて行く。これらは、フロイトが観察した糸巻きゲームのようでもあるが、それはFort/Daだけではなく、Da/Fortでもあり、消えたり、消えたり、現われたり、そしてまた消えたりするという点滅が、対象や**象徴のはかなさ** symbolic transience を伝えているようである。これまで精神分析では、対象恒常性 Object consistency や象徴性等価視 symbolic equation を強調してきたが、この逆の発想は貴重である。

３　段階的な幻滅

さらにこの「共同注視」の対象を「橋渡し」の媒体にして母親側が、また対象の側が空間的な距離を置いていく様子が頻繁に観察されることが興味深い。つまり対象が、手の届くところにある場合と、手の届かないところにある場合は、その割合は半数ずつに分かれるが、後者の中で手に届かぬ媒介物が遠ざかるという形式は、かなりの枚数見つかっている。そこでは対象を媒体にして母親側が時間的、空間的な距離を置いていくことが頻繁に観察され（図７）、この対象（ここでは亀）をはさむ関係は、二人が対象を共有し、距離を置き、やがて消えて行く flowing away という三つの発達段階に分けられる可能性がある。母子の間に距離ができるところでは「甘え」が際立つが、D・フリーマンは、この甘えはM・マーラーのいう**燃料補給** refueling の希求であると指摘している。

これ（図8）は実に見事な作品と言えるだろう。作者は、まさに対象が消える瞬間をとらえており、大事なのは、シャボン玉が消えて残した空間が見えることである。さらに、「浮かんでいる」ということ、まさしく浮世絵

図7 「美人紅葉狩」周延

図8 「しゃぼん玉吹き図」春重

の「浮世」の「浮き」の感覚を描いているといってよいだろう。われわれは、不安定に浮かんでいるものを媒体にして、母子の間に距離を置いているとも言えそうである。登場する母親が、若く美しいのも、そういうものの「うつろいやすさ」を示すものとして、浮世絵にぴったりである。

「浮き」というのは、浮いている、つまり浮わついた気分も意味するが、同時に、憂鬱の「憂き」を書いて「うき」と読むことを思い出させる。また同時に、この吹けば飛ぶような紙の絵こそ、「浮かんだ対象」であり、その内容で共有された対象がいつも「はかなく」消えて行く対象が多いのは、内容と形式の一致なのである。内容的に、母子関係の幻想的一体感が**段階的な幻滅**に至るところ、つまり**母親の幻滅** maternal disillusionment が描かれ、形式的にも、溜め息をひとつつくような、小さな悲しみやはかなさ、ぽっかり空いた空しさ、「まいいか」というような諦めが伝わる。

V　急激な幻滅

さて、「描かれた過去」としての浮世絵を離れ、目を「語られた過去」に向けてみよう。先にも述べたように、われわれは、臨床で患者やクライエントの幼児期を取り扱うが、臨床で問題になる幼児期とは観察された幼児期ではなく、主に「語られた幼児期」なのである。そして、幻想とことばを重視する分析家たちは「語られた過去」の総和としての昔話や神話の価値を高く評価してきた。

私は、日本の伝承に注目し、その臨床における応用を試みる作業のなかで、とくに「別れ話」で終わる『浦島太郎』や『鶴の恩返し』などを代表とする異類婚姻説話、木下順二の『夕鶴』、さらに物語として同型であるイザナギ・イザナミ神話などの悲劇を取り上げてきた。この悲劇を取り上げる理由の第一は、外来精神療法の臨床でわれわれの取り扱うものが悲劇が多いということであり、これらの伝承のなかに繰り返される過程が人間の代表的悲劇

図 9 「つるのおんがえし」岩崎ちひろ（偕成社）

図 10 「うらしまたろう」村上幸一（ポプラ社）

図 11 「かぐやひめ」高橋信也（ポプラ社）

的体験のひとつと仮定したからである。第二に臨床体験と並行し、この悲劇が母子関係の反復であり、この母親像の理想化と幻滅の繰り返しを人間の発達課程における危機的課題として提示してきた。先の浮世絵の中に描かれた、はかない対象による移行の過程が段階的な幻滅を示すものならば、「見るなの禁止」（北山、一九九三）の物語は急激な移行、あるいは急激な幻滅を描き出すものである。ここでは例として物語をひとつ提示しておこう。引用する絵は、子供たちの絵本からのものである。

若者のところに美女が訪ねてくる。彼女は献身的で、料理がうまく、布を織るのも上手で、二人は幸せに暮らす。彼女が布を響ときは「見るな」という禁止が課せられる。男が禁止を破って覗くとそこに傷ついた鶴を見付ける。正体を見られたことを知った鶴は、去って行く。

この場合も鶴は浮かんで消えるが（図９）、このような浮かんで消えるという別れを最後に語るのは、『夕鶴』だけではなく、玉手箱をあけた浦島の見た煙（図10）、月に帰るかぐや姫（図11）、羽衣も加えてもいい。私は、対象の消え方が段階的でないところをとらえ、悲劇の原因に「急激な幻滅」があるというところに注目した。また、媒介的になるべき移行の失敗とも言えるだろうし、抑うつや心身症、神経症などの病理の起源がこういうところにあることも示唆した。

それでは、『夕鶴』の最後で、主人公が傷ついた鶴を見るというのはどういうわけだろう。つまり、神話の男性主人公たちが、「見畏《みかしこ》みて逃げましき」というときの、何を見たかに注目したいと思う。本書四八頁に示した図１は、『鶴の恩返し』を絵本化したものを集めて、その覗かれた鶴の場面を描いた絵から選んだものである。何が見えたのかはっきりしないものの多い中で、これだけが傷ついた鶴を描いている。私は、醜いもの（見にくいもの）は絵になりにくいとしてきた物語の歴史の中で、とうとう日本人もこれを見るようになったのか、という感慨のようなものを抱く。

胸の羽根を抜いて布を織り上げるときの絵であり、確かに彼女は出血している。これが、胸の傷つきであるから、授乳によって母親が傷ついて行く様子を想像させる。つまり、早期の母子関係が描かれていることを推測させるのである。また、私の臨床経験も踏まえて言うが、この機織りの姿が出血しながら足を広げて出産している母親の姿を連想させる。また西洋でこれを見せるとき、母親としてその胸から小鳥に血を与える自己献身的なペリカンの話がよく時ち出されるが、そこで出てくる代表的連想はキリストで、彼もまた天に帰っていったようにわれわれは感じる。もちろんすべて象徴は、その重層性のために、辞書的な意味の正解はない。

しかし、これが母親であるというのは、いつも精神分析的な解釈に警戒的である人々には、こじつけに聞こえるかも知れない。ただし、すでに私が書いたように、これらが乳児と母親の早期の関係を描いていて、鶴たちは授乳と育児で傷ついたり、出産で死んで行った母親たちである。この解釈には、他にも資料や重要な根拠があるが、詳しくは私の書いた『悲劇の発生論』や『見るなの禁止』を読んでいただきたい。それでは、いよいよ神話の世界であるが、ここでは、これまで取り上げてきた無媒介的関係の主題を繰り返し描く神話をふたつ紹介しよう。

まず、鶴女房の古い形は、蛇女房であったと言われる。覗いてみたら龍や蛇であったとされる話で、見ることが禁じられたのは、たとえば古事記の豊玉姫説話では出産場面である。簡単に物語を紹介して、読みも示す。

1 豊玉姫説話

前半は失われた釣針をめぐる有名な『海幸山幸』の物語が展開する。弟のホヲリの命が、海神の宮に行き、海神の娘である豊玉姫と結婚し、三年が過ぎる。失われた釣針のことを聞いた海神がそれを得て、ホヲリは帰国して兄ホデリを服従させる。王となったホヲリを、海中で契った豊玉姫が訪ね、臨月であることを告げる。異郷の人間は出産のとき本国の姿になって出産するので、夫に出産を「見るな」と言う。禁を破って覗いた夫が、ワニが蛇行しているのを見て、「見驚き畏《かしこ》みて」逃げる。ホヲリに見られたことを知って恥しいと思った豊玉姫は、「これいとはづかし」と言い、子を残して海中に帰る。

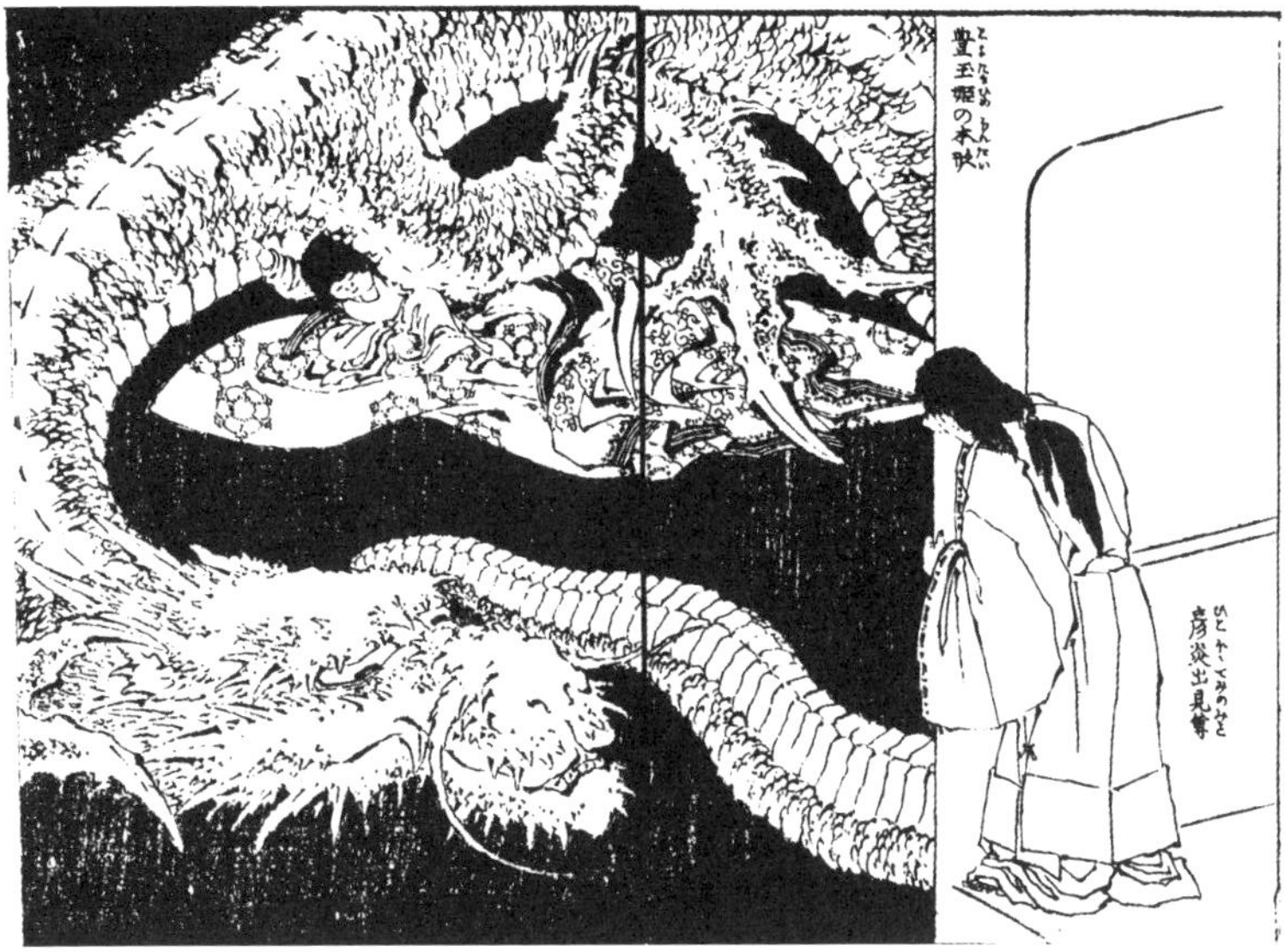

図 12 「和漢絵本魁」北斎

ここに、そのコトをアヤしとオモホシテ、そのミザカリに産てたまふをひそかにウカガひたまへば、ヤヒロわににナりて、ハひモゴヨひき。すなわち、ミオドロきカシコみてニげましき。しかして、トヨタマビメのミコト、ウカガひミたまひしコトをシらして、ウラハヅカしとおもほして。すなわちそのミコをウみオきて、マヲししく、

「あれ、ツネはウミつヂをトオしてカヨはむとおもひき。しかれども、あがカタチをウカガひミたまひし、これいとハヅカし」

とまをして、すなわちウナサカをサへてカへりイりましき。

ここでは、母親の正体がワニ（サメ、または想像上の動物）である。この北斎の絵では、龍のようであるが、その歯のない零落の姿が憐れである（図12）。これが出産や育児を行う母親で、さらにそのために傷つき死んで行く母親であるという理解の可能性には、当然一五〇〇年前のイザナギ・イザナミ神話を追加せねばならない。この神話でも、最後に覗かれ、主人公が逃げ出すのが、死に行く母親なのである。それも、この国々と神々とを

生み、そのために傷ついて死んで行く母なのである。

2 イザナギ・イザナミ神話

前半では、国作りの命を受けた父神イザナギと母神イザナミは、愛の唱和をして結婚し、やり直しの後、イザナミは日本列島を、続いて神々を生み、最後に火神を生んで女陰を火傷し亡くなる。葬られたイザナミに会いたいと思ったイザナギは、黄泉国に出掛け、イザナミに「帰ってくれ」と頼む。これに対してイザナミは、死者の国の食事をしたために帰ることができない、死者の国の神に相談するからその間「な視（み）たまいそ」と言い、奥に入る。待ちかねた父神が火をともして見ると、うじがたかって、雷の神が化成していたので、「見畏みて」逃げる。恥をかいた妻は、シコメ（醜悪な女）を差し向け、最後に自らが追いかける。最後に父神は、死者の国との境を塞いで、離縁を言い渡す。

……あをなミたまひそ」

と、かくマヲして、そのトノのウチにカへりイるアヒダ、いとヒサしくしてまちかねたまひき。かれ、ヒダリのミみづらにサさせるゆつつまクシのヲバシラをヒトツトりカきて、ヒトつヒトもしてイりミたまふトキに、うじたかれころろきて、カシラにはオオイカヅチオり、ムネにはホのイカヅチオり、バラにはクロイカヅチオり、ホトにはサクイカヅチオり、ヒダリのテにはワカイカヅチオり、ミギのテにはツチイカヅチオり、ヒダリのアシにはナルイカヅチオり、ミギのアシにはフスイカヅチオり、アワせてヤくさのイカヅチガミナりオりき。

ここに、イザナギのミコトみかしこみてニげカへりますトキに、そのイモイザナミのミコト

「あにハヂミせつ」

とイひて、すなはちヨモツシコメをツカはしてオはしめき。

これは本当の話か、空想か、という問いには、その両方である可能性と同時に、かつてこれが歴史的事実であっ

たことを強調しておこう。つい最近まで、多くの母親が、子供を生んで傷つき、死んで行ったのである。異類婚姻説話の蛇女房では、多くの場合、自己犠牲を行う蛇が、鶴女房の場合の反物に相当するものとして、子育てのための両眼を差し出す。子はこの目の玉をなめて成長するのだが、子が成長するために母親が両目を失うという設定では、この二個の眼球が、授乳を行う母親の乳房のあからさまな象徴である可能性がある。

男性主人公たちの多くは、この傷ついた動物や死んだ母親を目の前にして皆逃げて行くが、ご承知のように、古事記では大国主だけが傷ついた動物の傷を直視して助けてやる。これが日本最初の Medicine Man であり、より成熟した主人公の姿であるという結論は、私もすでに出している。

また、ここ数十年、よく読まれている松谷みよこの『龍の子太郎』は、創作の加わった異類婚姻説話であるが、両目を子供のために差し出す母親の姿が見事に描かれている（図13）。この場合、傷ついた母親を恐れず、少年は母の力を借りて、さらに大きな力を発揮する。われわれは今、こういう人間像を、成熟した姿と考えるようになっているのだろうか。私たちは、死んだ母、傷ついた母の姿を直視できるようになってきたのだろうか。木下順二の『夕鶴』では、この部分が見えなくなっている。つまり、観客の想像にまかされているわけである。皆さんには、何が見えるだろうか。

図13「龍の子太郎」田代三善（講談社）

図 14 「月見二美人図」豊広

図 15 「両国花火之図」清親

VI　さいごに

以上の絵により示された内容は、かなり文化的なもので、再びわれわれの濃厚な母子関係が示唆されたが、それはこれまで多くの研究者が指摘してきたことだ。しかし同時に、われわれの母子関係がゆっくりと分離に向かい進行する可能性も、示すことができたと思う。これが臨床的に見て、どのように役立つかを問われるなら、精神分析臨床の外では、まず私は自己分析に役に立つと答えるだろう。そして、私たちは、この母親像の分離や幻滅の延長線上で、桜を愛で、螢を追いかけて、月見を楽しみ（図14）、生け花、雪見、花火（図15）と、浮かんで消える「はかない対象」を皆と眺めながら、「もののあわれ」を知り、今申し上げたばかりの幻滅の悲劇や分離の痛みを反復し、「はかない」ものとして納得しているのだと思う。そして、この花火の絵においても、母と子が描かれているのを見てもらいたい。

この文化に生きる限り、好むと好まざるとにかかわらず、これらの文化的なことが、われわれの臨床における治療目標や、カウンセリングの過程に影響を与えていると思う。たとえば、神戸の震災で被害に会われた方々の多くが口にされた、「生まれてきたものは皆死ぬんや」という諦めの心境の、きわめて臨床的で文化的であることを思い起こすだけで十分だろう。

そして、面接の基本は対面法と訳されることのあるフェイス・トゥ・フェイスではなくサイド・バイ・サイドだということ。さらに、直接的な対話ではなくそれは何かを介した間接的な対話だということ。さらに、その共有された対象の「はかないこと」で、時がくれば終わるという感覚もまたきわめて文化的なのだろう。対話療法であれ、描画療法であれ、治療媒体を重視する治療では、これらは基本なのだろうと思うが、臨床が文化的になるのは絵画にしても、言葉にしても、媒体として文化の中核を担うものだからだろう。

文献

（1）江戸子ども文化研究会編『浮世絵のなかの子供たち』くもん出版、一九九三．

（2）Bruner, J.: The capacity for joint visual attention in the infant. Nature, 253: 265-266, 1975.

（3）Freeman, D.: Preconcious cognitive and visual individuation inearly Japanese development. Presentation at Noguchi Kinen Kaikan, Tokyo. August 4th 1994.

（4）Kitayama, O.: Pre-Oedipal 'taboo' in Japanese folk tragedies. International Review of Psycho-Analysis, 12; 173-186. 1985.

（5）北山修『増補・悲劇の発生論』金剛出版、一九八八

（6）北山修『見るなの禁止』岩崎学術出版社、一九九三

（7）Kitayama, O.: The wounded caretaker and guilt. International Review of Psycho-Analysis, 18; 229-240, 1991.

（8）Kitayama, O.: Symbolic transitionality and maternal disillusionment. Presentation at 39th IPA Congress, Aug. 1st, 1995.

（9）やまだようこ『ことばの前のことば』新曜社、一九八七

（10）Winnicott, D.: Transitional objects and transitional phenomena. International Journal of PsychoAnalysis, 34; 89-97. 1953.

解説

工藤晋平

長い旅を見ているようである。それが本書を読み終えての感想だった。

私が北山の論考に始めて出会ったのは一九九六年、大学院進学を希望して精神分析家の書籍を読みあさっている時だった。手にしたのは『言葉の橋渡し機能』であったと思う。それから『錯覚と脱錯覚』を読みつつ、九州大学の北山の研究室を訪れた。まだ『見るなの禁止』には出会っていなかった。その言葉の持つ不可思議さに警戒心もあったのかも知れない。大学院に入り、やがてこの話には何度も遭遇することになる。ちょうど見るなの禁止の幻滅と緩やかな脱錯覚が対比され、これを取り持つはかない媒介物について、浮世絵に表れた母子関係からの詳察がまとめられていた時期になる。その時には同じ話が繰り返されていたように聞こえていたものが、今こうして一冊の書籍にまとめられることで、あの時のあの話は、この文脈の中を生きているものだったのか、と気付かされる。時間と歴史の重みを与えられたようである。

本書はいささか変わった体裁を取っている。第一章において見るなの禁止が性のタブーとして導入される。これが見るなの禁止という概念の初出論文になる。もちろんこの禁止は、本質的には性という欲動ではなく、母親という対象の二面性に対して施されるものであるのだが、第二章においてこのことは敷延され、まとめられる。それは総論であり、現在の北山の到達点であるとも言える。つまり、始まりと終わりが最初の二章で示されているのである。残りの章は、この二つの論考の書かれた時期の間にあって、見るなの禁止を巡る北山の変遷と進展を綴っている。ある部分は初出論文から一貫しており、ある部分は揺らぎがある。途中でなくなった視点があり、途中から顕在した視点がある。それは北山の臨床の足取りとも重なるのだろう。たどり着いた結論にではなく、その道筋に北山がいる。その意味で、本書は長い旅のようである。

この解説の目的は、旅の途中で浮かんでは消える発想を眺めながら、その始まりから終わりを辿ることで、見るなの禁止論の変遷と進展を明らかにすることである。もちろん、北山の論は、何かを明確にしようとすれば別のところに違うものが現れる多義性と曖昧さに満ちている。それゆえ、この試みは成功する見込みのない試みである。けれども、解説というものはそういうものだろう。ある視点から事態を捉え、捉え損ねたものがあれば、やがてそれ自体が何かを語り出す時が来る。私たちはその時を待てば良い。今はただ、見るなの禁止の理論的位置づけとその主体を巡って、本書を読み解いてみたいと思う。主体の視点を取るのは、この問題が日本の精神分析理論の系譜を特徴づけると思うからである。

見るなの禁止の位置

「見るなの禁止」の構造を今さら語る必要はないだろう。それは対象の二面性に急激に直面し、幻滅することを防ぐ設定である。禁止は、時が来れば破られるものとしてフロイトのいう近親姦のタブーとは区別され、それゆえに北山はこれをタブーではなく禁止と呼ぶ（第七章）。また三者関係ではなく二者関係において課されるものとしても、同じく近親姦のタブーとは区別される（二者関係に潜む父親の問題を北山は「読者」「みんな」の問題として取り扱おうとしてもいる：第二章）。「禁止」という超自我的なことばの響きとは裏腹に、この禁止は二者関係において、急激な幻滅を防ぐ機能を果たし、それは一方では防衛的なものでありながら、他方では保護的な作用を果たしている。この「禁止」の持つ二面性が、いくらか理解を惑わせるところがあるかも知れない。

初期において北山は、「見るなの禁止」とならんで、「乙姫の禁止」というもう一つの禁止の形も提示していた。

これは対象の二面性というよりも、時間の感覚、そして親しんだ（原初的な良い）対象の喪失と関連している。この概念がその症例とともに、北山の留学の経験とパラレルであることを思うと興味深いが、それはともかく、これらの概念は乳児が遭遇する発達の段階のある局面と関連している。はじめ北山は、隠されていたものが顕わになる対象の全体性への不安の防衛として見るなの禁止を、親しいものが見いだせない人見知りの段階の不安への防衛として乙姫の禁止を、考えていた（第七章）。しかし、後になると、迫害的な対象関係の展開する道成寺伝承、対象の二面性の統合が問題となる異類婚姻説話、現実に直面し喪失と抑うつの展開する浦島伝説、という整理も行っている（第三章）。ここにクラインのポジション論の影響を見るのはさほど難しいことではないだろう。

こうしてみると分かるように、見るなの禁止とは、抑うつポジションの入り口にある問題である。そしておそらく北山の視線はいつもここに注がれている。傍証を二つほどあげられるかもしれない。その一つは、道成寺伝承の扱いである。クラインの発達論にしたがえば、これはより早期の内的世界を表す妄想分裂ポジションに属している。けれどもこれは、昔話の分析としては登場するものの、治療状況に則しては（私の知る限り）言及されていない。この点に北山の立ち位置が見てとれる。もう一つは、先にあげた見るなの禁止の初出論文で、読めば分かるように、見るなの禁止への注目はこの論文以前にすでに始まっていた。その意味で、実のところこの理論の出自そのものが明らかではないのである。もちろんこれは象徴的な意味合いにおいてであるのだが、北山の視点は、物事の最早期にまでさかのぼってこれを明らかにするよりも、その発達の途上でいよいよ現実と出会う時に織りなされる、苦悩と葛藤に注がれているのだと私は理解している。

もちろんここには、ウィニコットの影響もあるだろう。ウィニコットもまた、何よりも絶対的依存から相対的依存への移行の時期に注目し、現実と空想とが不可分の中間領域に留まり続けた人である。その楽観的で、健康な発達論を背景に、北山はむしろ急激な幻滅の様相を描き続ける。それが未消化物を吐き出され恥を背負わされる女性の問題であり、貪欲な愛情によって対象を傷つける男性的自我の問題であり、見るなの禁止を維持できない環境の脆弱さの問題である。逆に言えば、時が来れば破られるものとしての見るなの禁止の保護的な側面とは、対象の二面性に出会って行く、この移行の時間の確保にある。最終章において展開される、「はかなく消えゆく」媒介物をはさんで二者の「間」が取り持たれることの議論とは、したがって、かつて見るなの禁止があったところに打ち立てられた、移行のための新たな設定の議論である。急激な幻滅への直面を防ぐために、はかなく消えゆく媒介的対象が導入される。これを噛みしめることが、精神分析の作業になぞらえられている。

ここで、対象の二面性に直面した際の、つまり見るなの禁止が破られることを通じて明らかになる、噛みしめられるべき問題とは何か、ということについて整理してみたい。私の理解する限り、これについての北山の論は二段階の変遷を遂げている。

最初の時期（一九八五年ごろまで）、禁止によって隠されていたものは、個人が割り切れず消化できない、醜い（見にくい）、母親の（女の）動物的な側面であった。それは投影として論じられることもあるが（第三章）、多くの場合現実の母親の姿として論じられている。きれいと汚いの二面性が混ざり合って未消化になり、個人はこれを吐き出すことになる。それもまた投影であり、あるいは汚したいという攻撃である（第九章）。精神内界においてのみならず、社会文化的にも母親は（女は）汚いものを引き受けることになり、恥は対象の側の体験となる（第四章）。ここではまた、肛門性と排泄が強調されている。したがってきれいと汚いの二分法が論じられ、防衛としてのミソギとハライが俎上に載せられる。あるいは、しまりの悪い排泄作用の制御の効かない病理として境界例も取り上げられる（第九章）。肛門サディズムとしての排泄から内的世界を持つ保持機能の獲得へと、大きな変換を迎えることが発達のメルクマールであり、その時に人は浄と不浄を体験し、これを噛みしめることができるようになる。北山のこの論考は、肛門サディズムに注目されやすい肛門性の議論の中で白眉である。この観点はその後しばらく潜伏するが、支払いというきわめて現実的な金銭のやり取りとして回帰する（第十三章）。

一九八五年ごろから未消化さと醜さについての議論はさらに推し進められるが、その過程で、汚さよりもむしろ対象の傷つきが強調されるようになる。対象を傷つける愛情の貪欲さ、その破壊性が論じられるとともに、対象の献身性と傷つきやすさが焦点となってくる。したがって精神内界の叙述から、外的対象との交流へと視点が移っている。使用される身体部位は口唇であり（第三章）、その力動はしゃぶることであるが、先の段階ほどこのことは強調されていない。むしろ肛門性を脱して、関係性のサディズムとマゾキズムの要素が重視されている、と言えるかも知れない。この視点の変遷は三つの議論を生み出すことになる。一つは、対象を傷つけることについての罪悪感の問題であり、これは恥じさせることと対になる。もう一つは対象の側の献身についての自虐的世話役の議論で（第十一章、第十二章、第十三章）、こうした「つう」のような患者の存在が逆に、北山の目を傷つきへと転じさせたのかも知れない。最後に環境の失敗としての対象の傷つきやすさの問題である（第五章、第十一章）。ウィニコットの攻撃性の議論を下敷きに、北山は破壊に対象が傷ついたがために、子どもの側が生き残りをかけて対象と同一化して自虐的世話役を引き継ぐとともに、押し付けられた罪悪感を抱えるとする。それは結局万能の領域内に留まることであり、それが自虐的世話役の密かなコントロールとして顕現する。まとめると、こう言えるだろう：対象の傷つきは見るなの禁止によって隠されている。しかし、それを維持できるほどに禁止は強固なものではない。それゆえにやがて個人は幻滅に直面する。噛みしめなければならないのは、隠されていた自らの破壊性が対象を傷つけたこと、その罪悪感であり、同時に破壊に持ちこたえてもらえなかった環境の失敗についての悲しみである。

対象の二面性に直面した時の、嫌悪感、罪悪感、環境の失敗を噛みしめる、抑うつポジションでのワークスルーが、見るなの禁止を巡る課題である。それがはかなく消えゆく媒介的対象をはさんで間を置く移行の作業に他ならないことを、北山は説いている。

禁止の主体

見るなの禁止を破るのは、北山の言うところ、男性的自我である。それは誰の心にもある自我の一側面として記述されている。さて、それでは、見るなの禁止を施しているのは誰だろうか？　時が来れば破られる、タブーとは異なるこの禁止は、二者関係においてどのようにして打ち立てられているのだろう？

この回答についてもやはり北山の論には二段階の変遷がある。初期の概念化においては、禁止は不安信号と見なされていた（第三章、第四章、第七章）。対象の二面性や対象の喪失に直面し、それを取り扱うだけのキャパシティの発達していない子どもにとって、これらの現実に直面しそうになることは強い不安を引き起こす。こうした不安の表象として、禁止は組織化されるというのである。繰り返すけれども、この議論において、禁止とは不安である。これが不安に対する防衛ではないところが興味深い。「幻滅や対象喪失という危機に対する不安が幻想的な物語として展開されるときは、主人公の防衛的な不安信号が禁止のメッセージや禁止者像として表現されるはずだと筆者は考える（第七章、一四三頁、原注２）。」なぜ北山がそのように発想したのかは分からないが、いくらか解釈を加えると、次のように説明できるのかも知れない：不安を知覚した自我のパートが投影的に対象と同一化し、その結果、対象からの言葉として危険が伝えられる。それが禁止の形を取るのである。しかし、いずれにしても禁止は自我によってもたらされており、それは精神内界における出来事である。

しかしこれと同時に、早くも一九八二年（第四章）には、見るなの禁止の成立は、見たくない男と見せなくない女のきわめて対人的な交流として理解されてもいた（「見るなの禁止」と「見せるなの禁止」（九六頁））。やがて環境の失敗として、母親による幻滅（第六章、一二五頁）、献身的な母親の傷つきやすさ（第十一章、第十二章）の問題が焦点化されてくると、この「誰が禁止を課したのか？」という問いへの答えは曖昧なものとなって行く。不安信号という議論は見られなくなり、隠された傷つきの議論の中で、禁止はただそこにあるかのように描かれている。ある意味ではそれは錯覚のようにも思える。「それはあなたが思いついたの？　それとも外側から差し出されたの？（Winnicott, 1953）」問われることのない問いのように、見るなの禁止の主体は、すなわち禁止を課す自我の所在は、中間領域に置かれている。禁止をこのように移行対象の位置において見てみると、これを原初的な創造性と捉えたウィニコットに対し、北山の議論が錯覚的な防衛の色合いを持つことが明らかになる。

ところがこの議論は、最終的に見られる側からの禁止として描かれる。「『見るなの禁止』は、その傷ついた動物の姿の露呈にともなう美しい女性像の急激な幻滅、そして幻滅させる女性自身の恥の体験を回避しようとするかたちで、見られる側から設定されていたことになる（第二章、三三頁）。」とはいえ、これはかなりトリッキーな書き方である。イザナギ・イザナミ神話においては女側から、母子関係においては母親の側から、禁止を課しているような記述があるため、私たちはこれが環境の側から課せられた禁止のように読んでしまう。ところが、治療場面での議論になると、北山は（対象ではなく）治療者に見られる患者自身のこととして、つまり患者が語ること、本当の自分が露呈することについての恥の体験としてもこの見るなの禁止を取り上げるのである（第二章、三四頁、第八章）。このあたりの理論の「緩さ」が北山の書き方であり、これを明確にしようとすればするほど、「どっちもなんだよ」という北山の声が聞こえてくるかのようである。したがってやはり、この禁止は誰のものかを問うことができない。

禁止の主体は、そして見られることの恥の体験は、あるいは罪悪感の体験は、こうしてその主体を問えないままに中間領域に置かれている。だからこそやがてここに、はかなく消えゆく媒介物が導入されるのだろう。それは禁止という防衛的な創造物を、より文化的で適応的な創造物へと置き換え、捉え直し、治療的に検索する北山の作業であったのかも知れない。このどちらのものか明らかにしない（できない）という態度は、問題を無意識的空想とその自我の活動から読み解くクライン派の分析に比べて、かなり曖昧な態度であるということになるが、そうした（少なくとも理論的な）「慎ましさ」が、北山の臨床を特徴づけているように思える。あれかこれかと解釈を並べ、痛みの体験をともに眺めることが北山の辿り着いた治療観なのかもしれない、ということを私は考えている。

いくらか視野を広げると、こうした分析することについての「慎ましさ」は、日本の精神分析理論を特徴づけるもののように、私には思える。古澤はその阿闍世コンプレックス論において、クラインに迫る母親への憎しみを描いた。ところが、クラインにおける超自我、および罪悪感を巡る苦悩と償いの議論が自己の責任の問題と結びつくのに対して、古澤の（そして小此木の）議論は、この罪が対象によって、したがって治療者によって、とろかされ、許されることへと収斂する。そこでは原初的な憎しみとその結果への責任が分析の俎上には載せられない。土居の甘えの議論は、その定義からしてやはり多義的で曖昧なところがあるのだが、その特徴の一つは受け身的対象愛という概念にあるように思える。通常、精神分析で愛といえば愛することであり、それは取り入れることにせよ破壊することにせよ、自己から対象へと向けられた欲求である。これに対して甘えが意味するのは、愛されることの欲求であり、これは愛することの主体が他者にあることを示している。不安信号としての見るなの禁止の敷設のように、しかし精神内界においてではなく対人的に、他者が自我の愛するパートを引き受けることを求めており、甘えに潜む一体感はここに根ざしているのだろう。確かに甘えは日本人の心性を良く表すものだと私も思うが、しかしこれを甘えと呼ぶことで、他者に委ねている自己の欲求についての認識が薄くなる。欲望する自我の認識が薄くなり、やはり自らの欲動の責任が分析の俎上には載せられない。

北山の見るなの禁止の理論は、とりわけその罪悪感の分析は、日本の精神分析理論におけるこの点での転換を示している。その論は、私たちの欲動の破壊性について自覚すること、その罪悪感に持ちこたえることを要求するものである。それはまた、ユング派であった河合（一九八二）の中空構造論への批判的検討でもある。河合と北山はほぼ同時期に、日本の昔話による日本人の分析を試みている。河合は日本の特質は中心が空っぽであることだと言う。見るなの禁止の隠れたテーマは、これへの反論でもある。見るなの禁止の向こうには何もないのではない。未消化物、罪悪感、環境の失敗がしっかりと横たわっている。この事実に目を向ける必要があって、このことの痛みを噛みしめる必要がある。フロイトに連なる精神分析の系譜において、北山はそう主張しているのだと思う。

けれどもその治療態度の「慎ましさ」は、このことに鋭く切り込むことを回避する。それが良いとか悪いとかいうことではなく、日本の精神分析理論の系譜として、欲求を持つことの責任を引き受けることについて、それに直面することについて、北山もやはり控えめに接近しているように見受けられる。これが恥の感覚と連動していることは先に触れたとおりだが、北山は見るなの禁止において、常に対象についての幻滅に注目してきた。けれどもこうして日本の精神分析理論を並べてみた時に、その分析の「慎ましさ」に注目すると、私たちはもう一つの幻滅を論じているのだと考えることが可能となる。それは、欲望する私への幻滅である。欲望する私への直面があまりに急激な幻滅で、未消化で、醜く、痛みを伴うものとなるために、ここに時間をかけることが必要になる。対象の二面性を取り扱うキャパシティのみならず、自我の能動性を取り扱うキャパシティの発達を待たなければならない。そうしてはかなく消えゆく媒介物が、回帰する保護的な、時が来れば破られる見るなの禁止が、求められている。治療場面に現れるこの禁止の主体は誰なのだろうか、ということもやはり問うことはできないまま、「両者が対になって他律的に発生するという空想（第八章、一七五頁）」を生きるのだろう。

慎ましやかな分析を、日本は西洋に向けて、発信することができるのかも知れない。これまでずっと日本の精神分析は甘えを輸出してきた。最近、何度か北山がはかなさについて英語で発表しているのを耳にする。それは甘美な体験であると同時に、その裏側に醜さを孕む体験でもあるが、これを二分化する見るなの禁止の問われることのない主体の中間性が、甘えという特定の概念ではなくそれを生み出す視点の特異性が、そこで語られているのかも知れない。

ある時期、私は北山の引退が近いのではないかと、北山自身そう感じているのではないかと思ったことがあった。あにはからんや、まだまだ語るべきことはあるようである。はかなさについて語り、その慎ましい分析を提示しながら、しぶとく今も生き残っている。そうして本書が編纂された。

まるで長い旅を見ているようである。そしてその旅はまだ終わりそうにない。

文献

Winnicott, D. W. (1953). Transitional objects and transitional phenomena: A study of the first not-me possession. International Journal of Psycho-Analysis, 34, 89-97.

河合隼雄（一九八二）中空構造日本の深層．中央公論社．

旧版目次

1 見るなの禁止 ↓ 本書第一章。
2 症例――母の死と「禁止」 ↓ 割愛。
3 転移・逆転移における「乙姫の禁止」 ↓ 本書第七章。
4 患者の羞恥体験に対する治療者の〈受けとり方〉 ↓ 本書第八章。
5 祟り――ある強迫神経症患者の吐き気について ↓ 『覆いをとること・つくること――〈わたし〉の治療報告と「その後」』（岩崎学術出版社、二〇〇九）第二章に「症例A」として掲載。
6 保持機能の観点からみたいわゆる「境界例」 ↓ 本書第九章。
7 ケガレ――物質としての罪 ↓ 『覆いをとること・つくること』第二章に「症例C」として掲載。
8 押しつけられた罪悪感――「阿闍世」の矛盾 ↓ 本書第五章。
9 「世話役」人格の治療の一側面――劇化 ↓ 本書第十一章。
10 自虐的世話役について ↓ 『覆いをとること・つくること』第二章に「症例F」として掲載。
11 傷ついた世話役たちと罪 ↓ 本書第十二章。
12 「不眠不休」について ↓ 『覆いをとること・つくること』第二章に「症例G」として掲載。
13 治療的退行についての小さな展望 ↓ 本書第十章。
14 「抱えること」と媒介的退行 ↓ 『覆いをとること・つくること』第二章に「症例H」として掲載。
15 ありがたいもの――恩と支払い ↓ 本書第十三章。

旧版あとがき

柳田国男が述べるように、伝承が歴史的事実かどうかが問題なのではなく、広く共有された伝承が存在するという事実が力をもつのである。そしてこの事実によって、多くの人々が伝承の主人公の生き方をなぞっていく。そして、伝承は人々の生き方を通して、文字通りの形での再生産の機会を得る。

物語を語り伝える者たちが語り手であると同時に登場人物であるように、本書に書かれた内容は著者の臨床体験とともに、それを語る者の神経症傾向の自己分析と無関係ではない。この場合、明らかに著者のナルシシズム、完全主義、攻撃性、さらに生まれ育った場所のこと、そして「家族神話」、母や父たちが示した古典的な自己犠牲傾向についての私の受け取り方などが、「見るなの禁止」と、臨床でその病理を際立たせる者たちに関心を向けさせたのである。

ただし、私の思考は同じところを回るものではなく、あちこちに寄り道しながらも、しっかりと前に進んでいると思う。おかげで、一〇年以上前の問題意識が今も一貫して民俗神経症に関心を向けさせ、本書の最後のところまでつれてきてくれた。精神分析学を学んだ私はそれで、〈わたし〉とは急に渡してもらえなくなることや、渡せなくなることを恐れながら、〈つながり〉を求め、同時にそれにしばられることに悩むのであると理解するようになった。

それはけっこう曲がりくねった道をいく、終わりのない旅だが、一応ひと区切りついてみれば、面白かったと言える。

私は、フロイト、クライン、ウィニコットらから多くを学んでいるが、そのことはきわめて自明のことである。しかし本書では、とくに学会発表の抄録や原著が多いので、部分的なことが強調されて書かれている。これを機会に、偉大な精神分析の研究者たちの原典に新しい読者の関心が向かえば幸せである。

感謝せねばならない人は無数におられる。一貫して励ましをいただき胸をかしていただいた小此木啓吾先生に感謝する。そして四〇年続いた北山医院（現・北山研究所）のスタッフ、ウィニコット研究会の出席者に「ありがとう」と言いたい。それぞれの論文の作成にあたり援助や助言をいただいた方には、論文の末尾にお名前をあげさせていただいた。そしてこのような本を出版していただいた岩崎学術出版社の和田節社長、編集部の瀬戸口律子さんには、本当に長い間お世話になっている。

また、本書の半分以上が妻益子により清書され、原稿となってこの世に問われた。まったく〈与ひょう〉のような私に対する惜しみない協力と励ましはかけ替えのないものであった。心より謝意を表したい。

最後に、どうしてもお名前を出しておかねばならないのは、すでに故人であるが、京都府立医科大学眼科学教室の足立興一先生のことである。先生は、本が長く読めなかった私の外斜位をポリクリで発見され、手術について私の将来のことを考え決定された。手術は同級生の執刀で二度行われ、その結果、長く時間をかけてものが読めるようになった。それがちょうどこの本の第一章の頃であり、楽になった私は古事記を貪るように読み始めた。本書には手術の結果が書き込まれている。

論文集第一巻は、足立先生の霊前に捧げられるべきものである。亡父とともに、きっと喜んでいただけると思う。

平成四年　師走　神話の国・九州にて

著　者

著者略歴

北山　修（きたやま　おさむ）
精神分析家 医学博士 元日本精神分析学会会長
1946年　淡路島に生まれる
1972年　京都府立医科大学卒業
1974～1976年　ロンドン大学精神医学研究所およびモーズレイ病院にて研修
1981～1991年　北山医院精神科院長
1986年　国際精神分析学会正会員
1991年　九州大学教育学部助教授
1994年　同教授
2010年まで九州大学大学院 人間環境学研究院・医学研究院教授
2016年より 日本精神分析協会会長
専　攻　精神分析学
現　職　北山精神分析室 精神分析家
著　書　悲劇の発生論（金剛出版），心の消化と排出（創元社），錯覚と脱錯覚（岩崎学術出版社），見るなの禁止（岩崎学術出版社），幻滅論（みすず書房），共視論（共著，講談社），覆いをとることつくること（岩崎学術出版社），劇的な精神分析入門（みすず書房），最後の授業（みすず書房），フロイトと日本人（編著，岩崎学術出版社），意味としての心（みすず書房）など多数。「きたやま おさむ」名義で自伝的エッセー，コブのない駱駝（岩波書店 2016）
訳　書　ウィニコット＝小児医学から精神分析へ，抱えることと解釈（以上監訳，岩崎学術出版社），ストレイチー＝フロイト全著作解説（監訳，人文書院），フロイト＝「ねずみ男」精神分析の記録（監訳，人文書院）その他

定版 見るなの禁止
―日本語臨床の深層―
ISBN978-4-7533-1121-7

著　者
北山　修

2017年8月15日　第1刷発行

印刷　(株)新協　／　製本　(株)若林製本

発行　(株)岩崎学術出版社　〒101-0052　東京都千代田区神田小川町2－6－12
発行者　杉田 啓三
電話　03(5577)6817　FAX　03(5577)6837